GUT, BESSER, AM BESTEN

Theologie – Kultur – Hermeneutik

Herausgegeben von
Stefan Beyerle, Matthias Petzoldt und Michael Roth

Band 20

Michael Roth | Ulrich Volp (Hrsg.)

# Gut, besser, am besten

## Ethische, theologische und historische Reflexionen zu Leistung und Erfolg in Sport, Kirche und Gesellschaft

EVANGELISCHE VERLAGSANSTALT
Leipzig

Bibliographische Information der Deutschen Nationalbibliothek
Die Deutsche Nationalbibliothek verzeichnet diese Publikation in der Deutschen Nationalbibliographie; detaillierte bibliographische Daten sind im Internet über http://dnb.dnb.de abrufbar.


Printed in Germany



Das Buch wurde auf alterungsbeständigem Papier gedruckt.

Cover: behnelux gestaltung GbR, Halle (Saale)
Satz: Isabelle Vowinkel, Mainz
Druck und Binden: Hubert & Co., Göttingen

ISBN 978-3-374-04554-9
www.eva-leipzig.de

# Vorwort

Am 26. und 27. Juni 2015 fand an der Johannes Gutenberg-Universität Mainz die Tagung »Leistung und Erfolg in Sport, Kirche und Gesellschaft« statt. Veranstalter dieser Tagung war der Mainzer Forschungsbereich »Ethik in Antike und Christentum«. Er geht seit über sieben Jahren der Frage nach, wie sich im antiken Christentum eine Ethik etablieren konnte, die einerseits in vielen Details den unterschiedlichen antiken Ethikentwürfen verpflichtet war und andererseits die biblische Botschaft durchaus nicht bruchlos mit dieser Ethik ins Gespräch brachte und eigene Normen und Formen der Ethikbegründung hervorbrachte, die bis heute unser Verständnis von Ethik und Moral tief prägen. An den Forschungsprojekten, Tagungen und Workshops des Forschungsbereichs sind Vertreterinnen und Vertreter der Theologie, Altphilologie, Altorientalistik, Judaistik, Philosophie und Alter Geschichte sowie gegenwärtiger Ethik bzw. Moralphilosophie beteiligt. In diesem Kontext entstand auch die Idee zu jener Tagung, deren Referate wir mit dem vorliegenden Tagungsband dokumentieren. Sie wurden gegenüber den vorgetragenen Fassungen überarbeitet und erweitert, zwei Beiträge sind für diesen Band völlig neu konzipiert worden.

Wir möchten uns bei den Autorinnen und Autoren für ihre Bereitschaft bedanken, ihre Beiträge im Lichte der lebhaften Debatten für diese Publikation auszuarbeiten. Ein weiterer Dank geht an Isabelle Vowinkel für die sorgfältige und umsichtige Betreuung des Manuskripts und die Gestaltung der Druckvorlage sowie an Rachel Friedrich für ihre vielfältige Unterstützung. Gefördert wurde die Tagung durch die Deutsche Bank AG und das Bundesinstitut für Sportwissenschaft, wofür wir uns ebenfalls herzlich bedanken.

Mainz, im Juni 2016 Michael Roth/Ulrich Volp

# Inhalt

# EINLEITUNG

## Leistung und Erfolg in Sport, Kirche und Gesellschaft

*Michael Roth/Ulrich Volp*

Der Begriff »Leistungsgesellschaft« wird zwar gegenwärtig zumeist pejorativ gebraucht, wenn etwa unterstellt wird, Menschen würden »auf ihre Leistung reduziert«, doch bezeichnet der Begriff zunächst eine positive Errungenschaft moderner Gesellschaften, in denen Menschen ihre Stellung in der Gesellschaft nicht ihrer Herkunft, sondern ihrer eigenen Leistung zu verdanken haben. Zwar sind herausragende Leistungen zu allen Zeiten gesellschaftlich anerkannt worden, aber erst die frühen Theoretiker des Liberalismus wie Adam Smith und John Locke hoben ›Leistung‹ als ein umfassendes gesellschaftliches Ordnungsprinzip hervor. Was eine Person besitzt, welche soziale Stellung jemand innehat und welche Karriere sie oder er einschlagen kann, sollte nicht länger durch das ständische Prinzip der Herkunft bestimmt werden, sondern allein Ergebnis der eigenen Arbeit und Leistung sein. Das Modell der Leistungsgesellschaft prägt bis heute das Selbstverständnis moderner Nationen. Leistung ist eine *Fundamentalnorm* im Selbstverständnis moderner Gesellschaften. Kein gesellschaftliches Vorhaben der Gegenwart, das eine wirtschaftliche, sozial- oder bildungspolitische Modernisierung verspricht, verzichtet darauf, hierfür den Leistungsbegriff in Anspruch zu nehmen. Das Leistungsprinzip fungiert als einzig öffentlich rechtfertigungsfähiger Maßstab der Statusvergabe, über den die moderne Gesellschaft ihrem Selbstverständnis nach verfügt.[1] »Leistung führt zu Erfolg und Erfolg beruht auf Leistung« – so lässt sich das Versprechen der bürgerlichen Gesellschaft ausdrücken.

Gerade die Leistungsgesellschaft scheint gegenwärtig in Auflösung begriffen zu sein. So verdeutlicht die PISA-Studie, wie stark etwa in Deutschland die Bildung von der sozialen Herkunft abhängig ist.[2] Aber auch im Bereich der Ökonomie, dem klassischen Kernbereich des Leistungsprinzips, wird das Leistungsprinzip immer mehr ausgehöhlt. So weist der Ökonom Sighard Neckel darauf hin, dass ökonomische Erträge und sozialer Statusgewinn heute weniger denn je nur als Wirkung zuvor erbrachter Leistungen zu begreifen

---

[1] Vgl. MICHAEL ROTH, Sport und Alltag. Ethische Überlegungen zum Leistungsprinzip, in: Deutsches Pfarrerblatt 111 (2011), 424–426.

[2] Vgl. TIMO EHMKE/NINA JUDE, Soziale Herkunft und Kompetenzerwerb, in: ECKHARD KLIEME u.a. (Hrsg.), PISA 2009. Bilanz nach einem Jahrzehnt, Münster 2010, 231–254 (Zahlen im Ländervergleich a.a.O, 254).

sind.[3] Wir haben es nach Neckel in der Gegenwart mit leistungslosen Erfolgen zu tun, während für breite Bevölkerungsschichten gilt, dass Leistungen in Arbeit und Beruf längst nicht garantieren, in der Erlangung eines sozialen Status auch erfolgreich zu sein. So sind nach Neckel Leistungskategorien für den Erwerb ihrer Vorteile immer weniger verbindlich, sondern eher privilegierte Herkunftsbedingungen. Am effektivsten wirke die bloße Zugehörigkeit zu den Kartellen und Netzwerken der Vorteilsmehrung an sich. Vor allem macht Neckel darauf aufmerksam, dass eine Ökonomie, die das ökonomische Risikohandeln zum Prototyp wirtschaftlichen Handelns werden lässt, leistungsbezogene Qualifikationen entwertet und ökonomische Vorgänge umfassend an Kontingenz bindet.

In diese kritische Richtung weist auch eine Studie des Instituts für Soziologie der technischen Universität Darmstadt.[4] In ihrer Auswertung kommt die Soziologin Yvonne Haffner zu dem Fazit: Beruflicher Erfolg durch Leistung ist ebenso ein Mythos wie mangelnder Misserfolg durch mangelnde Leistung. Zu einem beruflichen Fortkommen entscheiden nach Haffner weniger die tatsächlichen Leistungen als das, was eine Person für ein Bild von sich den anderen vermittelt. So ist beispielsweise für die Bewertung von Leistung durch Vorgesetzte weniger die tatsächliche Arbeit entscheidend, auch nicht die tatsächliche Arbeitszeit, sondern die am Arbeitsplatz verbrachte Zeit und die dadurch nach außen demonstrierte Identifikation mit der jeweiligen Firma. Gilt immer noch »Leistung führt zu Erfolg und Erfolg beruht auf Leistungen« oder wird dieses Versprechen der bürgerlichen Gesellschaft immer mehr ausgehöhlt durch leistungslose Erfolge und erfolglose Leistungen?[5]

Kaum überschätzt werden kann die Bedeutung des Sports für die moderne Gesellschaft: Zwar hat es zu allen Zeiten und in allen Kulturen Leibesübungen, Spiele und körperorientierte Wettkämpfe gegeben, doch hat der Sport einen Bedeutungszuwachs erfahren in den modernen, spät- und postmodernen Gesellschaften, die dem Menschen mehr und mehr Freizeit und Möglichkeiten ihrer Gestaltung bieten. Waren die Reduzierung der werktäglichen Arbeitszeit, die Einschränkung der Arbeit am Wochenende und die Durchsetzung von

---

[3] SIGHARD NECKEL, Flucht nach vorn. Die Erfolgskultur der Marktgesellschaft, Frankfurt a.M./New York 2008.

[4] YVONNE HAFFNER, Konstruktion von Leistung in der sozialen Praxis des beruflichen Alltags, in: MARTIN LAUBE (Hrsg.), Sprachlos gegenüber Leistung und Erfolg? Das ambivalente Profil der Kirche in der modernen Gesellschaft, Loccum-Rehburg 2008, 35–42.

[5] Bereits 1930 hat Gustav Ichheiser das Entsprechungsverhältnis von Leistung und Erfolg massiv in Frage gestellt, indem er der Frage nachgegangen ist, was in einer kapitalistischen Gesellschaft wirklich zum Erfolg führt (GUSTAV ICHHEISER, Kritik des Erfolges. Eine soziologische Untersuchung, Leipzig 1930). Innerhalb seiner Analyse unterscheidet Ichheiser zwischen der Leistungs- und der Erfolgstüchtigkeit, um damit die Diskrepanz zwischen dem bürgerlichen Versprechen der Leistungsgerechtigkeit und den faktisch gültigen (Erfolgs-)Mechanismen der Gesellschaft sichtbar zu machen.

Urlaubsansprüchen die wichtigsten Voraussetzungen dafür, dass Freizeit als eigene Größe neben der Arbeit etabliert wurde,[6] so hat sich der Sport im Gefolge dieses gesellschaftlichen Wandels zur größten Massenbewegung in unserer Gesellschaft entwickelt. Nur der kirchliche Sonntagsgottesdienst kann in unserer Gesellschaft mit den Besucherzahlen von Sportveranstaltungen ernsthaft konkurrieren.

Im Sport kommt der Leistung eine besondere Bedeutung zu, geht es doch im Sport um einen Vergleich bzw. eine Konkurrenz hinsichtlich der Leistung.[7] Die zeitlich parallele Entwicklung von industriellem und sportlichem Fortschritt wird daher verständlicherweise in der Forschung selten als Zufall angesehen.[8] Auch das konfessionelle Klima Englands wurde als ursächlich für diese Entwicklungen ausgemacht: Die spezifisch calvinistisch-puritanische Heilserwartung förderte, so heißt es, den Fortschritts- und Leistungsgedanken und damit die Etablierung des Sportwesens.[9] Jedenfalls stammten in der Tat die frühen Theoretiker des Leistungsgedankens wie Adam Smith und John Locke aus diesem Umfeld. Dabei scheint gerade im Sport das Leistungsprinzip in seiner Reinheit aufzutreten: Nirgendwo – so Simon Johnen – gelange das Prinzip »Leistung führt zu Erfolg und Erfolg beruht auf Leistung«[10] so zu seiner Eindeutigkeit wie im olympischen Wettkampfsport. Kann der Sport gar zum visionären Gegenbild problematischer Strömungen innerhalb der Gesellschaft werden, die durch leistungslose Erfolge und erfolglose Leistungen immer mehr ausgehöhlt wird? Oder nimmt der Sport an diesem Degenerationsprozess teil?

Angesicht der Bedeutung, die der Sport für die Leistungsgesellschaft hat bzw. haben könnte, überrascht die kritische Distanz vieler kirchlicher und theologischer Stellungnahmen zum sportlichen Leistungsprinzip. Dabei ist es keineswegs so, dass die Kirchen das Thema »Sport« chronisch vernachlässi-

---

6 Vgl. HERMANN BAUSINGER, Art. Freizeit, in: Lexikon der Ethik im Sport, hrsg. im Auftrag des Bundesinstituts für Sportwissenschaft v. OMMO GRUPE/DIETMAR MIETH, Schorndorf 1998, 171–176, 171f.

7 Vgl. SVEN GÜLDENPFENNIG, Das »NEIN« zur Leistung ist ein Popanz, in: Olympische Jugend 20 (1975), 12–15. Zwar wird die Leistung häufig nur mit dem Spitzensport in Verbindung gebracht, doch gehört die Leistung ebenso zum Breitensport (vgl. hierzu HERBERT HAAG, Sportphilosophie, Frankfurt a.M. 1995, 83). »Leistung und Leistungsvergleich [bilden] kein grundsätzliches Hindernis gegen den Sport für alle« (JUERGEN PALM, Leistungsmotivation im Nahfeld persönlicher Leistungsfähigkeit. Zur Rolle des Wettbewerbs im Breiten- und Freizeitsport, in: Sportwissenschaften 23 [1993], 142–158, 147).

8 So etwa bei ALLEN GUTTMANN, Vom Ritual zum Rekord. Das Wesen des modernen Sports, Schorndorf 1979.

9 JERE COHEN, Protestantism and capitalism. The Mechanisms of Influence, Hawthorne, NY 2002.

10 SIMON JOHNEN, Die Entwicklung von Leistung und Erfolg im Wettkampfsport der Medialen Moderne. Ein Vergleich mit den Prinzipien der Ökonomie, Reflexive Sportwissenschaft 4, Berlin 2016, 71.

gen, vielmehr hat der Bedeutungszuwachs des Sportes die Kirchen herausgefordert[11]: Die Kirchen sind gegenwärtig nicht nur in der seelsorgerlichen Betreuung von Athleten in sportlichen Wettkämpfen (wie der Olympiade) und Gottesdiensten bei sportlichen Veranstaltungen aktiv, sondern haben sich auch in Arbeitskreisen dem Thema gewidmet: Mit dem am 20. November 1964 in Mosbach konstituierten Arbeitskreis *Kirche und Sport* der Evangelischen Kirche in Deutschland beginnt die Zeit einer intensiven Partnerschaft zwischen Volkskirchen und organisiertem Sport. Seit 1970 veranstaltet der Arbeitskreis regelmäßige Studienkurse in Sils Maria im Engadin. Seit dieser Zeit entstehen auch immer wieder kirchliche Erklärungen und Denkschriften zum Thema »Sport«.[12] Gerade aufgrund des gestiegenen Interesses am Thema »Sport« überrascht das Misstrauen gegen das sportliche Leistungsprinzip umso mehr. Welches Licht wirft dieses Misstrauen auf die Kirchen und ihr Verständnis von Leistung?

Ziel des Bandes ist es, die unterschiedlichen Diskurse im Schnittfeld von Sport, Gesellschaft und Kirche aufeinander zu beziehen und dadurch wechselseitig zu beleuchten. So wird von sportphilosophischer Seite die Frage nach dem speziellen Erleben des Sportlers in den Mittelpunkt gestellt, in ethischer Hinsicht das Leistungsprinzip des Sportes untersucht und aus der Perspektive der Sportsoziologie die Spannung zwischen dem Ideal und der Realität des Sportes bedacht. Die historische Perspektive wird aus dem einladenden Mainzer Forschungsbereich beigesteuert, vor allem geht es dabei um die Frage nach der Verwendung von Metaphern des Sportes bei Paulus und im frühen Christentum und – in umgekehrter Fragerichtung – die Frage nach der Bedeutung des Christentums für den Leistungs- und Fortschrittsgedanken.

---

[11] Vgl. dazu etwa Erich Geldbach, Sport und Protestantismus. Geschichte einer Begegnung, Wuppertal 1975; Torsten Sternberg, Sport mit Leib und Seele. Bestandsaufnahme und Perspektiven evangelischer Sportarbeit, Stuttgart 1993.

[12] Vgl. Michael Roth, Art. Sport III, in: TRE 31, Berlin/New York 2000, 726–730.

# Leistungs- und Fortschrittsgedanken als christliche Neuschöpfung?

## Überlegungen zur antiken christlichen Theologie und zum Sport

*Ulrich Volp*

> »Wer [...] sich aber den nötigen Strapazen und dem Training und der richtigen Lebensweise nicht unterziehen will, bleibt ohne Siegerkranz und gelangt nicht zu dem erhofften Erfolg. So darf [...] sich einer weder von Beginn an für ausgeschlossen von den Siegertrophäen des Heilandes erklären, [...] noch darf er andererseits, wenn er ohne Training und ohne Wettkampf bleibt, hoffen, ohne den Staub und den Schweiß der Arena den Siegeskranz[1] des ewigen Lebens zu erlangen.«[2]

Clemens von Alexandrien (ca. 150–215), einer der bedeutendsten griechischsprachigen Theologen aus der Zeit zwischen Paulus und Chrysostomos, benutzt die sportliche Metaphorik im Zusammenhang mit der Frage, ob ein Kamel durch ein Nadelöhr und auch ein Reicher ins Himmelreich kommen könne – durch Training und den Staub und den Schweiß der Sportstätte sei bei Gott möglich, was bei den Menschen unmöglich erscheine, so sein Resümee. Diese Stelle ist nur ein Beispiel von vielen; der Sport und seine Gedankenwelt begegnen immer wieder in der antiken Theologie, was schon häufig bemerkt wurde.[3] Schon Paulus bediente sich »agonistischer« Metaphorik,[4]

---

[1] Die Siegeskranz-Metapher ist sehr verbreitet, s. bereits 1 Petr 5,4; 2 Tim 4,8; Jak 1,12; Apk 2,10 und 3,11.

[2] ὁ δὲ [...] πόνους δὲ καὶ γυμνάσια καὶ τροφὰς μὴ προσιέμενος προσφόρους, ἀστεφάνωτος διεγένετο καὶ διήμαρτε τῶν ἐλπίδων. οὕτως τις [...] μήτε τὴν ἀρχὴν ἑαυτὸν τῶν ἄθλων τοῦ σωτῆρος ἐκκηρυσσέτω, [...] μήτε μὴν αὖθις ἀνάσκητος καὶ ἀναγώνιστος μείνας ἀκονιτὶ κἀνιδρωτὶ τῶν στεφάνων τῆς ἀφθαρσίας ἐλπιζέτω μεταλαβεῖν. Clemens Alexandrinus, *Quis dives salvetur* 3,3–6 (GCS 17, 161,25–32).

[3] Vgl. allgemein zur Aufnahme der Sportmetaphorik bei den Kirchenvätern etwa Alois Koch, Die Leibesübungen im Urteil der antiken und frühchristlichen Anthropologie. Ein Beitrag zur Geschichte des Sportes, Beiträge zur Lehre und Forschung der Leibeserziehung 20, Schorndorf 1965; ders., Johannes Chrysostomus und seine Kenntnisse der antiken Agonistik im Spiegel der in seinen Schriften verwendeten Bilder und Vergleiche, Nikephoros Beihefte. Beiträge zu Sport und Kultur im Altertum 14, Hildesheim 2007; ders., »Leibesübungen« im Frühchristentum und in der beginnenden Völkerwanderungszeit, in: Horst Ueberhorst (Hrsg.), Geschichte der Leibesübungen Bd. 2, Berlin/München/Frankfurt a.M. 1978, 312–337 (zu Koch kritisch Esther Verwold, Der Sport im Blickfeld des Jesuiten Dr. Alois Koch [1932–2009]. Eine Quellen- und

auch im zweiten Clemensbrief,[5] im vierten Makkabäerbuch[6] und bei Philon von Alexandrien[7] begegnet sie, so dass es nicht überraschen dürfte, dass dieses Thema auch von den Kirchenvätern immer wieder aufgegriffen wurde. Im Folgenden will ich die einzelnen Belege nicht noch einmal besprechen, sondern stattdessen versuchen, noch etwas grundsätzlicher auf die Bedeutung der Agonistik beziehungsweise des Sports für das antike Christentum zu blicken.

---

Literaturanalyse zur Person unter Einbeziehung von Zeitzeugen sowie eine kritische Darstellung seiner Auseinandersetzung mit biblischen Schriften hinsichtlich des Sports, Mainz 2010). Zur Aufnahme der agonistischen Begriffe bei Chrysostomus vgl. den Beitrag von Esther Verwold, Wettkämpfe der Tugend und himmlische Siegeskränze. Der Athlet als Vorbild für ein christliches Ethos, in diesem Band sowie dies., Die athletische Agonistik als christliche Ethik in den Matthäushomilien des Johannes Chrysostomos, Diss. Mainz 2016. Vgl. außerdem Andreas Heiser, Die Paulusinszenierung des Johannes Chrysostomos. Epitheta und ihre Vorgeschichte, STAC 70, Tübingen 2012, 330; John A. Sawhill, The Use of Athletic Metaphors in the Biblical Homilies of St. John Chrysostom, Princeton 1928.

[4] 1 Kor 9,24–27 und Phil 3,12–14; vgl. Röm 9,16.30–33; Gal 2,2 und 5,7; Phil 2,16; 2 Thess 3,1; 1 Tim 1,18f. und 6,11f. S. außerdem Apg 20,24; 2 Tim 4,6–8; Eph 6,10–20; Hebr 10,32–12,17. Vgl. zu Paulus vor allem Martin Brändl, Der Agon bei Paulus. Herkunft und Profil paulinischer Agonmetaphorik, WUNT 222, Tübingen 2006, sowie Uta Poplutz, Athlet des Evangeliums. Eine motivgeschichtliche Studie zur Wettkampfmetaphorik bei Paulus, HBS 43, Freiburg 2004. Vgl. außerdem dies., Art. Athlete of God/Christ (II. New Testament and Christianity: a. New Testament and Early Christianity; b. Later Developments), in: EBR 3 (2011), 17–21; David J. Williams, Paul's Metaphors. Their Context and Character, Peabody, Mass. [4]2007, 257–291; Stephan Joubert, 1 Corinthians 9:24–27. An Agonistic Competition?, in: Neotest. 35 (2001), 57–68; Rainer Metzner, Paulus und der Wettkampf. Die Rolle des Sports in Leben und Verkündigung des Apostels (1 Kor 9,24–7; Phil 3,12–16), in: NTS 46 (2000), 565–583; Otto Schwankl, »Lauft so, daß ihr gewinnt«. Zur Wettkampfmetaphorik in 1 Kor 9, in: BZ NF 41 (1997), 174–191; Amphilochios Papathomas, Das agonistische Motiv 1 Kor 9.24ff. im Spiegel zeitgenössischer dokumentarischer Quellen, in: NTS 43 (1997), 223–241; Victor Pfitzner, Paul and the Agon Motif. Traditional athletic imagery in the Pauline literature, NT.S 16, Leiden 1967.

[5] 2 Clem 7,1–5 und 20,2. Vgl. dazu Wilhelm Pratscher, Der zweite Clemensbrief, KAV/KEK.ErgR. 3, Göttingen 2007, 118–121; ders., Die Wettkampfmetaphorik im 2. Klemensbrief, in: WJTh 5 (2005), 47–59.

[6] 4 Mac 6,10 u.ö. Vgl. dazu Boudewijn Dehandschutter, Martyrium und Agon. Über die Wurzeln der Vorstellung vom ΑΓΩΝ im Vierten Makkabäerbuch, in: Jan W. van Henten (Hrsg.), Die Entstehung der jüdischen Martyrologie, SPB 38, Leiden u.a. 1989, 215–221; Stephen D. Moore/Janice C. Anderson, Taking It like a Man. Masculinity in 4 Maccabees, in: JBL 117 (1998), 249–273.

[7] Z.B. Philo, *De praemiis et poenis* 27; *Legum allegoriae* 3,190. Vgl. dazu Brändl, Agon (s. Anm. 4), 85–115.

## 1. DER LEISTUNGS- UND FORTSCHRITTSGEDANKE

Gewöhnlich werden vor allem vier Grundgedanken genannt, die dem Sport immanent zu sein scheinen und die immer wieder aufgeführt werden, wenn es darum geht, auszudrücken, was »man« vom Sport »lernen« könne, was also der gesellschaftliche, pädagogische und allgemein-menschliche Nutzen des Sports sei: Erstens die Gesundheit von Seele und Körper, kurz »ASICS« – *anima sana in corpore sano*[8] lautet das Firmennamen-Akronym eines Sportartikelherstellers; zweitens der Spielgedanke,[9] drittens der Fairnessgedanke[10] und viertens der Leistungs- oder Fortschrittsgedanke. Alle vier Grundgedanken spielen in unterschiedlicher Gewichtung stets eine Rolle, wenn etwa über die Bedeutung des Sports in den schulischen Curricula nachgedacht wird. Sie sind schon bei dem Theologen und Pädagogen Comenius (1592–1670) zu finden, der im 17. Jahrhundert den Spielgedanken mit dem Wettkampfs- und Fortschrittsgedanken verband und zu einem entscheidenden Baustein seiner Pädagogik machte.[11] Alle vier Grundgedanken – Gesundheit, Spiel, Fairness

---

[8] Vgl. IUNIUS IUVENALIS, *Satura* 10, 356 (vgl. Anm. 17).

[9] Vgl. dazu den wirkungsgeschichtlich bedeutenden Impuls von JOHAN HUIZINGA, *Homo ludens*. Vom Ursprung der Kultur im Spiel, hrsg. v. ANDREAS FLITNER, Reinbek 2009 (Erstausgabe als *Homo ludens*, proeve eener bepaling van het spel-element der cultuur, Haarlem 1938). Vgl. außerdem etwa GÜNTER HAGEDORN, Philosophie des Spiels, in: HERBERT HAAG, Sportphilosophie. Ein Handbuch, Beiträge zur Lehre und Forschung im Sport 115, Schorndorf 1996, 145–171; MICHAEL KOLB, Grundzüge phänomenologisch-anthropologischer Spieltheorie oder »Warum ist der Ball rund?«, in: JÜRGEN COURT (Hrsg.), Sport im Brennpunkt. Philosophische Analysen, Schriften der Deutschen Sporthochschule Köln 36, Sankt Augustin 1996, 161–182; DERS., Spiel als Phänomen. Das Phänomen Spiel. Studien zu phänomenologisch-anthropologischen Spieltheorien, Schriften der Deutschen Sporthochschule Köln 24, Sankt Augustin 1990; OMMO GRUPE, Bewegung, Spiel und Leistung im Sport. Grundthemen der Sportanthropologie, Reihe Sportwissenschaft 10, Schorndorf 1982; BRIAN SUTTON-SMITH, Die Dialektik des Spiels. Eine Theorie des Spielens, der Spiele und des Sports, Reihe Sportwissenschaft 10, Schorndorf 1978.

[10] Vgl. dazu etwa die Beiträge von VOLKER GERHARDT, HANS LENK, ANNEMARIE PIEPER und HANS J. HERINGER in: VOLKER GERHARDT/MANFRED LÄMMER (Hrsg.), Fairneß und Fair Play. Eine Ringvorlesung an der Deutschen Sporthochschule Köln, Sankt Augustin [2]1995, 5–67. BERNHARD MEIER, »Menschlichkeit« als fundamentalanthropologisches Prinzip im Sport. Entwurf und Vermittlung von Einsichten der philosophischen Anthropologie in die Bereiche des Schulsports, der Trainerausbildung und des Profifussballs, Ahrensburg 1985, versuchte vor diesem Hintergrund eine philosophisch-anthropologische Begründung des Fairnessprinzips im Sport. Vgl. außerdem JÜRGEN COURT, Kritik ethischer Modelle des Leistungssports, Köln 1995, insbes. 289–358.
Weitere Lit. bei MANFRED LÄMMER/OLIVER SCHWARZ, Fair play. Eine Auswahlbibliographie deutschsprachiger Veröffentlichungen zur Leitidee des Sports, Sankt Augustin 1995.

[11] JOHANN A. COMENIUS, *Didactica magna* 1657, hrsg./übers. v. ANDREAS FLITNER, Große Didaktik. Die vollständige Kunst, alle Menschen alles zu lehren, Stuttgart [10]2007 (s.

und Leistung/Fortschritt – werden immer wieder problematisiert und führen regelmäßig zu kritischen Äußerungen zum Sport: Der Sport sei nicht mehr der Gesundheit von Geist und Körper verpflichtet, es gehe nicht mehr um Spiel und Fairness, sondern nur noch um Leistung und Erfolg, um »höher – schneller – weiter«, oder sogar: »Der Gesundheitswahn des heutigen Sports hat sich zu einer eigenen Religion entwickelt.«[12]

Man sieht daran, dass diese Grundgedanken in sich gegenseitig bereits ein kritisches Potenzial bergen: Der Leistungs- und Fortschrittsgedanke wird vom Spielgedanken oder Gesundheitsgedanken kritisch hinterfragt, der Gesundheitsgedanke vom Spielgedanken usw. Alle vier Grundgedanken – Gesundheit,[13] Spiel,[14] Fairness[15] und Leistung/Fortschritt[16] – spielen interessanterweise auch in der Antike eine Rolle, und auch die Kritik am Sport begegnet bereits in der Antike. Der Firmenname des erwähnten Sportartikelherstellers ASICS geht zurück auf den beißenden Spott des Satirikers Juvenal (60–127 n. Chr.), eines Zeitgenossen des Paulus, der den gefeierten Spitzensportlern seiner Zeit zurief, »Man soll beten, dass in einem gesunden Körper ein gesunder Geist sei«.[17] Juvenal will nicht etwa sagen, dass nur in einem gesunden Körper ein gesunder Geist stecke, sondern dass es wünschenswert sei, wenn es zuweilen so kommt – meistens, so Juvenal, blieben die geistigen Fähigkeiten der Sportler seiner Zeit leider hinter ihren körperlichen zurück. Auch in späteren Jahrhunderten wird immer wieder das gegenseitige kritische Poten-

---

darin v.a. die sog. *Pampaedia* im 7. Teil). Die täglichen Leibesübungen sind wegen der Verknüpfung mit dem Fortschrittsgedanken bei Comenius ausdrücklich nicht nur wegen ihrer positiven körperlichen Wirkungen, sondern vor allem auch wegen ihres Wettkampfcharakters für die Pädagogik fundamental. Vgl. dazu etwa Erich Geldbach, Sport und Protestantismus. Geschichte einer Begegnung, Wuppertal 1975, 17–34; Wilhelm Schwendemann, Kirchliche Jugendarbeit und Sport, Münster 2005, 21.

[12] Vgl. etwa in diesem Sinn dpa, Chefarzt kritisiert »Gesundheitsreligion«, in: Frankfurter Rundschau (23.12.2008), http://www.fr-online.de/sport/fitnesskult-chefarzt-kritisiert–gesundheitsreligion-,1472784,2949268.html (Zugriff am 23.06.2015).

[13] Vgl. dazu Friedolf Kudlien, Art. Gesundheit, in: RAC 10, Stuttgart 1978, 902–945.

[14] Vgl. nur etwa Plato, *Leges* 803c–804b; Aristoteles, *Ethica Nicomachea* 1176b und *Politica* 1337b; Tertullianus, *De spectaculis*; Clemens Alexandrinus, *Paedagogus* 3,50,1 und *Stromata* 2,25,4; Gregorius Nyssenus, *Ep.* 16.

[15] Einerseits spielen Regeln und etwa die Rolle der Schiedsrichter allenthalben in den Quellen eine große Rolle, so dass sich auch die christliche Metaphorik gerne aus diesem Bereich des Sports bedient (vgl. etwa die Ausführungen in der 55. Matthäushomilie des Ioannes Chrysostomus, *Homilia 55 in Mt* 16,24–27; vgl. dazu Verwold, Athletische Agonistik [s. Anm. 2], 333–341). Andererseits können auch für ethische Überlegungen zum gerechten Maß wie etwa in der »Nikomachischen Ethik« des Aristoteles vielleicht Analogien des Sports mitgedacht werden, vgl. in diesem Sinne Matthias Wilke, Das Ende der Fairness? Ethische Werte aus dem Sport im Spiegel der Gesellschaft, Diss. Köln 2009, 44–58.

[16] S.u. die Abschnitte 2–4.

[17] *Orandum est, ut sit mens sana in corpore sano.* Iunius Iuvenalis, *Satura* 10, 356.

zial dieser Grundgedanken deutlich. So führte etwa der britische Puritanismus den (auch von Martin Luther geschätzten)[18] Gesundheitsgedanken gegen den Spielgedanken des Sports ins Feld. Die calvinistischen Puritanier standen zumindest strukturell dem Fortschritts- und Leistungsgedanken nahe, beäugten aber jeglichen irrationalen triebhaften Ehrgeiz im Sport argwöhnisch.[19] Der deutsche Philosoph Johann Gottlieb Fichte (1762-1814) verurteilte wiederum den Spielgedanken scharf: Erwachsene Menschen spielten nur, weil sie »etwas anderes vergessen wollten«, der Spielgedanke sei moralisch verwerflich.[20] Darauf wiederum reagierte der auch als Pädagoge einflussreiche Theologe Friedrich Daniel Ernst Schleiermacher (1768–1834). Schleiermacher nahm den Spielgedanken des Sports in seine theologische Ethik auf, und zwar als den Teil des menschlichen Lebens, in dem sich der Mensch in seiner Individualität realisieren kann und soll.[21] Hierauf bezieht sich auch noch etwa die EKD-Studie von 1972, die kritisch dem vom Leistungsgedanken bestimmten modernen Sport entgegenhält: Das sportliche Spiel soll »den Menschen als Wesen sichtbar werden lassen, das zur Freiheit bestimmt ist«.[22]

Alles in allem scheint es zu allen Zeiten aber die größte Kritik am Leistungs- und Fortschrittsgedanken gegeben zu haben, ohne den der Sport nun einmal kein Sport wäre: Ohne den Ehrgeiz, die sportliche Leistung zu steigern und zu messen, ohne den Ehrgeiz, auf dem Sportplatz oder in der Turnhalle alles zu geben, wird aus einem sportlichen Wettkampf eine Spielerei, aus einem Fußballspiel ein Rumgekicke, worauf Michael Roth in seinem Beitrag hinweist.[23] Zu einer sportlichen Biographie[24] gehört heutzutage der Ehrgeiz,

---

[18] Martin Luther, WA.TR 3,3470 (vgl. dazu etwa Geldbach, Protestantismus [s. Anm. 11], 206f.); s. außerdem Ulrich Zwingli, Wie man die jugendt in guoten sitten und christenlicher zucht uferziehen unnd leeren sölle, in: CR 92, 430–447, 445, der ausdrücklich »louffen, springen, steynstossen, fechten, ringen« sowie das von ihm wohl weniger geschätzte »schwümmen« zur Erholung des Körpers empfiehlt.

[19] Vgl. dazu bereits kritisch Max Weber, Die protestantische Ethik und der Geist des Kapitalismus, Berlin 2015 (= ders., GA zur Religionssoziologie 8, Tübingen [8]1986), 180.

[20] Johann G. Fichte, Grundzüge des gegenwärtigen Zeitalters (1806), in: Reinhard Lauth/Hans Gliwitzky (Hrsg.), GA der Bayerischen Akademie der Wissenschaften Reihe I: Werke. Bd. 8, Stuttgart 1991, 393.

[21] Friedrich D. Schleiermacher, Entwürfe zu einem System der Sittenlehre. Ethik (1812/13), in: Otto Braun (Hrsg.), Schleiermacher Werke Bd. 2, PhB 137, Leipzig [2]1927, 369.

[22] Rat der Evangelischen Kirche in Deutschland (Hrsg.), Sport, Mensch und Gesellschaft. Eine sozialethische Studie der Kammer für soziale Ordnung der Evangelischen Kirche in Deutschland, Gütersloh [2]1972, 12. Vgl. dazu Michael Roth, Sinn und Geschmack fürs Endliche. Überlegungen zur Lust an der Schöpfung und der Freude am Spiel, Leipzig 2002.

[23] Michael Roth, Verlierermilieu contra Siegertypen? Kirchliche und theologische Kritik am sportlichen Leistungsprinzip, im vorliegenden Band.

seine eigene Leistung über einen längeren Zeitraum hinweg kontinuierlich steigern zu wollen, und zwar sowohl im Spitzen- wie im Breitensport. Das Messen sportlicher Leistungen und individueller Fortschritte ermöglicht auch einen Vergleich vieler Sportlerinnen und Sportler über lange Zeiträume hinweg, so dass solche Leistungssteigerungen auch als kollektive Fortschritte wahrgenommen werden.[25] Leistungs- und Fortschrittsdenken gehören im heutigen Sport untrennbar zusammen.[26] Interessanterweise hatten die antiken christlichen Denker dagegen meist den agonalen Aspekt des direkten Ver-

---

[24] Die Definitionssuche für den Begriff des »Sports« ist nach meiner Beobachtung noch zu keinem Abschluss gekommen, aber ein Zusammenhang mit der Entwicklung industriell oder zumindest kapitalistisch geprägter Gesellschaften mit einem gesellschaftlich akzeptierten Wettbewerbsgedanken wird doch oft vorausgesetzt. Vgl. etwa die Debatte über den Zusammenhang von »Moderne« und der damit verbundenen Etablierung von Clubs und Sport bei STEFAN SZYMANSKI, A Theory of the Evolution of Modern Sport, in: Journal of Sport History 35 (2008), 1–64. Dazu kritisch ARND KRÜGER, Which Associativity? A German Answer to Szymanski's Theory of the Evolution of Modern Sport, in: Journal of sport history 35 (2008), 401–409, der trotz seiner anderslautenden Position von einem zu beobachtenden »general agreement that the concept of modern sport was born in England sometime around the start of the industrial revolution« spricht (ebd., 402).

[25] So wurde am 27. Juli 1867 in Haslingden die Laufzeit des Leichtathleten William MacLaren über 110 Yards (100,58 Meter) mit 11,0 Sekunden gemessen. Am 25. September 1891 in Brüssel maßen drei Stoppuhren Zeiten von 10,6, 10,8 und 11,0 Sekunden für den 100-Meter-Lauf von Cecil Lee, und am 20. Juni 1968 liefen Jim Hines, Ronnie Ray Smith und Charles Greene in Sacramento Zeiten von 9,9 Sekunden (handgestoppt). Zeiten von deutlich unter 10 Sekunden gelten heute für männliche Leistungssportler unter Wettbewerbsbedingungen als allgemein erreichbar und werden auch eingefordert. Vgl. dazu etwa KATE KELLAND, The men's 100 meters. How fast could they go?, in: reuters.com (2012), http://www.reuters.com/article/us-oly-athl-m100m-package-speed-day-idUSBRE86U0UM20120731 (Zugriff am 15.04.2016). Analog zeugen Filmaufnahmen von internationalen Fußballspielen der 1950er, 1960er, 1970er, 1980er und 1990er Jahre im Vergleich mit dem heutigen taktischen und athletischen Niveau des Profifußballs vom kollektiv erreichten Fortschritt in dieser sportlichen Disziplin.

[26] Ein bekanntes Beispiel für diese Verknüpfung ist die sogenannte »Wutrede« des Trainers der deutschen Fußballnationalmannschaft Rudolf Völler (* 1960) nach dem enttäuschenden EM-Qualifikationsspiel gegen Island am 6. September 2003. Die Medienkritik an dem 0:0-Ergebnis, unter anderem geäußert vom ehemaligen Fußballnationalspieler Günter Netzer (* 1944), war Völlers Ansicht nach unberechtigt, weil das Leistungsniveau der von ihm betreuten Mannschaft gegenüber früheren Jahren (»Standfußball«) einen deutlichen Fortschritt repräsentierte. Im Sport, so die dahinterstehende These, gehe es eben nicht nur um Wettkampf, sondern auch um Leistungsfortschritte, die auch zu bewerten und zu vergleichen sind (https://www.youtube.com/watch?v=KjOy6SXcze0 [Zugriff am 29.6.2016]). Vgl. dazu EIKE HEBECKER, Die Fußball-Politik-Analogie. Vorschläge für ein Forschungsprogramm, in: JÜRGEN SCHWIER/CLAUS LEGGEWIE (Hrsg.), Wettbewerbsspiele. Die Inszenierung von Sport und Politik in den Medien, Frankfurt/New York 2006, 64–78, 72–76.

gleichs von Wettkämpfern im Blick,[27] wenn sie sportliche Metaphorik bemühten, nicht dagegen einen durch Messungen belegten Fortschritt bestimmter sportlicher Leistungen.[28] Der Wettstreit und das agonale Prinzip wurden ganz allgemein als ein tief in der graeco-römischen Kultur verwurzeltes Grundcharakteristikum des Sports wahrgenommen – dafür stand der antike Sport, und dafür eignete sich die daraus entlehnte Metaphorik. In welchem Verhältnis dieses antike agonale Prinzip aber zum Fortschrittsgedanken steht, bedarf noch der genaueren Überlegung, denn in der Moderne wurde der Leistungsgedanke mit dem Ideal eines individuellen und kollektiven Fortschritts eng verbunden, etwa wenn, wie erwähnt, diese beiden Gedanken in Konkurrenz zum Spielgedanken und in neuester Zeit auch im Konflikt mit dem Fairnessgedanken gesehen wurde, so etwa in der EKD-Studie von 1972[29] oder in der gemeinsamen Erklärung von EKD und Deutscher Bischofskonferenz zum Sport von 1990.[30] Umgekehrt wurde der Spielgedanke kritisiert, weil das zweckfreie Spiel zu keinem individuellen oder kollektiven Fortschritt führe – ein Schluss, dessen Folgerichtigkeit schließlich von der modernen Pädagogik vehement bestritten wurde. Der Fortschrittsgedanke scheint also auf den ersten Blick eine Hinzufügung der Moderne darzustellen, zumal die neuere Geschichte des Fortschrittsgedankens den meisten gut vor Augen stehen dürfte: Der deutsche Begriff ist eine Übersetzung des französischen *progrès* und seit Anfang des 18. Jahrhunderts nachweisbar.[31] Seit etwa 1830 ist er als Bezeichnung der Weiterentwicklung der Menschheit geradezu allgegenwärtig. Er ist ein Grundbegriff der Aufklärung, aber ebenso der Hegelschen Geschichtsphilosophie und des Darwinismus. Er gerät damit aber in Konflikt mit Teilen der christlichen Theologie, die im 19. Jahrhundert zuweilen aufklärungskritische Akzente setzte und schließlich bis heute in Auseinandersetzungen mit evolu-

---

[27] Zum Begriff vgl. UTA POPLUTZ, Art. Agon (I. Greco-Roman Antiquity, II. New Testament, III. Judaism), in: EBR 1 (2009), 583–586; DIES., Art. Wettkampf, in: Das Wissenschaftliche Bibellexikon im Internet 2010, https://www.bibelwissenschaft.de/wibilex/das-bibellexikon/lexikon/sachwort/anzeigen/details/wettkampf/ch/2c22ec3e0ad562b79248e7664ba1381a (Zugriff am 06.07.2016); INGOMAR WEILER, Der Agon im Mythos. Zur Einstellung der Griechen zum Wettkampf, Impulse der Forschung 16, Darmstadt 1974; JAMES D. ELLSWORTH, Agon. Studies in the Use of a Word, Berkeley 1972; ETHELBERT STAUFFER, Art. γών, in: ThWNT 1 (1933), 134–140; PAUL J. MEIER, Art. Agones (ἀγῶνες), in: PRE 1/1 (1893), 836–867.

[28] Dies gilt wohl für die gesamte Antike, in der keine Messungen sportlicher Leistungen über längere Zeiträume dokumentiert wurden. Vgl. dazu GUNTER GEBAUER, Das Fortschrittsprinzip im Sport und Probleme einer Sportethik, in: GERHARDT/LÄMMER, Fairneß und Fair Play (s. Anm. 10), 103–113.

[29] RAT DER EVANGELISCHEN KIRCHE IN DEUTSCHLAND, Sport (s. Anm. 22).

[30] SEKRETARIAT DER DEUTSCHEN BISCHOFSKONFERENZ (DBK)/EVANGELISCHE KIRCHE IN DEUTSCHLAND (EKD) (Hrsg.), Sport und christliches Ethos. Gemeinsame Erklärung der Kirchen zum Sport, Arbeitshilfen 80, Bonn/Hannover 1990.

[31] Vgl. dazu und zum Folgenden nur etwa JOACHIM RITTER, Art. Fortschritt, in: HWPh 2 (1972), 1032–1059, 1046–1058.

tionistischen Theorien hineinsteuerte. Dabei verknüpften die älteren Evolutionstheorien wie etwa die von Jean-Baptiste de Lamarck[32] stets den individuellen Fortschritt eng mit dem kollektiven Fortschritt: Durch ständige Anpassung an die Umwelt und durch wiederholtes »Training«, so sein Modell, entwickelten sich die unterschiedlichen Arten in der Natur weiter. Wir finden bei de Lamarck also gewissermaßen eine Transformationstheorie, für die der individuelle Vervollkommnungstrieb die Grundlage der Evolution darstellt. Erst Charles Darwin trennte in seiner Evolutionstheorie mit dem Gedanken der natürlichen Selektion den kollektiven stärker von dem individuellen Fortschritt.[33] Vor diesem Hintergrund ist es sinnvoll, zunächst einen kurzen exemplarischen Blick auf die Vorstellung von der Möglichkeit und Notwendigkeit individuellen Fortschritts im antiken christlichen Denken zu werfen, bevor ich in einem weiteren Schritt den grundlegenden Fortschrittsgedanken und schließlich die Verbindung mit dem Leistungsgedanken bei einigen Kirchenvätern untersuchen möchte.

## 2. LEISTUNG UND INDIVIDUELLER FORTSCHRITT IM ANTIKEN CHRISTENTUM

Fortschritt in der Entwicklung von Individuen kommt in der Regel durch Beobachtung anderer und sich daran anschließender Lern- und Übungsprozesse (Training) zustande, wenn er nicht schlicht aus der natürlichen Entwicklung körperlicher Größe und Kraft resultiert. In diesem Sinne hat die mittlere Stoa einen ausdifferenzierten Fortschrittsbegriff mit dem Konzept der προκοπή (das »Vorankommen«) entwickelt,[34] von dem auch der eingangs zitierte Clemens von Alexandrien beeinflusst ist.[35] Diese προκοπή ist dann auch für Eklektiker

---

[32] Vgl. zu de Lamarck etwa WOLFGANG LEFÈVRE, Jean-Baptiste Lamarck, in: ILSE JAHN/MICHAEL SCHMITT (Hrsg.), Darwin und Co. Eine Geschichte der Biologie in Portraits Bd. 1, München 2001, 176–201; LUDMILLA JORDANOVA, Nature's Powers. A Reading of Lamarck's Distinction between Creation and Production, in: JAMES R. MOORE (Hrsg.), History, Humanity and Evolution. FS John C. Greene, Cambridge 1989, 71–98; DIES., Lamarck. Past Masters series, Oxford 1984; LÉON SZYFMAN, Jean-Baptiste Lamarck et son époque, Paris u.a. 1982; MADELEINE BARTHÉLÉMY-MADAULE, Lamarck ou le mythe du précurseur, Science ouverte, Paris 1979 (= DIES., Lamarck, the Mythical Precursor. A Study of the Relations Between Science and Ideology, Cambridge, Mass. 1982); RICHARD W. BURCKHARDT, The Spirit of System. Lamarck and Evolutionary Biology, Harvard 1977.

[33] CHARLES DARWIN, The Origin of Species, London 1859.

[34] Vgl. OTTO LUSCHNAT, Das Problem des ethischen Fortschritts in der alten Stoa, in: Ph. 102 (1958), 178–214.

[35] Der Begriff findet sich etwa bei CLEMENS ALEXANDRINUS, *Paedagogus* 1,66,5; 1,74,3; 1,75,1; 1,94,1; DERS., *Stromata* 1,4,27; 1,5,30; 1,10,49; 2,6,29 und 31; 2,10,47; 2,16,75; 2,20,126; 4,21,130; 4,22,135; 4,25,160; 4,26,170; 6,6,50; 6,10,83; 6,11,87; 6,12,102; 6,13,107; 6,15,131; 6,17,153f.; 7,2,10f.; 7,7,45 und 49; 7,11,60; 7,11,66 und 68; 8,9,30.

wie Plutarch und Cicero oder auch für Seneca der eigentliche sittliche Stand des Lebens.[36] Das ist auch deshalb interessant, weil sich dieser individuelle Fortschrittsbegriff in der Stoa nun gerade nicht mit einer kollektiven Fortschrittserwartung verbindet: Weltentstehung, Weltverlauf, Weltuntergang kehren für den Stoiker periodisch wieder. Es gibt keine eigentliche Höherentwicklung im Weltgeschehen, keinen Fortschritt, sondern nur eine ewige Wiederkehr des Gleichen. Die προκοπή wird nur als ein individueller, körperlicher und vor allem sittlicher Fortschritt wahrgenommen. Auch der alternative Terminus ἐπίδοσις, den zum Beispiel Platon verwendet,[37] ist auf diesen individuellen Forschrittsaspekt begrenzt. Für den von der Stoa geprägten jüdischen Philosophen Philo von Alexandria gehörte zur wahren Sittlichkeit ein Dreischritt:[38] erstens die gute Anlage εὐφυΐα, zweitens der Fortschritt durch Übung und Training προκοπή, womit schließlich drittens die vollendete Tugend ἀρετὴ τελεία erreicht wird. Die gute Anlage εὐφυΐα ist allein Gott zu verdanken, wogegen die προκοπή mit segenshafter Unterstützung Gottes gelingt, also Ergebnis eines Synergismus ist. Der Beitrag des Fortschreitenden selbst liegt in der ἄσκησις, der »Askese«, die bei Philo im Anschluss an die Stoa im Wesentlichen ein Kampf gegen die Trägheit, die Leidenschaften und die Welt ist. Dies scheint mir der Grund zu sein, weshalb die προκοπή bei Philo so eine zentrale Rolle einnimmt und eine solch große Hochschätzung erfährt, wie wir sie aus der Stoa so nicht kennen.

Vor diesem Hintergrund ist es nicht erstaunlich, dass der erste große christliche Theologe Alexandriens, Clemens, die προκοπή zum »terminus technicus [seines gesamten theologischen] Systems« machte.[39] Liegt es schon bei Philo nahe, diesen individuellen Fortschritt gewissermaßen »sportlich« zu verstehen, so verwundert es nun nicht, dass Clemens ganz explizit diesen individuellen Fortschritt in die Wort- und Gedankenwelt des Sports überführt:

> »Aber derjenige, der nach weltlichen Maßstäben zu den Reichen gezählt wird, nimmt den Weg der Athleten an – damit wir einmal kleine und vergängliche Angelegenheiten mit großen und unvergänglichen vergleichen. [Der Reiche, für den

---

S. außerdem etwa *Stromata* 5,14,102; 7,7,47; 7,10,57. Vgl. dazu Wolfram Kinzig, Novitas Christiana. Die Idee des Fortschritts in der Alten Kirche bis Eusebius, FKDG 58, Göttingen 1994, 286–297 (die Arbeit ist auch für das Folgende einschlägig, mit umfangreicher Literatur bis 1993); Walter Völker, Der wahre Gnostiker nach Clemens Alexandrinus, TU 57, Berlin 1952, 85f.

[36] Z.B. Plutarchus, *Moralia* 1,5: *Quomodo quis suos in virtute sentiat profectus*; Cicero, *Tusculanae disputationes* 4; Seneca, *Epistulae morales ad Lucilium* 72,6 und 75,8. Vgl. dazu etwa Matthias Hengelbrock, Das Problem des ethischen Fortschritts in Senecas Briefen, Beiträge zur Altertumswissenschaft 13, Hildesheim/Zürich/New York 2001; Ritter, Fortschritt (s. Anm. 31), 1032; Sophia Xenophontos, Ethical Education in Plutarch. Moralising Agents and Contexts, BzA 349, Berlin/New York 2016, 79–105.

[37] Plato, *Theaetetus* 146b und *Symposium* 175e. Vgl. Polybius, *Historiae* 1,20,2.

[38] Philo, *Legum allegoriae* 3,249.

[39] Otto Stählin, Art. προκοπή, in: ThWNT 6 (1959), 717.

> es schwerer ist, in das Himmelreich zu kommen, als für ein Kamel, durch ein Nadelöhr zu gehen], der ohne Hoffnung ist, dass es für ihn möglich sei, zu siegen und den Siegerkranz zu erlangen, lässt sich überhaupt nicht für den Wettkampf einschreiben. Wer dagegen die Hoffnung auf den Sieg in seinem Sinn trägt, sich aber den nötigen Strapazen und dem Training und der richtigen Lebensweise nicht unterziehen will, bleibt ohne Siegerkranz und gelangt nicht zu dem erhofften Erfolg. So darf auch ein Mensch, der im Besitz irdischer Güter ist, sich weder von Beginn an für ausgeschlossen von den Siegertrophäen des Heilandes erklären, [...] noch darf er andererseits, wenn er ohne Training und ohne Wettkampf bleibt, hoffen, ohne den Staub und den Schweiß der Arena den Siegeskranz des ewigen Lebens zu erlangen. Vielmehr wird er sich selbst mit Freuden dem Logos als dem Lehrmeister im Kämpfen und Christus als dem Kampfrichter unterwerfen. Vorgeschriebene Speise und Trank sei für ihn das neue Testament des Herrn, seine Übungen seien die Gebote, seine gute Haltung und seinen Schmuck soll er in die herrlichen Tugenden legen, der Liebe, dem Glauben, der Hoffnung, der Erkenntnis der Wahrheit, der Güte, der Sanftmut, der Barmherzigkeit, der Keuschheit, damit er, wenn die letzte Posaune das Zeichen für das Ende des Laufes und für den Abschied vom Diesseits und damit gleichsam von der Rennbahn dieses Lebens gibt, mit gutem Gewissen als Sieger vor den Kampfrichter treten kann und für würdig des himmlischen Vaterlandes erklärt werde, in das er mit Siegeskränzen und mit den Proklamationen der Engel zurückkehrt.«[40]

Dabei muss man sich vor Augen halten, dass Clemens diese Zeilen im frühen dritten Jahrhundert schreibt, das heißt bevor sich das christliche Mönchtum und eine regelrechte monastische Bewegung herausgebildet hatten. Asketische und enkratische[41] Ideen waren zwar bereits seit geraumer Zeit im Um-

---

[40] ἀλλ᾽ ὅνπερ τρόπον ἔχει τὸ τῶν ἀθλητῶν, ἵνα μικρὰ καὶ ἐπίκηρα μεγάλοις καὶ ἀφθάρτοις παραβάλωμεν, τουτὶ καὶ ἐφ᾽ ἑαυτοῦ ὁ κατὰ κόσμον πλουτῶν λογιζέσθω. καὶ γὰρ ἐκείνων ὁ μὲν ὅτι δυνήσεται νικᾶν καὶ στεφάνων τυγχάνειν ἀπελπίσας οὐδ᾽ ὅλως ἐπὶ τὴν ἄθλησιν ἀπεγράψατο, ὁ δὲ ταύτην μὲν ἐμβαλόμενος τῇ γνώμῃ τὴν ἐλπίδα, πόνους δὲ καὶ γυμνάσια καὶ τροφὰς μὴ προσιέμενος προσφόρους, ἀστεφάνωτος διεγένετο καὶ διήμαρτε τῶν ἐλπίδων. οὕτως τις καὶ τὴν ἐπίγειον ταύτην περιβεβλημένος περιβολὴν μήτε τὴν ἀρχὴν ἑαυτὸν τῶν ἄθλων τοῦ σωτῆρος ἐκκηρυσσέτω, [...] μήτε μὴν αὖθις ἀνάσκητος καὶ ἀναγώνιστος μείνας ἀκονιτὶ κἀνιδρωτὶ τῶν στεφάνων τῆς ἀφθαρσίας ἐλπιζέτω μεταλαβεῖν· ἀλλ᾽ αὑτὸν ὑποβαλέτω φέρων γυμναστῇ μὲν τῷ λόγῳ, ἀγωνοθέτῃ δὲ τῷ Χριστῷ· τροφὴ δὲ αὐτῷ καὶ ποτὸν γενέσθω τεταγμένον ἡ καινὴ διαθήκη τοῦ κυρίου, γυμνάσια δὲ αἱ ἐντολαί, εὐσχημοσύνη δὲ καὶ κόσμος αἱ καλαὶ διαθέσεις, ἀγάπη, πίστις, ἐλπίς, γνῶσις ἀληθείας, πραότης, εὐσπλαγχνία, σεμνότης, ἵν᾽, ὅταν ἡ ἐσχάτη σάλπιγξ ὑποσημήνῃ τοῦ δρόμου καὶ τῆς ἐντεῦθεν ἐξόδου καθάπερ ἐκ σταδίου τοῦ βίου, μετ᾽ ἀγαθοῦ τοῦ συνειδότος τῷ ἀθλοθέτῃ παραστῇ νικηφόρος, ὡμολογημένος τῆς ἄνω πατρίδος ἄξιος, εἰς ἣν μετὰ στεφάνων καὶ κηρυγμάτων ἀγγελικῶν ἐπανέρχεται. Clemens Alexandrinus, *Quis dives salvetur* 3,3–6 (GCS 17, 161,20–162,9; vgl. o. Anm. 1).

[41] Auch der häufig (seit Platon bzw. Sokrates stark ethisch zugespitzte, vgl. Xenophon, *Memorabilia* 1,5,4; Plato, *Respublica* 8,560B und 9,572D–573B; ders., *Leges* 1,647D und 8,840C) gebrauchte Begriff der ἐγκράτεια (»Enthaltsamkeit«) hat für antike Ohren

lauf, noch galt jedoch das Martyrium als die höchste Form der religiösen Vollendung. Erst mit den längeren Friedenszeiten im späten dritten Jahrhundert und dem zeitweiligen Ausbleiben der Martyriumsmöglichkeit breitete sich jedoch ein gewissermaßen sportlich-asketisches Eremitentum aus, das die Askese als eine unblutige Form des Martyriums propagierte.[42] Es bleibt aber nicht nur bei dieser Parallelisierung von geistlichem und sportlichem Fortschritt. An anderer Stelle kann Clemens ganz ausdrücklich den Sport als hilfreich für den zum Heil hinführenden Habitus eines guten Christen bezeichnen, und zwar unter Verweis auf den Gesundheitsgedanken des Sports:

> »Und was die Ringübungen betrifft [...], so sollen sie nicht um der unnützen Siegesliebe willen getrieben werden, sondern damit man männlichen Schweiß vergieße. Und man soll keine Mühe auf besondere Kunstfertigkeit verwenden, um mit der Ringkunst zu prunken, sondern man soll das Ringen üben, bei dem man aufrecht steht und bei dem es darauf ankommt, Hals, Hände und Seiten geschickt (aus den Umschlingungen des Gegners) herauszuwinden; denn eine solche mit gleichmäßig ausgebildeter Kraft durchgeführte Körperübung ist schicklicher und männlicher, da sie der nützlichen und manche Vorteile bringenden Gesundheit wegen vorgenommen wird.«[43]

In der Verurteilung der Ruhmsucht, also der Ausübung des Sports aus niederen Motiven wie des menschlichen Stolzes, sind sich die Kirchenväter also genauso einig wie in der Verurteilung von Exzessen, die das rechte Maß vermissen lassen – hier gilt übrigens für die Ausübung des Martyriums oder der Askese das gleiche wie für den Sport.

---

athletische Konnotationen. S. nur etwa HORATIUS FLACCUS, *Ars poetica* 414; 1 Kor 9,25; 4 Mac 5,34, aber letztlich auch bei XENOPHON, *Oeconomicus* 1,23 und *Memorabilia* 1,2,19. Vgl. dazu HENRY CHADWICK, Art. Enkrateia, in: RAC 5, Stuttgart 1962, 343–365, 347; HELEN NORTH, Sophrosyne. Self-Knowledge and Self-Restraint in Greek Literature, Ithaca, NY 1966, 114–133 (vorplatonisch), 203–228 (nachplatonisch) sowie 308–344 (Kirchenväter).

[42] Die Nähe monastischer Askese und Ausdauersport in einigen Aspekten ist inzwischen auch physiologisch belegt, vgl. den Beitrag von TIM NEBELUNG, Sport als ästhetisches Erlebnis? Sportphilosophische Grundlagen und sportpraktische Einblicke in Bezug auf Leistung und Erfolg, im vorliegenden Band.

[43] Καὶ δὴ τά γε [καὶ] κατὰ πάλην [...] μὴ φιλονικίας ἀχρήστου παραλαμβανέσθω χάριν, εἰς δὲ ἱδρώτων ἀνδρωδῶν ἐκκρίσεις· καὶ οὔτι γε τὸ ἔντεχνον διαπονητέον, τὸ ἐπιδεικτικὸν αὐτῆς, τὰ δὲ ἀπὸ ὀρθῆς πάλης, ἀπ' αὐχένων καὶ χειρῶν καὶ πλευρῶν ἐξειλήσεως· κοσμιωδεστέρα γὰρ καὶ ἀνδρωδεστέρα μετ' εὐσχήμονος ῥώμης ἡ τοιαύτη διαπόνησις ὑγείας ἕνεκεν εὐχρήστου καὶ ὀνησιφόρου παραλαμβανομένη. Clemens Alexandrinus, Paedagogus 3,51,1 (GCS 12, 265,24–266,5; Übers. nach Otto Stählin, BKV2 2. Reihe 8, 181). Vgl. dazu das längere Zitat im Beitrag von Marco Frenschkowski in diesem Band, 45f. Vgl. außerdem Clemens Alexandrinus, Paedagogus 3,49,1f. und 50,1. Vgl. dazu Martin Puijula, Körper und christliche Lebensweise. Clemens von Alexandreia und sein Paidagogos, Millennium-Studien 9, Berlin 2006.

## 3. Der kollektive Fortschritt

Ist also in der Frage des individuellen Fortschritts eine deutliche Weiterentwicklung von der Stoa über Philo bis zu Clemens von Alexandrien wahrzunehmen, so ist in der Frage des kollektiven Fortschritts ein noch viel deutlicherer Bruch zu konstatieren. Das begriffsgeschichtliche Handwörterbuch der »Geschichtlichen Grundbegriffe« kann für die vorchristliche Antike schlicht feststellen: »Nie hat sich ein Fortschrittsbegriff gebildet.«[44] Alle Fortschrittswahrnehmung beziehe sich mehr auf Vergangenheit und Gegenwart als auf Zukunft. Dagegen sei in Teilen der christlichen Literatur ein »völlig neues Fortschrittsverständnis« anzutreffen.[45] In der Tat wird die Antike häufig als eine Zeit wahrgenommen, in der es kein Fortschrittsdenken gegeben hat, jedenfalls kein kollektives Fortschrittsdenken, wie wir dies im Westen ja allerspätestens seit dem 19. Jahrhundert verinnerlicht haben. Für das Christentum als neue Religion, die aus der Jesusbewegung des ersten Jahrhunderts entstand, wurde dies zu einer schweren Belastung. Als »Neuerung« war es vor allem den traditionsverbundenen Römern grundsätzlich verdächtig. Die Behauptung der Christen, mit der Inkarnation habe eine neue Stufe im geschichtlichen Fortschritt begonnen, klang überhaupt ganz unglaubwürdig. Die frühen Apologeten des Christentums versuchten sich deshalb auch zunächst daran, das hohe Alter ihrer Religion durch einen häufig recht konstruiert wirkenden Altersbeweis nachzuweisen.[46] Die Technik war bereits ausführlich von griechischen, römischen und jüdisch-hellenistischen Autoren erprobt worden: Das Orakel von Dodona, die spartanischen Könige, der Gott Eros, die Römer gegenüber den Griechen oder die jüdischen Schriften gegenüber Platon wurden nacheinander als alt, älter oder am ältesten nachgewiesen, und auch das Christentum versuchte sich in dieser Disziplin, wie Justin, Tatian, Athenagoras und Theophilus eindrucksvoll in ihrer griechischen sowie Tertullian und Minucius Felix in ihrer lateinischen Apologetik zeigten. Mit dieser Strategie ging es allerdings nicht lange gut. Kelsos, der vermutlich erste prominente Philosoph, der sich kritisch mit dem Christentum auseinandersetzte, wendete den Altersbeweis virtuos gegen die Christen und auch gegen die Juden, indem er detailliert nachzuweisen versuchte, dass Mose zunächst von den paganen Schriftstellern abhängig ist und die Christen in ihrer Theologie seiner Ansicht nach nur rudimentäre Grundaussagen der höherentwickelten griechischen Philosophie nachplapperten. Kelsos geht dann aber noch einen Schritt weiter und bestreitet grundsätzlich die Möglichkeit eines menschlichen Fortschritts:

---

[44] Christian Meier, Art. Fortschritt, in: GGB 2 (1975), 351–423, 353. Vgl. Kinzig, Novitas (s. Anm. 35), 15.

[45] Kinzig, Novitas (s. Anm. 35), 354.

[46] Vgl. dazu etwa Peter Pilhofer, Presbyteron kreitton. Der Altersbeweis der jüdischen und christlichen Apologeten und seine Vorgeschichte, WUNT 2.R.39, Tübingen 1990.

»Eine Abnahme und Zunahme des Bösen dürfte in der Welt weder früher eingetreten sein, noch jetzt oder künftig eintreten.[47] Denn die Natur der Gesamtheit der Dinge und die Entstehung der Übel, das ist und bleibt stets eins und dasselbe.«[48]

Und weiter:

»Gleichmäßig aber von Anfang bis Ende ist der Kreislauf des Sterblichen, und nach der festgesetzten Ordnung der Weltperioden muss notwendigerweise immer dasselbe in der Vergangenheit, in der Gegenwart und in der Zukunft entstehen.«[49]

Theologisch trifft dieser Vorwurf den Kern des christlichen und auch des jüdischen Glaubens: Bereits die (nach-)exilische hebräische Literatur hatte mit dem Gedanken einer Erneuerung des Bundes mit Israel eine gewisse Vorstellung von Neuheit als Resultat von Gottes Wirken an Israel entwickelt. Ein wirklicher Fortschrittsbegriff findet sich hier nach Meinung vieler jedoch noch nicht, denn die einzelnen Gotteserfahrungen in der Geschichte wurden alles in allem recht isoliert gedeutet.[50] Im zweiten Jahrhundert vertraten nun die Christen den eigentlich ungeheuren Anspruch, Gott habe mit ihnen einen »neuen Bund« abgeschlossen. Dieses Bild taugte zur Selbstdefinition gegenüber dem Judentum und der Synagoge und zur Abgrenzung vom paganen Kultverständnis (»drittes Geschlecht«, »neuer Bund«). Der Anspruch unterstellte darüber hinaus das Erreichen einer qualitativen Verbesserung im Christentum nicht nur gegenüber dem Judentum, sondern auch gegenüber dem römischen Traditionalismus. Die heilsgeschichtliche Erfahrung einer neuen Zeit eröffnete die Möglichkeit einer kontinuierlichen Verbesserung der Gläubigen auf dem Weg zum Reich Gottes, wie es etwa der Theologe Irenäus von Lyon (ca. 135-200) im zweiten Jahrhundert formulierte.[51] Bei Clemens

---

[47] Vgl. PLATON, *Theaitetos* 25, 176A.

[48] *Κακὰ δ' ἐν τοῖς οὖσιν οὔτε πρόσθεν οὔτε νῦν οὔτε αὖθις ἥττω καὶ πλείω γένοιτ' ἄν· μία γὰρ ἡ τῶν ὅλων φύσις καὶ ἡ αὐτή, καὶ κακῶν γένεσις ἀεὶ ἡ αὐτή.* Origenes, Contra Celsum IV, 62 (ed. Miroslav Marcovich, SVigChr 54, 277, 18-21; Übers. Paul Koetschau, BKV² 52, 381; vgl. Horacio E. Lona, Die »wahre Lehre« des Kelsos, KFA.E 1, Freiburg 2005, 256).

[49] *Ὁμοία δ' ἀπ' ἀρχῆς εἰς τέλος ἡ τῶν θνητῶν περίοδος, καὶ κατὰ τὰς τεταγμένας ἀνακυκλήσεις ἀνάγκη τὰ αὐτὰ ἀεὶ καὶ γεγονέναι καὶ εἶναι καὶ ἔσεσθαι.* ORIGENES, *Contra Celsum* IV, 65 (ed. MIROSLAV MARCOVICH, SVigChr 54, 18-21; Übers. PAUL KOETSCHAU, BKV² 52, 384; vgl. Lona, Kelsos [s. Anm. 48], 257f.).

[50] *προκοπή* kommt in der LXX nur bei JesSir 51,17 vor, vermutlich als Fehlübersetzung für »Segen«. So STÄHLIN, *προκοπή* (s. Anm. 39), 708.

[51] Insbesondere IRENAEUS, *Adversus haereses* 4,9,1-3. Vgl. dazu vor allem KINZIG, Novitas (s. Anm. 35), 210-238.383-386; außerdem etwa bereits JEAN DANIÉLOU, Saint Irénée et les origines de la théologie de l'histoire, in: RSR 34 (1947), 227-231; KARL PRÜMM, Göttliche Planung und menschliche Entwicklung nach Irenaeus Adversus Haereses, in: Schol. 13 (1938), 206-224.333-366; DERS., Zur Terminologie der christlichen Neuheit bei Irenäus, in: THEODOR KLAUSER/ADOLF RÜCKER (Hrsg.), Pisciculi. Stu-

von Alexandrien erscheint dieser heilsgeschichtliche Plan als Teil eines göttlichen Trainings- und Erziehungskonzeptes des Menschengeschlechts. An die Stelle der guten Naturanlage tritt die menschliche »Vorbildung« (προπαιδία) *ante* bzw. *sub lege*, also der griechischen Philosophie und des alttestamentlichen Gesetzes – interessanterweise erfüllen beide bei Clemens eine analoge Funktion, es gibt also keinen Vorrang der Gebote der hebräischen Bibel vor den Einsichten der Philosophie.[52] Auch bei Origenes (ca. 185–254),[53] Tertullian (ca. 150–220)[54] und Arnobius († um 330)[55] finden sich solche Vorstellungen.

Der nächste Schritt bestand in der Ausdehnung des Fortschrittsbegriffs auf die Kultur und schließlich auf Staat und Gesellschaft im Zusammenhang mit der konstantinischen Wende im frühen vierten Jahrhundert. Die beiden großen Biographen dieses Umbruchs, der Lateiner Laktanz (um 250–320) und der Grieche Eusebius von Caesarea (ca. 260–340) bündelten diese Traditionen systematisch.[56] Rom konnte vor diesem Hintergrund von der christlichen Theologie grundsätzlich als Fortschrittsreich verstanden werden – so jedenfalls die These von Wolfram Kinzig in dezidiertem Widerspruch zu der älteren Ansicht, die »konstantinische Wende habe die Kirche in dieser Frage unvorbereitet getroffen«.[57] Diese Wende fällt übrigens in eine Zeit der Stagnation von Naturwissenschaften und Technik, und dennoch beobachten wir auf breiter Front die Entwicklung und Durchsetzung der Fortschrittsidee. Dieser Befund allein sollte eine gewisse Skepsis gegenüber einer zu schnellen Gleichsetzung dieses Fortschrittsgedankens mit dem des 19. Jahrhunderts begründen.

Mit der konstantinischen Wende ist freilich die Sache noch nicht ausgestanden. Der christliche Fortschrittsoptimismus erhält nämlich spätestens mit der kritischen militärischen Situation Roms im frühen fünften Jahrhundert

---

dien zur Religion und Kultur des Altertums, FS Franz Joseph Dölger, AUC.E 1, Münster 1939, 192–219.

[52] CLEMENS ALEXANDRINUS, *Stromata* 7,11,1f., vgl. 1,28,1–3.

[53] Z.B. ORIGENES, *Homilia in Lev.* 1,4 (*ad Lev* 1,6–9), *De principiis* 3,3,1 oder *Commentarius in Io.* 13,319. Vgl. dazu KINZIG, Novitas (s. Anm. 35), 302–329.418–431.

[54] Z.B. TERTULLIANUS, *De monogamia* 5,5f. Vgl. KINZIG, Novitas (s. Anm. 35), 239–279.386–397; PAUL MATTEI, Adam posséda-t-il l'Esprit? Remarques sur l'état primitif de l'homme et le progrès de l'histoire selon Tertullien, in: REAug 29 (1983), 27–38.

[55] Z.B. ARNOBIUS, *Adversus nationes* 2,18.37.66–75. Vgl. dazu KINZIG, Novitas (s. Anm. 35), 329–361.431–439.

[56] Vgl. KINZIG, Novitas (s. Anm. 35), 485–568.

[57] KINZIG, Novitas (s. Anm. 35), 571 u.ö., im Gegensatz etwa zu GERHARD RUHBACH, Vorwort, in: DERS. (Hrsg.), Die Kirche angesichts der konstantinischen Wende, WdF 306, Darmstadt 1976, VII–XI, VIII: »Es ist allerdings nur zu verständlich, dass der jähe Wechsel von der *ecclesia pressa* zur *ecclesia tolerata* und schließlich zur *ecclesia vincens* die Kirche in ein Vakuum hinführte; sie war auf die Situation schlicht nicht vorbereitet. Kein Wunder, dass sie die Lage zunächst ausschließlich heilsgeschichtlich deutete als Sieg ihres Gottes.« Vgl. auch GERHARD RUHBACH, Die politische Theologie Eusebs von Cäsarea, in: DERS. (Hrsg.), Die Kirche angesichts der konstantinischen Wende, WdF 306, Darmstadt 1976, 236–258, 240.

einen gefährlichen Dämpfer. Die Eroberung und Plünderung Roms durch die Westgoten unter Alarich vom 24. bis zum 27. August 410 kann für die römischen Zeitgenossen nur als traumatisch bezeichnet werden. Die erste Einnahme Roms seit dem Einfall der Gallier rund 800 Jahre zuvor wurde als Einschnitt in der Geschichte wahrgenommen und brachte die christliche Fortschrittsidee noch einmal gehörig ins Wanken. Das führte dazu, dass kein geringerer als der Kirchenvater Augustinus (354–430) einen gewissen Orosius (385–418) überzeugte, das großangelegte Geschichtswerk *Historia adversum Paganos* zu verfassen.[58] Das Ergebnis ist eine schaurige Chronik von Katastrophen, die der Menschheit in früheren Zeiten widerfahren waren und die erst seit der Ausbreitung des Christentums abgenommen hatten. Augustinus stellte diesem Geschichtswerk später mit seinem großen Werk *De civitate Dei* einen noch stärker theologisch profilierten eschatologischen Geschichtsentwurf an die Seite.[59] Beide gehen von einer linear verlaufenden Weltzeit (*saeculum*) aus, das heißt von einer Geschichte, die auf das Ende der Zeiten hin ausgerichtet ist. Augustinus ist in den folgenden Jahrhunderten nicht immer richtig verstanden worden. Oft hat man den eschatologischen Vorbehalt seines Denkens nicht ernst genug genommen und vorschnell das christliche Gemeinwesen des Mittelalters mit der göttlichen Bürgerschaft, der *civitas Dei,* in eins zu setzen versucht. Die bis ins frühe 13. Jahrhundert geradezu alternativlose Vorherrschaft der augustinischen Theologie und Metaphysik verhinderte jedoch den Rückfall in zyklische oder traditionalistische Geschichtsmodelle. Als dann schließlich der ganze Aristoteles zur Grundlage der scholastischen Metaphysik wurde, wurde die Autorität der Lehrtradition weiter relativiert, so dass man selbst bei Thomas von Aquin (1225–1274)[60] und noch mehr bei Albertus Magnus (ca. 1200–1280[61] und Roger Bacon (1215–

---

[58] OROSIUS, *Historia adversum Paganos* (ed. KARL ZANGEMEISTER, CSEL 5, Wien 1882). Vgl. dazu vor allem PETER VAN NUFFELEN, Orosius and the Rhetoric of History, OECS, Oxford 2012; außerdem HARTWIN BRANDT, *Historia magistra vitae?* Orosius und die spätantike Historiographie, in: ANDREAS GOLTZ/HARTMUT LEPPIN/HEINRICH SCHLANGE-SCHÖNINGEN (Hrsg.), Jenseits der Grenzen. Beiträge zur Geschichtsschreibung im Übergang von der Antike zum Mittelalter, Berlin/New York 2009, 121–133; JUSTUS COBET, Art. Orosius, in: RAC 26, Stuttgart 2015, 567–576; DERS., Orosius' Weltgeschichte. Tradition und Konstruktion, in: Hermes 137 (2009), 60–92; HANS-WERNER GOETZ, Die Geschichtstheologie des Orosius, IdF 32, Darmstadt 1980.

[59] AUGUSTINUS, *De civitate Dei* (ed. BERNARD DOMBART/ALFONS KALB, CChr.SL 47/48). Vgl. ähnlich HIERONYMUS, *Epistola* 96 (ed. ISIDOR HILBERG, CSEL 55, 159–181). Zur Fortschrittsidee in *De civitate Dei* vgl. etwa CHRISTOPH HORN, Geschichtsdarstellung, Geschichtsphilosophie und Geschichtsbewußtsein (Buch XII 10–XVIII), in: DERS. (Hrsg.), Augustinus, *De civitate dei,* Klassiker Auslegen, Berlin 1997, 171–193.

[60] Z.B. THOMAS AQUINAS, *Summa theologica* I/II q. 98 a.6 und q. 102 a.1 sowie II/II q. 1 a.7; I q. 9 a.1; DERS., *De substantiis separatis* 7.

[61] Z.B. ALBERTUS MAGNUS, *Metaphysica* 2,3 (ed. BERNHARD GEYER, *Opera Omnia* 16/1, 94).

1292)[62] sehr weitgehende Fortschrittsbegrifflichkeiten findet. Schließlich gaben auch die Reformatoren mit der als Fortschritt empfundenen religiösen Wende des 16. Jahrhunderts und die sichtbar Fortschritte machenden Naturwissenschaften in den folgenden Jahrhunderten keinen Anlass, diese Fortschrittskonzepte grundsätzlich in Frage zu stellen und zu einem zyklischen Geschichtsmodell zurückzukehren. Für den späteren (liberalen) Protestantismus stilbildende Fortschrittsbegrifflichkeiten sind dann etwa bei Schleiermacher (s.o.),[63] Richard Rothe (1799–1867)[64] und Albrecht Ritschl (1822–1889)[65] zu finden.

## 4. (ANTIKES) CHRISTENTUM UND SPORT

Das Verhältnis des antiken Christentums zum Sport war zweifellos ein ambivalentes. Dabei spielt von den vier eingangs erwähnten Grundgedanken der Fortschritts- und Leistungsgedanke die Hauptrolle, zumal es der Gedanke ist, der den Sport von anderen Formen körperlicher Ertüchtigung am deutlichsten unterscheidet. Der Gesundheitsgedanke ist durchaus bekannt und wird positiv rezipiert, wie wir bei Clemens von Alexandrien gesehen haben. Der Spiel- und der Fairnessgedanke kommen dagegen kaum vor. Die ambivalente Haltung gegenüber dem antiken Sport lässt sich meiner Ansicht nach nun aber klarer fassen: Auf der einen Seite standen das Gymnasium und die vorchristlichen Sportveranstaltungen in einer engen Verbindung zum Götter- und Heroenkult, was Anlass zur Distanzierung gab. Es ist die gleiche Art von Distanz, die sich auch gegenüber dem Militärdienst und gegenüber dem Zirkus, dem Theater und der Instrumentalmusik feststellen lässt: »In den Sportzentren wird Minerva geehrt, Venus in den Theatern, Neptun im Zirkus, Mars im Amphitheater, Merkur auf den Palästren (den Ringkampfplätzen).«[66]

---

[62] Vgl. dazu GÜNTHER MENSCHING, Roger Bacon, Zugänge zum Denken des Mittelalters 4, Münster 2009 – mit einer Warnung vor einer anachronistischen Aneignung des bei Bacon ausgeprägten Fortschrittsbegriffs der nach Mensching viel mit der Kritik am scholastischen Pariser Lehrbetrieb zu tun hat.

[63] Vgl. dazu etwa den Abschnitt »Fortschritt und Zukunft in Schleiermachers Philosophie« bei ANDREAS ARNDT, Friedrich Schleiermacher als Philosoph, Berlin/New York 2013, 155–166; DERS., Fortschritt und Zukunft in Schleiermachers Philosophie, in: DERS./KURT-VICTOR SELGE (Hrsg.), Schleiermacher. Denker für die Zukunft des Christentums?, Berlin/New York 2011, 69–82.

[64] S. vor allem RICHARD ROTHE, Theologische Ethik, 3 Bde., Wittenberg 1845–1848/5 Bde. Wittenberg ²1869–71; neu hrsg. v. JÜRGEN ALBERT, Waltrop 1991.

[65] Bei Ritschl ist etwa in der theologischen Ethik das zentrale Thema der »Fortschritt des Gottesreichs in der Geschichte«, s. ALBRECHT RITSCHL, Vorlesung »Theologische Ethik«, hrsg. v. ROLF SCHÄFER, Berlin/New York 2007.

[66] *Colitur namque et honoratur Minerva in gymnasiis, Veunus in theatris, Neptunus in circis, Mars in harenis, Mercurius in palaestris, et ideo pro qualitate auctorum cultus*

So beschreibt es vermutlich anachronistisch überzeichnend der Mönch Salvianus von Marseilles (400–475) noch im fünften Jahrhundert.[67] Auf der anderen Seite finden sich in den Texten der christlichen Kirchenväter zahllose Anleihen aus der Gedankenwelt des Sports, eine reiche Sprachwelt, die sich erst in jüngster Zeit und bisher nur ganz punktuell erschließt. Hier kommt eine Vertrautheit ans Licht, die auf Nähe, nicht Distanz schließen lässt. Sie ergibt sich aus einer positiven Beziehung zum Gedanken des Trainings von Körper und Geist. Dafür noch ein weiteres Beispiel zum Abschluss:

> »Die (Märtyrer) aber legten vielmehr jede Schwäche ab, wie die alleredelsten Athleten[68] im Stadion, sie stärkten sich an den von den Vätern durch göttliche Gesinnung erreichten mannhaften Erfolge, ihre rechtgläubige Überzeugung wurde immer entschiedener, die Folterstreckbänke erschienen ihnen wie ein Gymnasion der Tugend. Als sie sich so als Wettkämpfer betätigten und ein ›Schauspiel sowohl für Engel als auch für Menschen‹ wurden, wie der selige Apostel schreibt (1 Kor 4,9), eilte die ganze Stadt herbei, weil sie die Athleten Christi sehen wollte, die durch ihre Standhaftigkeit die Martertätigkeit des folternden Richters besiegten und durch ihre Geduld Siegespreise gegen die Gottlosigkeit erlangten und glänzende Triumphe [...] feierten.«[69]

Im Ringkampf, in der Leichtathletik und im Ballspielen spürt Salvianus Parallelen zum Martyrium und zur Askese auf. Die Herausforderungen des individuellen wie des kollektiven Fortschritts auf dem Weg zum Heil werden mit denen des Sports in Beziehung gesetzt. Und dies meines Erachtens nicht nur aus rhetorischen oder paränetischen Gründen, sondern weil der Habitus einer wohlgeplanten und gut durchstruktierten sportbezogenen Lebensweise Vorbild für das dem sittlichen Fortschritt verpflichtete Lebensideal der Christen wurde, jedenfalls in den von mir besprochenen theologischen Entwürfen des dritten, vierten und frühen fünften Jahrhunderts. Voraussetzung dafür war jedoch auch ein lineares Geschichtsdenken, das einen Fortschritt im gegenwärtigen Weltalter für möglich und auch gottgewollt hält. Es ist vielleicht kein Zufall, dass dort, wo Dekadenzmodelle wieder stärker werden, auch der Sport

---

*est superstitionum*. SALVIANUS MASSILIENSIS, *De gubernatione Dei* 6,60 (SC 220, 400,17–402,19).

[67] Vgl. dazu JAN BADEWIEN, Geschichtstheologie und Sozialkritik im Werk Salvians von Marseille, FKDG 32, Göttingen 1980.

[68] Vgl. die Begrifflichkeit in 4 Mac 6,10.

[69] οἱ δὲ μᾶλλον, ὥσπερ ἐν σταδίῳ τῶν ἀθλητῶν οἱ γενναιότατοι, δειλίαν πᾶσαν ἀποσβέσαντες, ἐπαλείφοντες ἑαυτοὺς τοῖς τῶν πατέρων διὰ (256.) θείων λογισμῶν ἀνδραγαθήμασι, γενναιότερον εἶχον περὶ τὴν εὐσέβειαν τὸ φρόνημα, γυμνάσιον ἀρετῆς τὰς στρέβλας ἡγούμενοι. οὕτω τοίνυν ἀγωνιζομένων καὶ »θέατρον« ὡς ὁ μακάριος ἀπόστολος γράφει γενομένων »καὶ ἀγγέλοις καὶ ἀνθρώποις«, ἐπέτρεχεν ἡ πόλις ἅπασα, ἀθλητὰς θεασαμένη Χριστοῦ καρτερίᾳ τοῦ βασανίζοντος δικαστοῦ νικῶντας τὰς μάστιγας καὶ τρόπαια δι’ ὑπομονῆς κατὰ ἀσεβείας ἐπαίροντας καὶ θριάμβους [...] ἐπιδεικνυμένους. THEODORETUS CYRRHENSIS (393–457), *Historia ecclesiastica* 4,22,19 (GCS 19, 255,20–256,7).

negativ gesehen wird. Ein Beispiel dafür wäre der eben zitierte Salvian von Marseille, der auch die Geschichte insgesamt eher als Verfallsgeschichte beschreibt. Diese Ambivalenz hat das Verhältnis von Christentum und Sport bis heute begleitet: Einerseits fanden sich in allen Jahrhunderten leibfeindliche Tendenzen, die einer Betonung körperlicher Errungenschaften angesichts der Überlegenheit der unkörperlichen Heilsgüter stets eine Abfuhr erteilen mussten. Dazu kam die karitative Seite der christlichen Ethik, die das Einstehen für die Armen und Schwachen zum Leitprinzip machte, was jeder Überhöhung sportlicher Spitzenleistungen oder gar einem Heroenkult für erfolgreiche Sportlergestalten von vornherein ein kritisches Potenzial gegenüberstellte. Schließlich problematisierte das *sola fide* der Reformation mit seinem Einspruch gegen jede Form von Werkgerechtigkeit den Leistungsgedanken dauerhaft und begründete damit eine Denktradition, die sich bis in neueste EKD-Denkschriften nachvollziehen lässt. Andererseits hat die antike christliche Theologie zweifellos maßgeblich den Fortschrittsgedanken im westlichen Denken verankert, hat ein lineares Geschichtsbild in die allertiefsten Ebenen der weltlichen Geistesgeschichte eingetragen. Auch ohne die Verbindung von Fortschritt und Leistung, von individuellem und kollektivem Fortschritt im christlichen Denken hätte der moderne Sport vielleicht eine große gesellschaftliche Bedeutung erlangen können. Vielleicht würden wir uns dann aber auch eher über Leibesübungen und andere Formen körperlicher Ertüchtigung ohne Leistungsmessung unterhalten müssen. Eine theologisch informierte Sportethik sollte jedenfalls diese geistesgeschichtlichen Zusammenhänge nicht ignorieren. Sie sollte auch nicht versuchen, den Sport ohne den Leistungs- und Fortschrittsgedanken zu definieren oder diese Aspekte auszublenden, will sie die im Sport handlungsleitenden Überzeugungen und das im Sport praktizierte Ethos in individualethischer, institutionenethischer und sozialethischer Perspektive verantwortlich und kritisch entwickeln.

# Sport und Krieg: »Männliche« Metaphern bei Paulus

## Ein Essay

*Marco Frenschkowski*

Das Profil eines Autors, einer Autorin zeigt sich nicht nur in den Gedanken und Inhalten, nicht nur in den literarischen Formen, die er oder sie verwenden, sondern auch und nicht unwesentlich in den Metaphern und Metaphernfeldern, die in die Texte eingespielt werden, und mit deren Hilfe die jeweiligen Anliegen zur Sprache gebracht werden. Diese sind dabei nicht nur rhetorischer Schmuck, sondern Aspekte des Psychogramms einer schriftstellerischen Persönlichkeit, vor allem wenn Metaphernfelder gehäuft, clusterartig in Erscheinung treten. Das mentale Profil einer Persönlichkeit, aber auch untergründige, nicht auf der Hand liegende Aspekte werden in ihnen sichtbar. Eine Fragestellung, die nur nach den Aussagen, den Inhalten oder rationalen Argumenten eines Textes oder Autors fragt, übersieht diese Aspekte leicht. Bilder und Metaphernfelder geben zu erkennen, in welchen Lebenswelten wir denken. Das gilt umso mehr, wenn wir von einem Autor so viel an unterschiedlichen Texten besitzen, dass behutsame Aussagen über sein Gesamtprofil möglich sein können.

Blicken wir auf Bildfelder in frühchristlichen Texten, ist es z.B. nicht gleichgültig, dass innerhalb der Evangelienliteratur die Spruchquelle[1] Q geradezu obsesssiv geprägt ist von monetären (Q 10, 2–4; 12, 6. 58f.; 19, 12–27; 16, 13 »Mammon«) und sonstigen finanziellen Bildern, Themen und Metaphern (11, 4; 12, 58f.; 19, 12–27; vgl. auch 12, 22–31. Q 14, 16–24 ist aus der Perspektive des Hausbesitzers erzählt, usw.). Diese werden flankiert von

[1] Q ist eine aus dem Lukas- und Matthäusevangelium erschließbare ältere Evangelienschrift, die wohl kurz vor 66 n.Chr. in Jerusalem (nach anderen in Galiläa) aus der mündlichen Jesustradition in griechischer Sprache zusammengestellt wurde. Sie kann nur rekonstruiert werden, das aber doch mit hoher Plausibilität. Vgl. etwa Paul Hoffmann/Christoph Heil (Hrsg.), Die Spruchquelle Q. Studienausgabe Griechisch und Deutsch, Darmstadt [4]2013. Die Verse werden nach der Lukasstelle zitiert. Q 12, 58f. meint also jenen Q-Text, der aus Lk 12,58f. und der Mt-Parallele Mt 5,25f. rekonstruiert werden kann. Oft ist der Wortlaut der Parallelen fast identisch, so dass recht sichere Rekonstruktionen möglich sind. Q und das Markusevangelium sind vom Matthäus- und Lukasevangelium als Quellen benutzt worden.

technischen Termini wie τόκος »Zins« und τραπεζῖται »Wechsler, Banker«. Wesentliche Aussagen dieser Sammlung von Jesussprüchen (mit einigen narrativen Elementen) wurden offenbar in breit entfalteter monetärer Metaphorik zur Sprache gebracht. Die Brutalität einer von finanzieller Gewinnoptimierung beherrschten Welt (Q 19, 24.26) ohne Toleranz gegenüber verschuldeten Habenichtsen (Q 12, 58f.), das Verzehnten der Ernte, Leihen und Zurückgeben, Kaufen und Verkaufen, Besitz und Armut, das närrische Vertrauen auf materielle Güter und die paradoxe Sorglosigkeit der armen Jesusboten, Schulden gegenüber Menschen und Schulden gegenüber Gott, Räuber und Schätze, lokale Gerichtsbehörden, außergerichtliche Einigungen (natürlich über Geld), kleine Geldsummen, große Geldsummen, reale Geldsummen und Fantasiesummen, Zinsen und das Vergraben von Geldern, treue und untreue Diener, die Verwaltung von Besitz, Schulden machen und Schulden erlassen: dies alles ist die soziale Welt, aus der in wesentlichen Teilen die Bildwelt von Q stammt.[2] Da diese Züge in solcher Häufung für die Jesusüberlieferung sonst nicht zu beobachten sind, wird dieses Metaphern- und Bildfeld als eine Besonderheit des Kompilators, als sein persönlicher Idiolekt sichtbar. Die Sprache Jesu erscheint hier also in einer spezifischen Brechung oder Verschiebung, die mit der Person des Kompilators zusammenhängt. Im Hintergrund steht vermutlich ein beruflicher und lebensgeschichtlicher Hintergrund des Q-Kompilators, der durch monetäre, finanzielle, Zoll- und Steuerthemen bestimmt ist. Das folgt allein aus den Textbeobachtungen selbst, ohne weitere hypothetische Überlegungen zur Person des Herausgebers dieser Quellenschrift.

Für den Apostel bzw. Missionar Paulus hat eine Erforschung persönlichkeitsrelevanter Bild- und Metaphernfelder als Ausdruck seines Idiolektes bereits eine gewisse Tradition, für die wir hier exemplarisch die zusammenfassende Studie von David J. Williams nennen können »Paul's Metaphors. Their Context and Character« (zuerst 1999)[3]. Dieses in Deutschland weithin unbekannt gebliebene Buch eines australischen Exegeten beschreibt die Metaphernfelder, in denen Paulus seine Theologie entfaltet, und verortete sie kulturgeschichtlich, von der urbanen Kultur über das Sklavenwesen, von Reise und Bankwesen über Handwerk und Theater. Im Gegensatz zu den nicht wenigen Studien, die sich einzelnen Begriffen oder Metaphern zuwenden,

---

[2] Zu diesen Besonderheiten gehören lateinische Lehnwörter (μόδιος < *modius*, μίλιον, die Münznamen ἀσσάριον, κοδράντης), die in griechischen literarischen Texten immer auffällig sind, und der phönizische finanztechnische Terminus Mammon (μαμωνᾶς), der als Lehnwort auch ins Hebräische und Aramäische gewandert war, aber in griechischen Texten sonst nicht vorkommt.

[3] DAVID J. WILLIAMS, Paul's Metaphors. Their Context and Character, Peabody, Mass. $^{3}$2004. Auch weiter ausholende Versuche hat es gegeben, z.B. LELAND RYKEN u.a. (Hrsg.), Dictionary of Biblical Imagery. An encyclopedic exploration of the images, symbols, motifs, metaphors, figures of speech and literary patterns of the Bible, Leicester u.a. 1998.

versucht er eine Gesamtsichtung, also eine Art Gesamtschau auf Paulus durch die Brille seiner Metaphern, eine Enzyklopädie der Metaphern, so wie es ja auch entsprechende Arbeiten über den spezifischen Wortschatz der frühchristlichen Autoren gibt. Das ist ein interessanter und überaus fruchtbarer Ansatz, zumal die komparative Perspektive immer präsent ist. Paulus und die Paulusschule[4] haben genug Schrifttum aus sehr verschiedenen Situationen hinterlassen, dass hier relevante und signifikante Aussagen möglich sind.

Dabei ist es nun eine Gruppe von Metaphern von besonderem Interesse, die man versuchsweise und vorerst noch sehr vage »männliche« Metaphern nennen könnte. Es sind solche, die primär aus der männlichen Lebens- und Erfahrungswelt genommen sind. Wie fruchtbar es ist, Metaphern und mehr noch ganze Metaphernfelder unter solchen gendergeschichtlichen Fragestellungen zu betrachten,[5] wissen wir wiederum nicht zuletzt aus der Jesusforschung. Im Corpus der Gleichnisse und Bildworte[6] Jesu etwa existiert eine Gruppe von Doppelbildworten, geschlechtssymmetrischen Paarbildungen, in denen weibliche und männliche Lebenswelten gleichberechtigt als bildspendende Bereiche für Bildworte dienen[7]: Senfkorn und Sauerteig (Lk 13,18f.20f.), verlorenes Schaf und verlorener Groschen (Lk 15,3-7.9-10), Arbeit auf dem Feld, Arbeit in der Mühle (Mt 24,40f.) usw. Männliche und weibliche Lebenswelt treten hier parallel in den Blick und sind für Jesus dabei offenbar beide gleichnisfähig für das Reich Gottes. Das ist eine im antiken Kontext erstaunliche Beobachtung. Ganz analogielos ist eine solche egalitäre Genderbinarität

---

[4] Zu allen Vorfragen zu Paulus und zur Unterscheidung »echter« Paulusschriften von solchen, die aus einer »Paulusschule« stammen, mag es hier genügen, pauschal auf Udo Schnelle, Einleitung in das Neue Testament, Göttingen [8]2013 zu verweisen; zu den historischen Fragen vgl. ders., Die ersten 100 Jahre des Christentums. 30-130 n.Chr, Göttingen 2015. Zu allen Paulus betreffenden Fragen vgl. als allgemeinverständliche Übersicht Friedrich W. Horn (Hrsg.), Paulus Handbuch, Tübingen 2013.

[5] Vielleicht sollte man in diesem Kontext daran erinnern, dass selbst konventionelle Texte über »Männliches« und »Weibliches« in antiken Diskursen nicht unbedingt mit gängigen Klischees beschrieben werden können, und nicht selten gegenüber allzu schlichten Rollenvorstellungen über antike Genderkonstruktionen Abweichungen aufweisen. Das gilt selbst für »klassische« Texte zum Thema wie die vielleicht meistzitierte Passage über das »Männliche« und »Weibliche« überhaupt (Aristoteles, *de hist. animal.* 9, 1) mit ihren Vergleichen zu abweichenden tierischen männlichen und weiblichen Charakterzügen.

[6] Zur Problematik dieses gewiss recht vagen Begriffs vgl. v.a. Ruben Zimmermann, Bildworte/Bildreden/Bildersprache, in: Wissenschaftliches Bibellexikon Okt. 2012, www.bibelwissenschaft.de/stichwort/50003/ (Zugriff am 22.04.16); ders., Exkurs. Die sogenannten »johanneische Bildreden«, in: ders., Christologie der Bilder im Johannesevangelium, WUNT 171, Tübingen 2004, 284-288; ders., Art. Metapher, Neutestamentlich, in: Oda Wischmeyer u.a. (Hrsg.), Lexikon der Bibelhermeneutik, Berlin/New York 2009, 377f.

[7] Zum Folgenden vgl. Gerd Theissen/Annette Merz, Der historische Jesus. Ein Lehrbuch, Göttingen [3]1996, 2011, 203-208.

natürlich nicht. So kennt etwa die Grabkunst parallele Gestaltungen von männlichem und weiblichem Handwerkszeug auf dem Grab eines Ehepaares.[8] Dennoch ist diese Beobachtung ein beachtlicher Beitrag zum Genderaspekt des Auftretens Jesu, der tatsächlich in der älteren Forschung (vor etwa 1960) nur wenig Beachtung gefunden hatte. Der Genderaspekt ist natürlich auch für ein Verstehen des Paulus von vitalem Interesse, gerade auch weil der Apostel offenbar ein eher gespanntes Verhältnis zu weiblicher Beteiligung etwa am Gottesdienst hatte (1 Kor 11,1–16; die Passage 1 Kor 14,33b–35 ist dagegen vielleicht nicht Teil des ursprünglichen Textes). Aus diesem Grund ist der Genderaspekt seiner Metaphern von großem Interesse, wobei hier nun die »männlichen« Metaphern in den Blick genommen werden sollen, vor allem aus den Bereichen Sport, Kampf und Krieg.[9] Auch zu den Themen Leistung, Erfolg und potentieller und typischer Konkurrenzszenarios werden wir einen Bogen schlagen können, wobei an dieser Stelle nur eine kurze Skizze sich hier ergebender Fragen möglich sein kann. Wir beginnen dazu mit Beobachtungen zu Sportmetaphorik bei Paulus, wenden uns dann ganz kurz zu Kriegsmetaphern und ähnlichem, um in einem Schlussteil nach der Bedeutung von Konkurrenz- und Bewertungsszenarien bei diesem ältesten christlichen Autor zu fragen. Von besonderem Interesse ist das Wortfeld um den »Sieg«. Einen solchen strebt ja sowohl der Sportler als auch der Soldat an; metaphernspendender Bereich sind gleichermaßen Spiel und Sport wie auch die militärische Konfrontation. Dies ist kein Zufall. Sportliche und militärische Assoziationen treffen sich auch in der im frühen Christentum überaus verbreiteten Siegesmetaphorik. Wir kommen auf diesen Punkt noch zurück. Zuerst sind einige Textbefunde zu benennen.

Wir gehen dabei in medias res und wenden uns nach wenigen Vorbemerkungen jenem Text zu, der die dichteste Häufung von Sportmetaphern im Neuen Testament aufweist, 1 Kor 9,24–27. Paulus schreibt hier an eine Gemeinde, die er selbst gegründet hat und somit gut kennt. Korinth ist eine internationale, mondäne Hafenstadt mit allen zu erwartenden Begleiterscheinungen. Es leben zahlreiche Römer in der Stadt, die 146 v. Chr. von der römischen Armee zerstört worden war und später als römische Kolonie wie-

---

[8] Luise Schottroff, Lydias ungeduldige Schwestern. Feministische Sozialgeschichte des frühen Christentums, Gütersloh 1994, 124, weist als Parallele auf einen Grabaltar aus Este (erstes Jahrhundert n.Chr.) hin, der die Arbeitsgeräte eines Mannes (Amboss und eine Zange) neben denen einer Frau (Spindel und Wollkorb) zeigt. Auch Theissen/Merz, Der historische Jesus (s. Anm. 7), 204 Anm. 32, sehen hierin eine bemerkenswerte Parallele. Doch sind solche Kombinationen in der Grabkunst offenbar außerordentlich selten.

[9] Vgl. aus der Literatur Martin Brändl, Der Agon bei Paulus. Herkunft und Profil paulinischer Agonmetaphorik, WUNT II/222, Tübingen 2006; Uta Poplutz, Athlet des Evangeliums. Eine motivgeschichtliche Studie zur Wettkampfmetaphorik bei Paulus, Herders biblische Studien 43, Freiburg i.Br. u.a. 2004; Rainer Metzner, Paulus und der Wettkampf, in: NTS 46 (2000), 565–583.

dergegründet wurde. Griechische und römische Kultur sind gleichermaßen präsent; viele Bewohner sind Nachkommen von Veteranen der römischen Armee. Im Zentrum des Sportlebens stehen die trieterischen isthmischen Spiele, die vor den Stadttoren stattfanden, und die Paulus im Jahr 51 n. Chr. miterlebt haben muss, als er sich in Korinth aufhielt. Das heißt vermutlich nicht, dass er als Zuschauer an diesem sportlichen Großevent teilgenommen hätte: eine solche Teilnahme wäre vielmehr ganz unwahrscheinlich,[10] aber den Trubel um dieses reichsweit beachtete Großevent mag der Apostel miterlebt haben,[11] und natürlich wusste er, was dort geschah.

Gymnasialagone zu Ehren des Hermes und des Herakles fanden in Korinth wie in der ganzen griechischen Welt statt. Die berühmte Formulierung Jacob Burckhardts[12] vom »agonalen« Geist der Griechen als einem charakteristischen Prinzip, einem Strukturelement griechischer Kultur ist vielleicht etwas substanzialistisch formuliert, und muss mit anderen kompetitiven Prozessen zusammengesehen werden.[13] Für die archaische Zeit ist das Agonale nach seiner Darstellung geradezu eponym. Immerhin hatte Burckhardt schon ausdrücklich von der bloßen Verbreitung von Wettkämpfen und ähnlichem unterschieden, weil das Agonale alle gesellschaftlichen Themen und sozialen Gruppen durchdringe. Neben die athletischen und musischen Agone tritt für ihn das Agonale als Grundzug auch aller höheren griechischen Kultur. Selbst Kunst und Literatur treten immer in einer elementaren Konkurrenz auf (etwa bei den Dramatikerwettkämpfen im Theater). Die Allgegenwart von Wettkampfkultur nicht nur sportlicher, sondern auch z.B. musischer Art ist jedenfalls ohne Frage ein Kennzeichen antiker griechischer Gesellschaft, obwohl es natürlich geschichtliche Unterschiede und Entwicklungen gegeben hat, die bedacht sein wollen. Auch die berühmte Nacktheit der Athleten hat sich z.B. erst allmählich durchgesetzt; sie gilt offenbar noch nicht für die archaische

---

[10] So offenbar auch Dieter Zeller, Der erste Brief an die Korinther, KEK 5, Göttingen 2010, 321. V.a. Alois Koch, Paulus und die Wettkampfmetaphorik, in: Trierer Theologische Zeitschrift 1 (2008), 39–55, hat persönliche Kenntnis des Sports durch Paulus rigoros bestritten, allerdings aufgrund einer unangemessen Rückprojektion altkirchlicher Positionen zur Sache auf den Apostel.

[11] Die Möglichkeit, dass Paulus sportliche Wettkämpfe bereits aus Tarsus gekannt haben könnte, betont Metzner, Paulus und der Wettkampf (s. Anm. 9); es ist belegt, dass Diasporajuden als Zuschauer an Agonen teilnahmen (ebd.).

[12] Jacob Burckhardt, Griechische Kulturgeschichte, 4 Bde., München 1977 (zuerst posthum Berlin 1898), Bd. 1, 80; Bd. 4, 211 und passim. Vgl. zur Sache Helmut Berve, Vom agonalen Geist der Griechen (1961), in: ders., Gestaltende Kräfte der Antike, München 1966, 1–20. Ein Vorläufer Burckhardts in dieser Sicht war im Übrigen schon Ernst Curtius, Der Wettkampf, in: ders., Alterthum und Gegenwart. Gesammelte Reden und Vorträge, Berlin 1877, 132–147.

[13] Vgl. Leonhard Burckhardt, Vom ›Agon‹ zur ›Nullsummenkonkurrenz‹. Bemerkungen zu einigen Versuchen, die kompetitive Mentalität der Griechen zu erfassen, in: Nikephoros 12 (1999), 71–93 (»Nikephoros. Zeitschrift für Sport und Kultur im Altertum«, seit 1988, bietet auch sonst mancherlei für unser Thema relevantes Material).

Zeit.[14] Jedenfalls war der sportliche Wettkampf in Korinth allgegenwärtig mit allem was dazugehört: Training, Konkurrenz, Arenen, die umherreisenden Sportler, die von Wettkampf zu Wettkampf ziehen (dafür ist der Terminus technicus περίοδος im Gebrauch, wie später gelegentlich auch die Missionsreisen der Apostel heißen) usw. Sicher gab es auch die eher römischen Gladiatorenspiele (*munera*), die im griechischen Osten ausnahmslos mit Elementen des Kaiserkultes verbunden waren (die Vorläufer im Totenkult der altrepublikanischen Zeit interessieren hier nicht), aber sie werden nicht jene Rolle gespielt haben, die sie in Rom selbst hatten. Die Vorliebe der einzelnen Bevölkerungsgruppen für die verschiedenen Arten des Sports differierte natürlich beträchtlich: die stadtrömische Bevölkerung präferierte eindeutig die aggressiveren Gladiatorenspiele gegenüber der griechischen Gymnastik und Athletik. Wie sich das Verhältnis aggressiverer und weniger aggressiver Sportarten in einer Stadt wie Korinth verhalten haben mag, wissen wir allerdings nicht. Die grundsätzliche Bedeutung des Themas in der öffentlichen Kultur ist aber deutlich. Marcus Cornelius Fronto schreibt im zweiten Jahrhundert über die Zeit Trajans, die römische Bevölkerung sei vor allem mit der Brotversorgung und den öffentlichen Spielen beschäftigt *populum Romanum duabus praecipue rebus, annona et spectaculis, teneri,*[15] in Anspielung auf das noch berühmtere Wort Juvenals von der Leidenschaft für *panem et circenses*.[16] Dion von Prusa greift ganz ähnlich die Bevölkerung Alexandriens mit dem Vorwurf an, sie interessiere sich vor allem für Speisen und Eintrittsbillets zu den Wagenrennen (Rede an die Alexandriner, oratio 32, 31). Dieser Aspekt der kaiserzeitlichen urbanen Gesellschaft ist natürlich schon sehr oft dargestellt worden.[17] Die Wichtigkeit von Sport, Krieg und Jagd als »männlichen« Themen in

---

[14] Zum Hintergrund vgl. etwas spekulativ James A. Arieti, Nudity in Greek Athletics. Classical World 68 (1975), 431-436.

[15] Marcus Cornelius Fronto, Principia Historiae 20 (ed. van den Hout, BSGRT, 213,11f.).

[16] Juvenal sat. 10, 77-81.

[17] Z.B. bei Ludwig Friedländer, Darstellungen aus der Sittengeschichte Roms in der Zeit von Augustus bis zum Ausgang der Antonine Bd. 2, hrsg. v. Georg Wissowa, Leipzig [10]1922 (Reprint Aalen 1979), 1-162. Diese klassische Darstellung dokumentiert u.a. das allmähliche Schwinden der früheren römischen Abneigung gegen die spezifisch griechischen Formen der Athletik und des Wettkampfes. Die weitere Literatur zur Sache ist natürlich unübersehbar. Exemplarisch: Ulrich Sinn, Kult, Sport und Fest in der Antike, München 1996; ders. (Hrsg.), Sport in der Antike. Wettkampf, Spiel und Erziehung im Altertum, Würzburg 1996; Jason König, Athletics and Literature in the Roman Empire, Cambridge 2005; Kai Brodersen, Philostratos. Sport in der Antike, Wiesbaden 2015. Philostrat (frühes drittes Jahrhundert n.Chr.) in der von Brodersen übersetzten Abhandlung über das Training war interessanterweise der Auffassung, der Sport befände sich in einer Zeit des Niedergangs, und die Athleten der Gegenwart könnten sich nicht mit jenen der Vergangenheit messen. Eine Quellensammlung zum Sport in der griechischen Welt ist Waldo E. Sweet (Hrsg.), Sport and Recreation in Ancient Greece, A Sourcebook with translations, New York/Oxford 1987.

römischen Lebensstilen ist etwa auch an der großen Häufigkeit dieser Stoffe in der Grabkunst, d.h. auf Sarkophagen erkennbar.[18] Freilich gab es auch entgegenstehende Stimmen, v.a. in der Philosophie. Seneca nennt die Athleten »stumpfsinnige, ihr Leben abwechselnd mit Trinken und Schwitzen verbringende Menschen, deren Körper gemästet, deren Geist roh und vernachlässigt sei, deren Kunst aus Öl und Schmutz bestehe«.[19]

In dieser Umwelt berät Paulus nun die Christengemeinde in den verschiedensten lebenspraktischen Fragen. Was genau macht christliche Identität aus? Paulus, den man den ersten christlichen Theologen nennen mag, betreibt seine Theologie dialogisch, im Gespräch mit den konkreten Problemen konkreter Gemeinden. Teils hat er diese selbst gegründet, teils sind sie unabhängig von seiner Predigt entstanden. Teils ist die Beziehung freundlich (etwa mit Philippi), teils ist sie angespannt (so mit Korinth v.a. im 2. Korintherbrief, der vermutlich mehrere Schreiben des Apostels vereint), teils ist sie auch von einem heftigen Konflikt geprägt (so vor allem im Umgang mit den Galatern). Im 1. Korintherbrief, dem wir uns sofort zuwenden, ist der Kontakt freundlich, obwohl Paulus doch diverse kritische Punkte anspricht, zu denen er die Praxis der Gemeinde gerne verändern möchte. Das Corpus der paulinischen Texte ist damit groß genug, dass signifikante Aussagen über seine metaphernspendenden Bereiche getroffen werden können. Vor allem entstammen seine Briefe sehr verschiedenen Situationen; es sind Briefe an Gemeinden, die ihm vertraut sind, und solche, denen er sich mit seinem Brief erst vorstellt (Römerbrief), wir besitzen auch einen mehr privaten, sozusagen seelsorgerlichen Brief (den Philemonbrief), lange Grußlisten, welche die persönlichen Bezüge dokumentieren usw. Dazu entstammen diese Briefe ganz verschiedenen emotionalen Situationen im Leben des Apostels: Dankbarkeit, Irritation, Zorn, behutsame Kontaktaufnahme, das mutige und offensive Ausrichten von Orientierung, zu der er sich als Apostel berufen sieht, u.a. Insofern sind unsere Chancen gut, nicht nur aus den Aussagen des Paulus und seinen Argumentationen, sondern auch aus seinem symbolischen Universum, aus seinen metaphernspendenden Bereichen und Bildern etwas über seine Persönlichkeit zu schließen, oder genauer gesagt über die nicht nur religiösen, sondern allgemein kulturellen Aspekte und Genderaspekte des Kommunikationsgeschehens zwischen ihm und den Gemeinden.

Beginnen wir also sofort mit einem der ergiebigsten Texte zum Thema, 1 Kor 9,24–27, ein Abschnitt, der in seinem Kontext den Charakter eines

---

[18] Vgl. Guntram Koch/Hellmut Sichtermann, Römische Sarkophage, Handbuch der Archäologie, München 1982, 90–97. 123f. u.ö.

[19] Friedländer, Darstellungen aus der Sittengeschichte Roms Bd. 2 (s. Anm. 15), 158, unter Berufung auf Seneca, *epist.* 15, 3; 80, 2; 88, 18f. Interessant ist bei Friedländer, a.a.O., 159 auch der Hinweis auf die heftige Polemik des Arztes Galen gegen die Sportler als Zunft.

Schlussappells zum Gedankengang zumindest von Kapitel 9 hat (in 10,1 beginnt deutlich ein neues Thema):

> »Wisst ihr nicht, dass die, die in der Kampfbahn laufen, die laufen alle, aber einer empfängt den Siegespreis? Lauft so, dass ihr ihn erlangt. Jeder aber, der kämpft, enthält sich aller Dinge; jene nun, damit sie einen vergänglichen Kranz empfangen, wir aber einen unvergänglichen. Ich aber laufe nicht wie aufs Ungewisse; ich kämpfe mit der Faust, nicht wie einer, der in die Luft schlägt, sondern ich bezwinge meinen Leib und zähme ihn, damit ich nicht andern predige und selbst verwerflich werde.«[20]

Christliche Existenz erfordert für den Apostel also Energie: sie ist eine Sache der Anspannung und Anstrengung. Eine zentrale Metapher für diesen Sachverhalt ist der Wettlauf, mit dem Paulus einsetzt (auch wenn er sich dann noch einem anderen Bild aus dem Sport zuwendet).[21] Laufen ist ein Grundakt des Sports. Schon von der Soldatenelite Ägyptens wird glaubhaft erzählt, dass sie im Training 100 Kilometer in neun Stunden laufen konnte.[22] Den aus der Antike stammenden Marathonlauf gibt es noch heute, und seine Faszination hat nicht nachgelassen. Er ist dezidiert eine Einzelleistung. Staffelläufe gab es in der Antike zwar auch (mit Fackeln, nicht wie bei uns mit Stäben), aber nur als Teil weniger angesehener oder »offizieller« Turniere in den Gymnasien (den kleineren Sportstätten), in den Städten und beim Militär. Daneben treten zahlreiche Wettläufe über unterschiedliche Distanzen (Diaulos, Dolichos, Stadion) zu verschiedensten Anlässen. Das Bild des Wettlaufes erschließt sich also sofort jedem potentiellen Leser des Paulus, und weckt ein Feld an Assoziationen vielfältiger Art.

Während die offiziellen Wettkämpfe der panhellenischen Spiele mit ihrem dezidiert religiösen Rahmen immer Einzelleistungen hervorheben, gab es im antiken Breitensport zwar auch Mannschaftspiele, Ballspiele etc., die aber einen geringeren Stellenwert hatten, ganz anders als in unserer modernen Sportkultur, und die im Neuen Testament auch nicht erwähnt werden. (Bei

---

[20] Übersetzung LUTHER 1984 (auch im Folgenden). Im griechischen Original: *Οὐκ οἴδατε ὅτι οἱ ἐν σταδίῳ τρέχοντες πάντες μὲν τρέχουσιν, εἷς δὲ λαμβάνει τὸ βραβεῖον; οὕτως τρέχετε ἵνα καταλάβητε. πᾶς δὲ ὁ ἀγωνιζόμενος πάντα ἐγκρατεύεται, ἐκεῖνοι μὲν οὖν ἵνα φθαρτὸν στέφανον λάβωσιν, ἡμεῖς δὲ ἄφθαρτον. ἐγὼ τοίνυν οὕτως τρέχω ὡς οὐκ ἀδήλως, οὕτως πυκτεύω ὡς οὐκ ἀέρα δέρων· ἀλλ' ὑπωπιάζω μου τὸ σῶμα καὶ δουλαγωγῶ, μή πως ἄλλοις κηρύξας αὐτὸς ἀδόκιμος γένωμαι.*

[21] Vgl. außer den Kommentaren ROMAN GARRISON, Paul's Use of the Athlete Metaphor in 1 Corinthians 9, in: SR 22.2 (1993), 209–217; KOCH, Paulus und die Wettkampfmetaphorik (s. Anm. 10); AMPHILOCHIOS PAPATHOMAS, Das agonistische Motiv 1 Kor 9.24ff. im Spiegel zeitgenössischer dokumentarischer Quellen, in: NTS 43 (1997), 223–241.

[22] WOLFGANG DECKER, Art. Sport III. Ägypten, in: Der Neue Pauly 11 (2001), 838–840, 839; vgl. auch WOLFGANG DECKER/MICHAEL HERB, Bildatlas zum Sport im alten Ägypten, 2 Bde., Leiden 1994.

den olympischen Spielen z.B. gab es keine Mannschaftssportarten). Metaphernspendender Bereich bei Paulus ist also der Wettlauf als Leistung des einzelnen, der Training und höchste Anstrengung erfordert, und der – das ist der Clou der Sache – nur einen Sieger kennt. Trostpreise und zweite Sieger gibt es nicht, jedenfalls nicht bei den panhellenischen Spielen (bei anderen Gelegenheiten hören wir auch von zweiten und dritten Preisen, aber nicht bei den großen gesamtgriechischen Wettkämpfen, um die es hier geht).[23] Das alles kannte und wusste man natürlich in der korinthischen Gemeinde.[24] Die Metaphern des Paulus sind also ohne Frage gut verständlich und insofern angemessen gewählt (doch s. sofort zu einer Einschränkung). Es geht »ums Ganze«: Christsein kennt nur ein Entweder – Oder. Der angestrengte Wettlauf als Bild christlicher Existenz begegnet auch Phil 2,16; Gal 2,2; 5,7 und nachpaulinisch etwa 2 Tim 4,7 und Hebr 12,1 (»den Lauf laufen, der uns verordnet ist«). Gerade die genannte Passage aus den Pastoralbriefen ist wegen ihrer Synonymik für uns von besonderem Interesse:

> »Ich habe den guten Kampf gekämpft, ich habe den Lauf vollendet, ich habe Glauben gehalten; hinfort liegt für mich bereit die Krone der Gerechtigkeit, die mir der Herr, der gerechte Richter, an jenem Tag geben wird, nicht aber mir allein, sondern auch allen, die seine Erscheinung lieb haben.« (1 Tim 4,7f.).

»Krone« meint natürlich den Kranz (στέφανος), wie er dem Sieger zuteil wird (später sollte der christlich-lateinische Dichter Prudentius in seinem *Liber Peristephanon* 14 Preisgedichte über Märtyrer versammeln, die den »Kranz« gewonnen hätten).

In dem eben genannten Text Phil 3,12–14 tritt als Vergleichsgröße für die »energische, angespannte« Seite christlicher Existenz das Wagenrennen in den Blick, worin man eine gewisse Steigerung gegenüber dem Wettlauf sehen mag:

> »Nicht, dass ich's schon ergriffen habe oder schon vollkommen sei; ich jage ihm aber nach, ob ich's wohl ergreifen könnte, weil ich von Christus Jesus ergriffen bin. Meine Brüder, ich schätze mich selbst noch nicht so ein, dass ich's ergriffen habe. Eins aber sage ich: Ich vergesse, was dahinten ist, und strecke mich aus nach dem, was da vorne ist, und jage nach dem vorgesteckten Ziel, dem Siegespreis der himmlischen Berufung Gottes in Christus Jesus (διώκω εἰς τὸ βραβεῖον τῆς ἄνω κλήσεως)«.[25]

---

[23] Dazu vgl. Zeller, Der erste Brief an die Korinther (s. Anm. 10), 322 Anm. 269.

[24] Das betonen fast alle Kommentare zur Stelle. Vgl. etwa Wolfgang Schrage, Der erste Brief an die Korinther Bd. 2, Düsseldorf/Neukirchen-Vluyn 1995 (EKK), 363.

[25] Οὐχ ὅτι ἤδη ἔλαβον ἢ ἤδη τετελείωμαι, διώκω δὲ εἰ καὶ καταλάβω, ἐφ' ᾧ καὶ κατελήμφθην ὑπὸ Χριστοῦ [Ἰησοῦ]. ἀδελφοί, ἐγὼ ἐμαυτὸν οὐ λογίζομαι κατειληφέναι· ἓν δέ, τὰ μὲν ὀπίσω ἐπιλανθανόμενος τοῖς δὲ ἔμπροσθεν ἐπεκτεινόμενος, κατὰ σκοπὸν διώκω εἰς τὸ βραβεῖον τῆς ἄνω κλήσεως τοῦ θεοῦ ἐν Χριστῷ Ἰησοῦ.

Wieder ist der sportliche Siegespreis gemeint. Die Verben lassen hier wie gesagt eher an das Wagenrennen denken als an den Wettlauf.[26] Damit wird eine stärkere Aggression, eine noch dynamischere, bewegtere Aktion evoziert als bei dem ja durchaus auch schon sportlichen Bild des Wettlaufes. Die ganze Metapherngruppe muss für frühe Christinnen und Christen hohe Plausibilität gehabt haben. Dennoch passt sie nicht ganz zu dem, was der Apostel offenbar sagen will, wie wir leicht sehen. Christliche Existenz mag den Charakter einer äußersten Anspannung haben: aber sie kennt nicht den einzelnen Sieger. Der Sieg ist ja der Gewinn des ewigen Lebens, der Vollendung. Diese aber steht allen Christen offen, woran Paulus keinen Zweifel lässt. Das Bild erzeugt also eine Spannung. Anders gesagt: es ist schief (Lukian, Anacharsis 13 verwendet den Vergleich durchaus präziser). Hat Paulus das nicht gemerkt? Offenbar schreibt er seinen Vergleich schnell nieder oder diktiert ihn, und seine Gedanken eilen sofort weiter in eine andere Richtung. Während bei den sportlichen Wettkämpfen ein Kranz aus Ölzweigen (so in Olympia) oder aus Lorbeer (so in Delphi), bei den isthmischen Spielen dagegen aus Fichtennadeln oder auch aus Sellerie übergeben wird,[27] mühen sich Christen um einen unvergänglichen Kranz. Auch diese Metaphorik ist erstaunlich weit verbreitet. Sie unterscheidet sich aber insofern, als sie den realen Sport und die spirituelle Anstrengung kontrastiert. Es ist also eine Kontrastmetapher. Die Christen suchen etwas anderes als der Sportler: etwas Unvergängliches, das nicht verwelkt. Sofort eilt der Gedanke des Paulus aber wiederum weiter zu einer neuen Facette dessen, was er sagen will.

Wir können hier geradezu den Gedanken des Paulus zuschauen. Das Bildfeld von Lauf und Sieg bringt ihn auf eine andere Sportart, den Faustkampf. Es ist vielleicht weniger seine Aussageabsicht, sondern das Bild, das seine Gedanken führt. Er kommt also auf den Faustkampf. Dieser wird in der Antike sehr viel brutaler als bei uns durchgeführt. Die Gegner tragen metallbewehrte Handschlingen. Wir hören regelmäßig von Todesfällen bei diesen Kämpfen, obwohl oft auch abgebrochen wurde, wenn die Kämpfer sich schwer verletzt hatten. Auch nach dem Sieg sind Kämpfer noch öfter an ihren Verletzungen gestorben. Es ist also keine harmlose Metapher, die Paulus hier wählt. Es ist kein »Schattenboxen«, sondern ein heftiger, gefährlicher und aggressiver Kampf.[28] Das Boxen gilt als schwerste aller Sportarten.[29] Was ist das Anliegen des Paulus bei diesem Vergleich?

---

[26] So Williams, Paul's Metaphors (s. Anm. 3), 262.

[27] Vgl. Zeller, Der erste Brief an die Korinther (s. Anm. 10), 322f. Anm. 277, der auch darauf hinweist, dass gerade der Selleriekranz getrocknet überreicht wurde (Pindar, Olymp. 3, 27; Isthm. 2, 19d) und sich daher gut als Sinnbild der Vergänglichkeit eignete.

[28] Vgl. besonders Michael B. Poliakoff, Kampfsport in der Antike. Das Spiel um Leben und Tod, Düsseldorf/Zürich 2004 (ausführlich zum Boxkampf); über Todesfälle im antiken Sport s. auch Clarence A. Forbes, Accidents and Fatalities in Greek Athletics, in: Classical Studies in Honor of William Abbott Oldfather, Urbana, Ill. 1943, 50–53.

Offenbar geht es um seinen eigenen apostolischen Dienst, den er so qualifiziert. Er schlägt nicht in die Luft, und er ist auch nicht bloß im Training (beides könnte vom reinen Bild her im Blick sein), sondern er befindet sich im realen Kampf. Dieser ist heftig und aggressiv, und zwar, das ist nun die überraschende Wendung, autoaggressiv. Paulus bekämpft nämlich seinen eigenen Körper, die Gebundenheit an das Hinfällige und dem Geist Entgegengesetzte. Er überwindet sich. Sportler sprechen gerne von der Überwindung des inneren Schweinehundes als Bedingung von Leistungssport. So etwas Ähnliches ist offenbar gemeint, wenn auch natürlich mit einer spirituellen Dimension. Es ist nicht etwa Askese im mönchischen Sinn anvisiert, sondern die Glaubwürdigkeit des Predigers. Paulus ringt darum, dass sein Leben seiner Botschaft entspricht, und das erfordert äußerste Energie. Wie mag er auf den Vergleich mit einem Boxkampf gekommen sein? Jedenfalls stellt sich ihm dieser Vergleich leicht und rasch ein, und er distanziert sich auch nicht von diesem aggressiven Sport, sondern setzt ihn als Selbstverständlichkeit urbaner Sportkultur voraus.

Kurz davor hatte er ebenfalls im Blick auf seine apostolische, gemeindegründende Tätigkeit eine martialische Metapher angewandt: »Wer zieht denn in den Krieg und zahlt sich selbst den Sold? Wer pflanzt einen Weinberg und isst nicht von seiner Frucht? Oder wer weidet eine Herde und nährt sich nicht von der Milch der Herde?« (1 Kor 9,7). Der apostolische Dienst wird also mit dem Kriegsdienst vergleichen (der eben auch seinen Mann ernährt), aber auch mit der Arbeit am Weinberg (bekanntlich eine der arbeitsintensivsten Formen landwirtschaftlicher Produktion) und als Hirte. Diese verschiedenen Metaphern fügen sich zu einem Bild zusammen,[30] und sie sind zum größeren Teil aus rein männlichen Tätigkeitsbereichen genommen (einzig von der Vitikultur kann man das so eindeutig nicht sagen, obwohl auch z.B. Mk 12,1–12 nur an männliche Arbeiter denken wird)[31]. Angesichts der bekannten jüdischen Ablehnung gegenüber den gymnasialen Sportinszenierungen in Jerusalem, welche im Kontext der Makkabäeraufstände geradezu politische Relevanz

[29] Dio Chrysostomus, *Oratio* 79, 16.

[30] Eine ähnliche, jedenfalls nicht unmittelbar von Paulus abhängige Zusammenstellung verschiedener männlicher Berufe bzw. Tätigkeiten, bei der ebenfalls auf den Wettlauf der Boxkampf folgt, aber von anderen Tätigkeiten flankiert wird, steht *Acta Johannis* 67. Übersetzung des längeren Textes in: Richard I. Pervo, The Acts of John, Early Christian Apocrypha 6, Salem, Oregon 2016, 62.

[31] Zumindest die schwerere Arbeit am Weinstock ist jedenfalls in Palästina Männerarbeit: Gustav Dalman, Arbeit und Sitte in Palästina Bd. 4. Brot, Öl und Wein, Gütersloh 1935 (Nachdruck Hildesheim 1987), 310 und bes. 323. Der Weingarten musste auch durch Flurwächter gegen Mensch und Tier geschützt werden, was freilich nicht nur Männerarbeit war (Dalman, a.a.O., 316–319. 332–335). Das Treten der Kelter ist in der traditionellen palästinischen Landwirtschaft dagegen offenbar ausschließlich Männersache (Dalman, a.a.O., 364).

gewann (1 Makk 1,11–15; 2 Makk 4,9–15; Josephus antiquitates 12,241,)[32] ist die offene, von Berührungsängsten freie Haltung des Paulus gegenüber dem hellenistischen Sport auffällig. Oder ist diese Offenheit nur eine scheinbare, da sie sich auf die Verwendung von Metaphern beschränkt? Eine Steigerung der sportlichen sind die militärischen Metaphern. So kann der Apostel schreiben:

> »Denn obwohl wir im Fleisch leben, kämpfen wir doch nicht auf fleischliche Weise. Denn die Waffen unsres Kampfes sind nicht fleischlich, sondern mächtig im Dienste Gottes, Festungen zu zerstören. Wir zerstören damit Gedanken und alles Hohe, das sich erhebt gegen die Erkenntnis Gottes, und nehmen gefangen alles Denken in den Gehorsam gegen Christus.« (2 Kor 10,3–6).

Die nachpaulinische Literatur mit ihrer »geistlichen Waffenrüstung« kann solche militärische Bilder detailliert ausbauen (Eph 6,10–18; man achte auf die Evokationen der »Stärke«). Ein Variation ist der »Tierkampf« des Paulus in Ephesus (1 Kor 15,32), bei dem wir nicht sicher wissen, ob er buchstäblich oder (wahrscheinlicher) metaphorisch,[33] im Sinne einer massiven Auseinandersetzung mit Gegnern und Kritikern zu verstehen ist. Noch deutlicher zur Metapher für das ganze christliche Leben wird der Krieg (nicht nur die soldatische Lebensweise) wiederum in den Pastoralbriefen (aus der Paulusschule):

> »Leide mit als ein guter Streiter Christi Jesu. Wer in den Krieg zieht, verwickelt sich nicht in Geschäfte des täglichen Lebens, damit er dem gefalle, der ihn angeworben hat. Und wenn jemand auch kämpft, wird er doch nicht gekrönt, er kämpfe denn recht.« (2 Tim 2,3–5).

Wieder geht es um die Anstrengung, um das Zielbewusste des Kriegers, in dem die gleichen Züge des Sportlers noch einmal gesteigert werden. So wie der Soldat auf viele Annehmlichkeiten verzichten muss (so durften die einfachen Soldaten der römischen Armee nicht verheiratet sein),[34] so wendet sich der Christ von der »Welt« ab, um sich dem spirituellen Kampf zu stellen.

Wie steht es mit dem realen Sport? Ihn haben frühe Christen nach allem, was wir wissen, eher kritisch gesehen: mit dem Siegeszug der Kirche im vierten Jahrhundert kommt es zu einem Ende der großen öffentlichen Sportstätten und der regelmäßigen agonalen Events.

---

[32] Eine griechische Stadt konnte nicht »Polis« im vollen Sinne sein, wenn sie kein Gymnasion besaß (Pausanias 10,4,1). Zum Thema »antikes Judentum und Sport« s. etwa Harold A. Harris, Greek Athletics and the Jews, Cardiff 1976.

[33] So plausibel begründet v.a. von Abraham Malherbe, The Beasts at Ephesus, in: ders., Paul and the Popular Philosophers, Minneapolis, Minn. 1989, 79–89.

[34] Vgl. Sara E. Phang, The Marriage of Roman Soldiers (13 B.C.–A.D. 235). Law and Family in the Imperial Army, Columbia Studies in the Classical Tradition 24, Leiden 2001. Natürlich gab es nicht legalisierte eheähnliche Verhältnisse in großer Zahl.

»Als die Kirche zur Staatsreligion wurde, hat man bald die Gymnasien geschlossen und die Sportfeste abgeschafft. [...] Für die griechischen Städte bedeutete die Auflösung der Gymnasien eine Veränderung, die man sich gar nicht groß genug vorstellen kann. Die Gymnasien waren die zentrale Stätte einer griechischen Polis. [...] Im Gymnasium fand auch die geistige Ausbildung der jungen Männer statt [...]«.[35]

Die wohl aus der Zeit um 100 n. Chr. stammende Passage 1 Tim 4,7f. gibt den Tenor dieser kritischen Haltung bereits deutlich zu erkennen: »Übe dich selbst aber in der Frömmigkeit! Denn die leibliche Übung ist wenig nütze; aber die Frömmigkeit ist zu allen Dingen nütze und hat die Verheißung dieses und des zukünftigen Lebens.«[36] Diese abwertende Haltung dem realen Sport (der »körperlichen Übung«) gegenüber[37] stellt allerdings kein Hindernis dar, die Anstrengungen des Sports und die verschiedenen Sportarten immer wieder als Metaphern zu verwenden. Das sollte vor allem im altkirchlichen Mönchtum, etwa bei den ägyptischen »Wüstenvätern«, eine Rolle spielen, was wir in diesem Essay nicht mehr in den Blick nehmen können.[38] Eine andere Traditionslinie deutet den Märtyrer als »Asketen«: sein Kampf, seine Überwindung erfordert mehr Energie, mehr Entsagung, mehr Opfer, mehr Hingabe als jeder Sport. Die Märtyrer sind »tüchtige Wettkämpfer«.[39] Sie kämpfen mit »Kraft« (Origenes l.c. 23) und »Anspannung« (ebd.). Der Körper des mit Feuer hingerichteten Pionus sieht aus »wie ein jugendfrischer Athlet« (Martyrium Pionii 21, 2; 22, 2). Christus ist der »Trainer« der Christen (Clemens Alex. Quis dives salvetur 3, 6), als solcher ermuntert er den Märtyrer zum Durchhalten wie der sportliche Trainer seinen Schützling im Kampf usw.[40] Der Übergang zu anderen »maskulinen« Leitbildern ist fließend: »Welche Rede

---

[35] Reinhold Merkelbach/Herbert C. Youtie, Der griechische Wortschatz und die Christen, Bonn 1975, 108f. (Sonderdruck aus: Zeitschrift für Papyrologie und Epigraphik 18/2 (1975), 101–154; alle hier zitierten Passagen stammen von Merkelbach). Zum Ende des griechischen Sports in der Spätantike s. jetzt Sofie Remijsen, The End of Greek Athletics in Late Antiquity, Cambridge 2015.

[36] Γύμναζε δὲ σεαυτὸν πρὸς εὐσέβειαν· ἡ γὰρ σωματικὴ γυμνασία πρὸς ὀλίγον ἐστὶν ὠφέλιμος, ἡ δὲ εὐσέβεια πρὸς πάντα ὠφέλιμός ἐστιν ἐπαγγελίαν ἔχουσα ζωῆς τῆς νῦν καὶ τῆς μελλούσης.

[37] Das wird hier auch metaphorisch gemeint sein. Metaphernspendender Bereich ist aber eindeutig der Sport.

[38] Erinnern wir auch daran, dass sich bei späteren asketischen Bewegungen die sportliche und militärische Metaphorik noch einmal steigern konnte, etwa bei den mittelalterlichen *circumcelliones*, die auch *agonistici* und *milites Christi* genannt wurden: Theodora Büttner/Ernst Werner, Circumcellionen und Adamiten, Berlin 1959, 41 (Belege). Auch an die Salvation Army mag man denken.

[39] Akten des Karpos, Papylos und der Agathonike 35; Akten der Lugduner Märtyrer bei Euseb, *h.e.* 5, 1, 19 (vgl. 1, 7. 36); Origenes, *Ad mart. protr.* 1, 23.

[40] Reiches weiteres Material zum Ganzen bei Merkelbach/Youtie, Der griechische Wortschatz (s. Anm. 32), 108–136; zum letztgenannten Punkt s. 123.

könnte die Mannhaftigkeit und Tapferkeit der Märtyrer in all ihren Qualen ausreichend beschreiben?« (Brief des Phileas an die Bewohner von Thmuis bei Euseb h.e. 8, 10, 4). Sogar die Runden des Boxkampfes können zur spirituellen Metapher werden.[41]

Sportmetaphern sind natürlich auch schon bei jüdischen Autoren möglich,[42] und die von Kynikern wie Stoikern gepflegte literarische Diatribenform hat Sportmetaphern in manchen Variationen gerne benutzt.[43] Die sportliche Übung (Askese) wird dabei zu einer Leitmetapher philosophischer Existenz. Kyniker können auch von christlichen Autoren gelegentlich mit Mönchen als »Athleten des Guten« verglichen, v.a. aber kontrastiert werden (Theodoret therap. 12, 32, und viele andere). Die syrischen Thomasakten, ein altkirchlicher Roman aus der Zeit etwa um 220–230 n.Chr., verwenden das Bildfeld für Christus selbst: »Our true and unconquerable athlete, our holy and victorious general« (39, 14).[44] Man beachte, dass sportliche und militärische Metaphern wieder unmittelbar zusammenstehen, wie so oft. Ein christlicher Autor wie Tatian (zweites Jahrhundert) kann kritisch auf den Ehrgeiz (δοξομανία) des sportlichen Siegenwollens blicken und sich rühmen, einem solchen nicht verfallen zu sein (or. ad Graec. 11, 2). Die paulinische Freiheit im Umgang mit sportlichen Metaphern scheint dem Autor hier kaum mehr innerlich präsent.

Der Genderaspekt ist bei solchen Themen immer mit zu bedenken. Wir begegnen ihm ja in kuriosen Kontexten: die christianisierte, in gnostischem Kontext überlieferte »Lehre des Silvanus« (NHC VII, 4) 8, 32, eine Weisheitsschrift, bezeichnet z.B. »Logos« und »Nous« ausdrücklich als »männliche Namen« Christi (was immer das genau besagen soll). Auch sonst sind im antiken Kontext überraschende Konstellationen nicht selten.[45] Bei sportlichen und militärischen Metaphern ist kaum zu übersehen, dass das »Männliche« eine »Intensivform« christlicher Existenz beschreiben soll. Daraus folgt aber keineswegs ein Interesse am tatsächlichen Sport.

Immerhin gibt es in der Kirchenväterliteratur auch positive Würdigungen des körperlichen Sports, so bei Clemens Alexandrinus etwas mehr als ein Jahrhundert nach Paulus. Wir zitieren Ausschnitte aus einem relevanten Text etwas ausführlicher:

---

[41] Vgl. Diskussion und Belege bei Merkelbach/Youtie, Der griechische Wortschatz (s. Anm. 32), 121.

[42] Philon, *De agricult.* 119f.: olympische Spiele als Bild für sittliche Anstrengung.

[43] Dazu jetzt ausführlich Marie-Odile Goulet-Cazé, Kynismus und Christentum in der Antike, Göttingen 2016.

[44] Übersetzung: Harold W. Attridge, The Acts of Thomas. Early Christian Apocrypha Bd. 3, Salem, Oregon 2010, 46. Attridge vergleicht Hebr 12,1–3, einen Text, der aber doch etwas anders gelagert ist, und in seiner Bildlichkeit nicht so eindeutig wird. Militärische Bilder für Christus können sich v.a. mit monarchischen (Christus als König, sehr selten auch als Kaiser) überschneiden.

[45] Vgl. aus der jüngeren Literatur zur Sache etwa Brittany E. Wilson, Unmanly Men. Refigurations of Masculinity in Luke-Acts, New York 2015.

»Für junge Leute aber genügt ein Turnplatz, auch wenn ein Bad vorhanden ist; denn es ist vielleicht auch empfehlenswert, an Stelle der Bäder für die Männer viel lieber solche Turnplätze zuzulassen, die für die Gesundheit der Jünglinge nützlich sind und in ihnen das eifrige Streben wecken, nicht nur für einen gesunden Körper, sondern auch für eine gesunde Seele zu sorgen. Wenn dies geschieht, ohne daß man sich dadurch von den wichtigeren Dingen abziehen läßt, so ist es etwas Schönes und nicht ohne Nutzen. Man darf aber hier auch die Frauen von der körperlichen Durchbildung nicht ausschließen; man darf sie aber nicht zum Ringen und Laufen auffordern, sondern soll sie sich im Wollespinnen und im Weben üben lassen und darin, beim Brotbacken zu helfen, wenn es nötig ist.[46] Ferner sollen die Frauen mit eigener Hand aus der Vorratskammer herbeiholen, was wir brauchen; und es ist für sie auch keine Schande, an die Mühle zu treten. Und für eine verheiratete Frau, die dem Hauswesen vorsteht und ›Gehilfin‹ [des Mannes] ist, ist es wirklich keine Schande, wenn sie sich um das Essen kümmert, damit es dem Mann gut schmeckt. Wenn sie aber auch mit eigener Hand das Bett aufschüttelt und ihrem Gatten, wenn er durstig ist, den Trank darreicht und das Essen aufträgt, so hat sie damit wirklich körperliche Übungen, die durchaus wohlanständig sind und einer sittsamen Gesundheit dienen. [...]

Und die Schrift bietet unzählige Beispiele von Einfachheit und zugleich von dem Streben, selbst die Arbeit zu tun und dabei seinen Körper zu üben. Die Männer aber sollen entweder unbekleidet auch am Ringen sich beteiligen oder auch, vor allem im Freien, mit dem kleinen Ball das sogenannte Phainindaspiel treiben. Für andere genügt der Spaziergang, wenn sie aufs Land hinauswandern oder in die Stadt gehen. [...] Es ist aber auch gut, wenn man das Wasser mit eigener Hand aus dem Brunnen in die Höhe zieht und selbst das Holz für den eigenen Bedarf spaltet. [...] Und was die Ringübungen betrifft, die wir zugelassen haben, so sollen sie nicht aus unnützer Ruhmgier getrieben werden, sondern damit man männlichen Schweiß vergieße. Und man soll keine Mühe auf besondere Kunstfertigkeit verwenden, um mit der Ringkunst zu prunken, sondern man soll das Ringen üben, bei dem man aufrecht steht und bei dem es darauf ankommt, Hals, Hände und Seiten geschickt (aus den Umschlingungen des Gegners) herauszuwinden; denn eine solche mit gleichmäßig ausgebildeter Kraft durchgeführte Körperübung ist schicklicher und eines Mannes würdiger, da sie der nützlichen und manche Vorteile bringenden Gesundheit wegen vorgenommen wird; die anderen Kampfweisen aber

---

[46] Diese wertekonservativen Formulierungen dürfen nicht überdecken, dass sich Clemens andererseits z.B. auch für Musonius Rufus (erstes Jahrhundert n.Chr.) begeistern konnte, dessen energische Forderung einer höheren Frauenbildung er auf christliche Inhalte uminterpretiert (Clemens, paed. 1, 4). Man wird ein solches Engagement für Frauenbildung freilich nicht missverstehen dürfen, und Clemens selbst war in dieser Frage nicht offensiv. Vgl. besonders Martha C. Nussbaum, The Incomplete Feminism of Musonius Rufus. Platonist, Stoic, and Roman, in: dies./Juha Sihvola (Hrsg.), The Sleep of Reason. Erotic Experience and Sexual Ethics in Ancient Greece and Rome, Chicago 2002, 283–326.

> zeigen, daß man eine Leibesübung mit nicht schicklichen Stellungen betreibt.[47] Allenthalben aber muß man das rechte Maß im Auge behalten. Denn wie es sehr gut ist, wenn Anstrengungen dem Essen vorausgehen, so ist es sehr schlimm, wenn man sich über das Maß anstrengt, da dies Erschöpfung und Krankheiten verursacht. Man soll also weder völlig untätig noch auch mit Arbeit ganz überlastet sein. [...] Nun ist es aber, wie wir schon früher gesagt haben, eine von jedem Dünkel freie Leibesübung, wenn man ohne fremde Hilfe auskommt und sich seine Schuhe selbst schnürt und sich die Füße selbst wäscht und sich, nachdem man sich eingeölt hat, selbst abreibt. Aber auch wenn man dem, der uns abreibt, abwechselnd den gleichen Dienst erweist, so ist auch diese Leibesübung ein Stück des richtigen Verhaltens im Gemeinschaftsleben und ebenso, wenn man bei einem kranken Freunde schläft und ihn bedient, wenn er sich selbst nicht helfen kann, und ihm bringt, was er braucht«.[48]

Dieser Abschnitt ist in etwa das Positivste, was sich in der Alten Kirche in Sachen Sport lesen lässt. Wir betonen, dass diese Stimme in der altkirchlichen Literatur eine Ausnahme darstellt. Häufiger ist die metaphorische Verwendung. Reinhold Merkelbach konnte – seine Analyse des agonistischen Wortschatzes abschließend – feststellen, »daß die Christen praktisch das gesamte Vocabular des griechischen Sports in ihre Sprache übernommen haben«,[49] aber eben fast immer nur in übertragener Bedeutung.

Sport- und Kriegsmetaphern führen uns auf das weitere Feld der Konkurrenz, dem wir uns noch kurz zum Ende dieses Essays zuwenden. Es mag überraschen, wenn wir festzustellen haben, dass Konkurrenz im Neuen Testament ein sozusagen allgegenwärtiges Thema ist. Allerdings unterliegt es einem durchgehenden Delegitimierungsdiskurs, der sich als Konkurrenzreduktion beschreiben lässt, aber noch andere Facetten hat. Das wichtigste Interpretament der Konkurrenzreduktion ist das Einheitsmotiv: die Gemeinde soll »einmütig« sein, eine Einheit, die nicht von Streit erfüllt ist (1 Kor 1–4; Joh 10.17; Eph passim, etc.). Dieses Prinzip schwingt auch in allen Bildern für »Kirche, Gemeinde« mit (die eine Braut, der eine Leib, die eine Herde, die Kirche als Bau, als Turm u.a.).[50] Das frühe Christentum entfaltet niemals ein Verschiedenheitspathos, sondern immer nur ein Einheitspathos. Tatian *or. ad Graec.* 14, 1 sieht darin geradezu einen Unterschied zu den »Griechen«. Dage-

---

[47] Clemens zitiert hier z.T. wörtlich PLATON, *Leges* 7, 796 AD.

[48] CLEMENS ALEXANDRINUS, *Paidagogos* 3, 10, 49–51. Übersetzung: Des Clemens von Alexandreia ausgewählte Schriften Bd. 1. Aus dem Griechischen übers. v. OTTO STÄHLIN, Bibliothek der Kirchenväter, 2. Reihe, Bd. 7, Kempten/München 1934. Eine Textedition mit neuerer Übersetzung ist Clément d'Alexandrie, Le Pédagogue III. Trad. CLAUDE MONDÉSERT/CHANTAL MATRAY, SC 158, Paris 1970, 106–108.

[49] MERKELBACH/YOUTIE, Der griechische Wortschatz (s. Anm. 32), 131.

[50] Vgl. ERNST DASSMANN, Die eine Kirche in vielen Bildern. Zur Ekklesiologie der Kirchenväter, StAC 1, Stuttgart 2010.

gen steht v.a. der Ausgrenzungsdiskurs »Häresie«, dessen Anfänge ebenfalls in neutestamentliche Zeit zurückreichen.

Schon für die Jesusbewegung hören wir in den Evangelien, die Jünger hätten darüber gestritten, wer unter ihnen der Größte sei, oder wem das Privileg zukommen werde, im Reich Gottes zur Rechten und zur Linken Jesu zu thronen (Mk 9,33–37; 10,35–45). Die anderen Jünger sind über die letztere Bitte verärgert, und murren über die Bestrebungen der beiden Jünger. Auch Jesus weist diese Profilierungsversuche strikt ab. (Hundert Jahre später haben die Markioniten zu wissen gemeint, wem dieses Privileg einmal zukommen werde, nämlich Paulus und ihrem Gründer Markion: Origenes homil. in Luc. 25, 5). Das setzt sich in der Situation der Missionsgemeinden fort: gerade Paulus bewegt sich in ständiger massiver und polemisch kommentierter Konkurrenz zu anderen Predigern. In Korinth hat es vielleicht geradezu »Fanclubs«, Anhängerkreise, verschiedener Prediger gegeben.

Wir können eine kleine Typologie von Konkurrenzszenarien aufstellen, wie sie uns im Neuen Testament entgegentreten. Dabei ist die Rivalität im Jüngerkreis noch eine der harmloseren Formen. Wir kennen auch Gruppenrivalitäten, so zwischen den Anhängern Jesu und denen Johannes des Täufers. Diese haben bis mindestens Ende des ersten Jahrhunderts als eigene Größe existiert. Die Evangelien spiegeln hier ohne Frage nicht nur Diskussionen zu Lebzeiten Jesu, sondern auch solche, die in den Jahrzehnten danach virulent waren. Im Fall der Johannesjünger gab es einen Grundrespekt zwischen den Gruppen, wie wir ihn etwa auch zwischen den antiken Philosophenschulen kennen. Stoiker und Kyniker und Platoniker vertreten zwar im Detail unvereinbare Positionen und ethische Ziele, begegnen sich aber in respektvollem Streit. Das schließt natürlich heftige Polemik nicht aus. Ähnlich könnte es partiell zwischen den jüdischen Reformbewegungen gewesen sein, zu denen die Johannesjünger und die Jesusbewegung gehören. Jedenfalls ist die Polemik hier höflicher strukturiert als gegenüber Pharisäern, Schriftgelehrten und anderen jüdischen Gruppen, mit denen sich die Jesusbewegung in einem erbitterten verbalen Krieg befindet, der sich in heftigen und beleidigenden Invektiven (v.a. Weherufen) ausdrückt. Diese auch für antike Verhältnisse ungemein aggressive und oft maßlose Kritik an anderen Gruppen ist ein Kennzeichen der Jesusbewegung: rein historisch ist es nicht verwunderlich, dass man rasch nur Feinde um sich hatte. Eine offene und tolerante Begegnung mit konkurrierenden religiösen Gruppen hat es im frühen Christentum nur ganz vereinzelt gegeben, am ehesten wie gesagt gegenüber den Täuferjüngern (doch divergiert die Beurteilung jüdischer religiöser Gruppen in den Evangelien durchaus, und z.B. Pharisäer können auch freundlicher dargestellt werden). Paulus selbst konkurriert mit anderen Predigern und letztlich auch mit den Aposteln in Jerusalem. Dabei geht es ganz offensichtlich nicht nur um

Inhalte, sondern auch um Führungsansprüche.[51] Wir können das hier nur andeuten. Aus Ausdifferenzierungen der Paulusschule entstehen Ende des ersten Jahrhunderts Richtungen, von deren Konflikten wir ebenfalls immer wieder hören. In Kreisen eigenständiger Lehrerpersönlichkeiten entstehen Bausteine dessen, was die spätere Gnosis ausmacht: in vielfacher Konkurrenz zu entstehenden Ämtern wie den Bischöfen als »Gemeindemanagern«, deren Anfänge wir zu Beginn des zweiten Jahrhunderts beobachten können (Ignatius).

Eine völlig anders geartete Konkurrenz besteht zwischen Judenchristen und Heidenchristen. Dabei geht es keineswegs nur um »theologische« Fragen wie die Gültigkeit der Thora oder die Notwendigkeit der Beschneidung. Etwas schattenhaft wird dahinter ein Szenario sichtbar, dass wir aus der Religionsgeschichte entstehender neuer Gemeinschaften gut kennen, nämlich eine Konkurrenz zwischen der Familie der Gründerfigur und Anhängergruppen. In der Jerusalemer Urgemeinde nahmen Mitglieder der Familie Jesu bald Führungspositionen ein, so Jakobus (der leibliche Bruder Jesu), aber auch andere sogenannte Desposynoi, Verwandte Jesu. Wir können ihren Einfluss in manchen Gruppen bis ins dritte Jahrhundert nachweisen.[52] In den heidenchristlichen Gemeinden setzen sich eher andere Führungsfiguren durch, die sich bald in der Sukzession der Apostel sehen. Das alles kann nicht überraschen: die gleiche fundamentale Konkurrenz zwischen Führungsansprüchen der Familie und von Anhängergruppen der Gründerfigur prägt als zentraler Faktor die frühe Geschichte des Islams, der Mormonen und mancher anderen entstehenden Religionsgemeinschaften. Diesen vielfältigen Konkurrenzen steht ein massiver Einheitsdiskurs entgegen, der jegliche Vielfalt delegitimiert. Wir sind so daran gewöhnt, heutiges Christentum als Anwalt der Vielfalt zu verstehen (»Gottes Lieblingsfarbe ist bunt«, und ähnliche Slogans), dass wir leicht übersehen, wie radikal sich heutige Kirchen darin von der alten Kirche unterscheiden. »Vielfalt« ist in dieser schlechterdings niemals ein positiv besetzter Wert, sondern Eintracht, Einmütigkeit.[53]

Das heißt aber: Konkurrenzen müssen immer ausgefochten werden. Man kann etwa lehrmäßige Unterschiede nicht als legitime Differenzierungspro-

---

[51] Vgl. etwa Dieter Georgi, The Opponents of Paul in Second Corinthians, Edinburgh 1987; Lukas Bormann/Kelly del Tredici/Angela Standhartinger (Hrsg.), Religious Propaganda and Missionary Competition in the New Testament World. Essays Honoring Dieter Georgi, Leiden 1994.

[52] Vgl. Richard Bauckham, Jude and the Relatives of Jesus in the Early Church, Edinburgh 1990 (in der Sammlung des Belegmaterials nicht vollständig).

[53] Vgl. Klaus Thraede, Homonoia (Eintracht), in: RAC 16, Stuttgart 1994, 176–289, und zum politischen Hintergrund des Begriffs A. R. R. Sheppard, Homonoia in the Greek Cities of the Roman Empire, in: Ancient Society 15–17 (1984–86), 229–252. Politische und theologische Interpretamente interagieren in diesem Bereich vielfach: John P. Lotz, The *Homonoia* Coins of Asia Minor and Ephesians 1:21, in: Tyndale Studies 50, 2 (1999), 173–188.

zesse deuten, sondern nur als Häresien und Schismata. Positiv besetzt ist immer und grundsätzlich nur die Einheit. Dieser Einheitsdiskurs hat seine Würde, aber auch seine Schattenseiten. Natürlich ist das frühe Christentum faktisch immens vielfältig. Das sehen wir heute wohl deutlicher als vergangene Forschungsgenerationen. Aber wo diese Vielfalt aneinanderstößt, gibt es immer Streit, der mit einer für die Alte Welt überraschenden Aggression ausgetragen wird. Das liegt ab dem vierten Jahrhundert freilich auch daran, dass seit Konstantin kircheninterne Gruppengegensätze politisch funktionalisiert werden, und das Imperium in seinem vergeblichen Ringen um Einheit religiöse Einheit als stabilisierendes Element zu erzwingen versucht. Damit entsteht ein höchst unglückliches Erbe, nämlich das ideologische Konstrukt, dass im Territorium eines Reiches eigentlich nur eine einzige Religion (bzw. Gestalt des Christentums) herrschen dürfe. Das faktisch durchzusetzen, hat Jahrhunderte gedauert. Der Gegendiskurs, dass Vielfalt etwas Gutes und Wertvolles sein könnte, ja dass sie ein Kulturgut darstellen kann, und Konkurrenz nicht immer aggressiv ausgefochten werden muss, hat durchaus schon antike und auch christliche Wurzeln und Anteile. Aber als Leitbild der Theologie durchsetzen konnte er sich erst in der allerjüngsten Vergangenheit. Das ist natürlich angreifbar, skizzenhaft und pauschalisierend formuliert, und müsste ausführlicher diskutiert werden.

Abschließend blicken wir noch rasch auf die Metapher vom »Sieg« bei Paulus und darüber hinaus (d.h. das griechische Wortfeld um νίκη, νῖκος, νικάω). Sie entstammt offenbar drei verschiedenen Lebensbereichen: dem Krieg bzw. dem militärischen Konflikt, dem sportlichen Wettkampf, und schließlich dem Gerichtswesen (in diesem letzteren Fall ist die Verwendung selbst schon übertragen-metaphorischer Art). Röm 3,4 (Zitat von Ps 51,6) beweist zwingend, dass für Paulus auch diese letztgenannte spezielle Verwendung mit zu bedenken ist. Das ist wegen der Bedeutung forensischer Bildbereiche (Rechtfertigungslehre) für den Apostel nicht irrelevant. Der in der nicht-christlichen Gräzität oft mythologisch konnotierte Begriffe νίκη (der vielfach dem lateinischen *victoria* entspricht) findet sich im Neuen Testament allerdings nur in 1 Joh 5,4. Paulus präferiert in 1 Kor 15,55a das seltenere und späte νῖκος, das er in ein Zitat aus Hos 13,14 kontextabhängig für δίκη einsetzt (wie alle unsere Handschriften der Septuaginta an dieser Stelle lesen).[54] Diese Freiheit im Umgang mit dem alttestamentlichen Text verschiebt den Sinn nicht wesentlich, legt aber den Akzent auf das Konflikthafte der göttlichen Überwindung des Todes. In Vers 57 kommt der Apostel zum Ziel der Aussage: den Christen ist der Sieg (wieder νῖκος) durch Jesus Christus gegeben: und eben darum sollen sie sich umso eifriger dem »Werk des Herrn« widmen. Vom »Siegen« spricht Paulus sonst nur verbal. Das Gute soll sich nicht vom Bösen

[54] Vgl. Frederick W. Danker (Hrsg.), A Greek-English Lexicon of the New Testament and Other Early Christian Literature Based on Walter Bauer's Griechisch-deutsches Wörterbuch zu den Schriften des Neuen Testaments, Chicago 2000, 673f. s.v. νῖκος.

besiegen, überwinden lassen (Röm 12,21; vgl. Diognet 7, 7 und das jüdische Testament Benjamin 4, 3). Das Bildfeld ist für ihn also nicht beherrschend. In 2 Kor 2,14 kann Paulus immerhin in einer überaus komplexen Metaphernkomposition vom Triumphzug sprechen, an dem Christus seinen Anhängern Anteil gibt, indem er den Wohlgeruch seiner Erkenntnis an allen Orten durch die Predigt des Evangeliums realisiert. Die Mission nimmt damit den eschatologischen Siegeszug Christi (seinen »Triumph«) vorweg. Die Massivität der militärischen Triumphmetapher wird eigenartig durch die Immaterialität der (später noch weitergeführten) Geruchsmetapher ausbalanciert. Der Triumph des Evangeliums zieht als »Geruch des Lebens« (so wörtlich V. 16) durch die Welt, und überwindet den Gestank des Todes.

In die Mitte des theologischen Nachdenkens und der religiösen Erfahrungswelt tritt der »Sieg« als Chiffre für den eschatologischen, konflikt- und schmerzhaften, aber letztlich triumphalen Charakter christlicher Existenz vor allem in der Johannesoffenbarung, aber auch in anderen johanneischen Schriften (Johannesevangelium, 1. Johannesbrief). Es gehört damit zu den Wortfeldern, welche Johannesevangelium und Johannesapokalypse trotz aller Verschiedenheit eben doch auch verbinden.[55] »Konkurrent«, der überwunden wird, ist hier das römische Imperium als Manifestation einer dämonisch konnotierten, widergöttlichen Welt, in welcher die Gemeinde nur kämpfend und überwindend bestehen kann. Auch hier ist ein Genderaspekt zu bedenken. Es soll nicht verschwiegen werden, mit welcher Selbstverständlichkeit die Alte Kirche, die in ihrem rituellen Leben eine deutliche Geschlechtertrennung praktizierte[56] und Frauen sukzessive aus kirchlichen Ämtern verdrängte (bzw. sie diesen nie zugänglich machte), »männliche« Metaphern zum Leitbild für Frauen und Männer erklären konnte.

Doch ist die Ecclesia militans (die »kämpfende Kirche«) nach altkirchlichem Verständnis gerade nicht »militant«. Nur als leidende, mitleidende und in diesem Sinn kämpfende Gemeinschaft kann sie »siegen« und »triumphieren«. »Christus siegt« ist eine der häufigsten Akklamationen der christlichen Ritualsprache, und z.B. auch auf altkirchlichen Amuletten häufig zu finden.[57] In der Johannesapokalypse ist gerade das »geschlachtete Lamm« der eschato-

---

[55] Dazu vgl. OTTO BÖCHER, Das Verhältnis der Apokalypse des Johannes zum Evangelium des Johannes, in: JAN LAMBRECHT (Hrsg.), Apocalypse johannique et l'Apocalyptique dans le Nouveau Testament, BEThL 53, Gembloux/Löwen 1980, 289–301; OTTO BÖCHER, Johanneisches in der Apokalypse des Johannes, in: NTS 27 (1981), 310–321, auch in: DERS., Kirche in Zeit und Endzeit. Aufsätze zur Offenbarung des Johannes, Neukirchen-Vluyn 1983, 1–12.

[56] WIEBKE KÖHLER, Art. Geschlechtertrennung in der Kirche, in: RGG 3, Tübingen [4]2000, 818f. Z.B. fordert Apost. Konst. 2, 57 getrennte Eingänge für Männer und Frauen am Kirchengebäude.

[57] Vgl. ERIK PETERSON, ΕΙΣ ΘΕΟΣ. Epigraphische, formgeschichtliche und religionsgeschichtliche Untersuchungen, Göttingen 1926 (auch Reprint Würzburg 2012), 152–163.

logische Sieger. Man wird diese Metaphernfelder nicht karikieren dürfen. Für Paulus ist das Zusammentreten sportlicher, kriegerischer und anderer konkurrenzbetonter Metaphern ein bemerkenswertes Indiz für den affirmativen, drängenden, dem Konflikt nicht ausweichenden Charakter seiner Theologie. Ob umgekehrt vom antiken und frühchristlichen metaphorischen Gebrauch insbesondere des Sports auch ein Licht auf dessen (potentielle?) »spirituelle« Seite fällt, kann an dieser Stelle nicht mehr diskutiert werden.[58]

[58] Eilert Herms, Sport, in: RGG 4, Tübingen $^{4}$2004, 1603–1605, erwähnt diesen metaphorischen Gebrauch des Sports bei Paulus leider nicht.

# Wettkämpfe der Tugend und himmlische Siegeskränze

## Der antike Athlet als Vorbild für ein christliches Ethos

*Esther Verwold*

> »Wenn heftige Schläge den Faustkämpfern ganz leicht und erträglich vorkommen, weil sie auf einen Lohn hoffen, der vergänglich ist und verschwindet, so wird umso mehr niemand die gegenwärtigen Gefahren beachten, wo der Himmel und die unvergänglichen Siegespreise als Preis gesetzt sind«.[1]

Der Kirchenvater Johannes Chrysostomos (ca. 344/349–407) stellt so wie hier in zahlreichen Sprachbildern die athletische Agonistik in einen Zusammenhang mit christlichen Glaubenserwartungen und verbindet diese Metaphorik mit ethischen Apellen und Reflexionen. Solche gedankliche Verbindungen sind im vierten Jahrhundert n. Chr. kein Novum. Schon bei Homer und Platon, im jüdisch-hellenistischen Schrifttum bei Philo und in frühchristlicher Literatur bei Paulus, im zweiten Clemensbrief und in vielen weiteren paganen wie christlichen Texten begegnen wir dieser Zusammenführung von athletischer Agonistik und Ethik.[2] Durch die direkte Ansprache der Rezipienten erzeugt die Vermengung dieser beiden Bereiche eine offenbar besondere Wirkung, die eines zweiten Blicks wert ist. Den athletisch-agonistischen Sprachbildern wohnt ein spezifisches Potenzial inne, das ich im Folgenden näher betrachten und veranschaulichen möchte.

In dem eingangs zitierten Sprachbild des Johannes Chrysostomos wird schnell deutlich, wie der athletische Kampf in den Kontext eines Lebenskampfes gestellt werden kann. Die innere Haltung des Athleten erfährt eine Übertragung auf denjenigen, der den Himmel anstrebt. Der Kampf und die Aus-

---

[1] Εἰ γὰρ [...] τοῖς πυκτεύουσιν αἱ δριμεῖαι πληγαὶ, κοῦφα καὶ φορητὰ πάντα διὰ τὴν ἐλπίδα τῶν ἐπάθλων τῶν ἐπικήρων καὶ ἀπολλυμένων· πολλῷ μᾶλλον ὅταν ὁ οὐρανὸς προκείμενος ᾖ, [...] καὶ τὰ ἀθάνατα ἔπαθλα, οὐδενός τις αἰσθήσεται τῶν παρόντων δεινῶν. CHRYSOSTOMUS, *hom. in Mt.* 7,1 (PG 57, 314).

[2] Vgl. zu Philo ARTHUR HARRIS, Greek Athletics and the Jews, Trivium. Special Publications 3, Cardiff 1976; eine umfangreiche Zusammenschau zur Agonistik bei Paulus und in paganer Literatur liefert u.a. UTA POPLUTZ, Athlet des Evangeliums. Eine motivgeschichtliche Studie zur Wettkampfmetaphorik bei Paulus, HBS 43, Freiburg 2004; zum zweiten Clemensbrief vgl. WILHELM PRATSCHER, Die Wettkampfmetaphorik im 2. Klemensbrief, WJTh 5 (2005), 47–59.

sicht auf einen Preis bestimmen das Bild. Der Lohn für den Faustkämpfer bekommt somit gleichzeitig Bedeutung für die Adressaten des Kirchenvaters, für die Christen. Eine wesentliche Differenz besteht allerdings zwischen den zu erringenden Siegespreisen hinsichtlich ihrer zeitlichen Dimension: so vermag ein Athlet den vergänglichen und ein Christ den unvergänglichen Siegespreis zu erreichen. Hier wird eine Überlegenheit der Glaubenden gegenüber den Athleten dargestellt. In erster Linie jedoch besteht der Wert der Sprachbilder in der aufgegriffenen Parallelität von Athletik und Christentum.

Im Folgenden will ich die Betrachtung auf den Gegenstand des Kampfes sowie auf den Lohn, für den der Kampf aufgenommen und vollzogen wird, fokussieren. Kampf und Lohn sind die beiden Schwerpunkte, die wesentlich für den hier interessierenden bildgebenden Bereich sind. Die Realie der athletischen Agonistik zeichnet sich freilich durch eine Vielzahl von Disziplinen aus, diese Fokussierung bedeutet also eine starke Reduktion dieses Bereichs. Fragen, die sich unmittelbar aufdrängen, betreffen etwa den Gegenstand des Kampfes: Wodurch zeichnet sich der Gegenstand des Kampfes in den Sprachbildern aus? Auch die Konsequenzen des Kampfes treten in den Fokus: In Erwartung welchen Lohns wird der Kampf aufgenommen? Zur Beantwortung dieser Fragen soll zunächst näher auf die Realien geschaut werden, die den Sprachbildern ihre Substanz verleihen. In einem zweiten Schritt soll die Verbindung von »Kampf und Lohn« als Metaphorik der athletischen Agonistik im zweiten Clemensbrief untersucht werden, bevor dieser Befund abschließend mit dem Matthäushomilien des Johannes Chrysostomos verglichen werden soll.

## 1. Die Realien der athletischen Agonistik als Grundlage der in den Sprachbildern implizierten Ethik

Die Grundlagen für das Verständnis der Sprachbilder finden sich hinsichtlich der Realien in den vier großen panhellenischen Agonen der Antike. Diese nahmen nach den Angaben Hippias von Elis im Jahr 776 v. Chr.[3] ihren Ursprung und erstreckten sich bis etwa in das späte vierte Jahrhundert n. Chr. hinein. Der panhellenische Agon-Zyklus setzte sich zusammen aus den Olympischen Agonen in Elis, den Isthmien bei Korinth, den Nemeen in Nemea sowie aus den Pythien in Delphi. Nicht zufällig finden wir die wohl prominenteste neutestamentliche Wettkampfmetaphorik im Ersten Brief des Paulus an die Korinther[4] – an eine Gemeinde also, die mit den athletisch-agonistischen

---

[3] Vgl. zu den Olympischen Agonen der Antike Ingomar Weiler, Der Sport bei den Völkern der Alten Welt, Darmstadt [2]1988.

[4] 1 Kor 9,24–27: »Wisst ihr nicht, dass die, die in der Kampfbahn laufen, die laufen alle, aber einer empfängt den Siegespreis? Lauft so, dass ihr ihn erlangt. Jeder aber, der

Wettkämpfen nahe ihrer Heimatstadt vertraut war. Diese vier periodischen Festspiele wurden als ἀγῶνες στεφανῖται ausgetragen, bei denen – der Name impliziert es – der Erwerb eines Siegeskranzes das höchste Ziel war. Der Siegeskranz, in Form eines Lorbeer-, Oliven- oder Palmzweigs, nahm die Funktion eines symbolischen Siegespreises ein, dem weitere Preise folgten. Diese waren etwa ein feierlicher Empfang, eine Geldprämie, eine Statue oder Siegermünze, die dem Sieger nachempfunden wurde, oder auch Inschriften auf Siegerlisten oder dem späteren Grab.

Ziehen wir Antiochia am Orontes heran, das heutige türkische Antakya, die Stadt, in der Johannes Chrysostomos im vierten Jahrhundert predigte. In seinen dort verfassten und wohl größtenteils tatasächlich gehaltenen 90 Predigten zum Matthäusevangelium finden wir etwa 120 Stellen, die aufgrund der Wortwahl direkte Assoziationen mit dem Wettkampfwesen erlauben.[5] Zu den antiochenischen Olympien: Im Jahr 43/44 n. Chr. sollen sich die Antiochener bei den Eleern in Olympia das Recht erworben haben, olympische Spiele zu Ehren des Zeus ausrichten zu dürfen.[6] Die antiochenischen Olympien sind die einzigen kleineren Olympien, von denen die Quellen belegen, dass sie durch die Erlaubnis der Eleer legitimiert wurden. Regelmäßig sollen die Agone jedoch erst unter dem römischen Kaiser Commodus, am Ende des zweiten Jahrhunderts ausgerichtet worden sein. Sie fanden 30-tägig im Vierjahres-Rhythmus statt. Nach einem Brand des Daphneischen Apollon-Tempels setzte die Ausrichtung der Spiele für einige Jahre aus, ehe im Jahr 211/212 n. Chr. der Alytarch Afranius[7] die antiochenischen Olympien wieder einführte. Über 300 Jahre feierte man sie kontinuierlich, bis sie schließlich unter Kaiser Justinus I. 520/521 n. Chr. endgültig abgeschafft wurden. Damit überdauerten sie die meisten anderen Olympien, die durch einen Erlass des Theodosius I., mehr als ein Jahrhundert zuvor, ihr Ende fanden. Die Bedeutung der antiochenischen Olympien wird oft betont; sie sollen im Osten größere Bedeutung als ihr Urbild, die Eleeischen Olympien, erlangt haben.

---

kämpft, enthält sich aller Dinge; jene nun, damit sie einen vergänglichen Kranz empfangen, wir aber einen unvergänglichen. Ich aber laufe nicht wie aufs Ungewisse; ich kämpfe mit der Faust, nicht wie einer, der in die Luft schlägt, sondern ich bezwinge meinen Leib und zähme ihn, damit ich nicht andern predige und selbst verwerflich werde« (Übers. Luther 1984).

[5] Vgl. die tabellarische Übersicht in Esther Verwold, Die athletische Agonistik als christliche Ethik in den Matthäushomilien des Johannes Chrysostomos, Diss. Mainz 2016, 120–165.

[6] Vgl. Joannes Malalas, *Chronographia* X (CFHB 35, 188) sowie Alexander Schenk von Stauffenberg, Die römische Kaisergeschichte bei Malalas. Griechischer Text der Bücher IX–XII und Untersuchungen, Stuttgart 1931, 413.

[7] Ein Alytarch war ein hoher Beamter, der bei den Olympischen Spielen in Antiochia eine leitende Funktion innehatte. Nach Malalas wurde Afranios bei diesen Spielen geehrt und angebetet wie Zeus. Joannes Malalas, *Chronographia* XII, (CFHB 35, 217, 59–62).

Ab der Mitte des vierten Jahrhunderts, noch kurz vor der Partizipation des Chrysostomos als Geistlicher am städtischen Leben in Antiochia, erlebten die antiochenischen Spiele einen nennenswerten strukturellen Wandel. Dieser ist nicht zuletzt auf die »infrastrukturelle Stärkung dieses Heiligen Agons«[8] ein halbes Jahrhundert zuvor unter Diokletian zurückzuführen. Nur wenige Jahrzehnte nach den Investitionen in die Kultstätten, setzte allerdings in Antiochia der Niedergang der paganen Kulte ein. Die heidnischen Kulte standen im christlich geprägten Antiochia schon längst nicht mehr in ernst zu nehmender Konkurrenz zum Christentum, und nun vollzog sich der Rückzug dieser Kulte auch in räumlicher und funktionaler Hinsicht. Wurden die Wettkampfdisziplinen zu Beginn des vierten Jahrhunderts noch zu großen Teilen im Hain von Daphne (einem Vorort acht Kilometer südlich von Antiochia) ausgerichtet, so brach im Laufe des Jahrhunderts das religiöse Moment der Spiele weg und sie erhielten ihren vollständigen Einzug in das städtische Antiochia. Gleichzeitig mit dieser Veränderung wuchs die wirtschaftliche und politische Bedeutung der Spiele. Diese Verlegung der Spiele in die Stadt hinein und der Anstieg ihrer ökonomischen Bedeutung ließen die Berührungsnähe und Popularität bei den Antiochenern wachsen. Diese Popularität sowie die Abnahme der kultischen religiösen Aufladung trugen höchstwahrscheinlich dazu bei, dass Chrysostomos verhältnismäßig häufig die Wettkampfmetaphorik in seine Predigten integrierte und sie im Sinne der christlichen Exegese nutzen konnte.

Unter der *athletischen Agonistik* verstehe ich folglich das Trainings- und Wettkampfgeschehen bezogen auf leicht- und schwerathletische Disziplinen, die oft auch als ἀγῶνες γυμνικοί/Agones gymnikoi bezeichnet werden. Beispielsweise fallen darunter der Stadionlauf (200m), der Diaulos (ein Lauf über zwei Stadionlängen: 400m), der Dolichos (20 Stadien: 4km), ein Waffenlauf, der Ringkampf, der Faustkampf, das Pankration und der Fünfkampf, genannt Pentathlon, bestehend aus Stadionlauf, Weitsprung, Diskus, Speerwurf und Ringen. Dazu zählen auch die Wettkämpfe mit Pferden, die Wagenrennen, die dann allerdings unbedingt mit den periodisch ausgetragenen Wettkämpfen verknüpft sein müssen. In vielen Städten, unter anderem in Antiochia, wurden Pferderennen in täglichen oder wöchentlichen Abständen im Hippodrom ausgetragen, diese schließe ich hier von der athletischen Agonistik aus. Ich grenze die Athleten auch, soweit wie möglich, von dem Militärwesen ab sowie von den Schauspielen bzw. Theateraufführungen und von den Rhetorik- sowie von den musischen Wettbewerben, die häufig parallel zu den Wettkämpfen der Athleten des *Sports* ausgetragen wurden.

---

[8] Johannes Hahn, Die Olympischen Spiele von Antiochia. Zu den Wandlungen eines Agons im spätantiken Imperium, in: Andreas Gutsfeld/Stephan Lehmann (Hrsg.), Der gymnische Agon in der Spätantike, Pietas 6, Gutenberg 2013, 75–92, 78.

## 2. Der Wettkampf und der Siegeskranz in der metaphorischen Ethik des zweiten Clemensbriefes

Bevor die bei Chrysostomos stark ausgestaltete athletisch-agonistische Ethik betrachtet wird, nehmen wir uns mit dem zweiten Clemensbrief die wohl älteste erhaltene christliche Predigt vor, die bereits mit dieser Metaphorik agiert. Diese christliche Mahnrede aus dem zweiten Jahrhundert beinhaltet eine »Ermahnung zur Buße und zum rechten Verhalten«.[9] Damit liegt uns eine besonders geeignete Textgrundlage vor, wenn nach einem Ethos gefragt wird, das zum einen an die Rezipienten herangetragen werden soll und zum anderen die athletisch-agonistische Metaphorik enthält. Die Funktion des metaphorischen Sprachbildes liegt in der Betonung der den zweiten Clemensbrief durchziehenden Ethik, die damit verbildlicht wird.

> »Lasst uns daher, Brüder, im Wissen darum kämpfen, dass der Wettkampf unsere Aufgabe ist und dass zu den vergänglichen Wettkämpfen viele anreisen, aber nicht alle bekränzt werden, nur diejenigen, die sich viel abgemüht und regelkonform gekämpft haben. Wir wollen also kämpfen, damit wir alle bekränzt werden! Daher wollen wir den geraden Weg laufen im unvergänglichen Wettkampf, und zahlreich wollen wir zu diesem anreisen und kämpfen, damit wir auch bekränzt werden. Und wenn es uns nicht allen möglich ist bekränzt zu werden, wollen wir doch nah an den Kranz herankommen. Wir müssen denn wissen, dass der Kämpfer im vergänglichen Wettkampf, wenn sich herausstellt, dass er regelwidrig kämpft, ausgepeitscht, fortgebracht und aus dem Stadion geworfen wird. Was meint ihr? Was wird derjenige erleiden, der die Regeln des unvergänglichen Wettkampfes missachtet?«[10]

Der Beginn dieses Sprachbildes bezieht sich auf das unmittelbar zuvor erwähnte Handeln nach Christi Willen und leitet einen Appell zu dessen Umsetzung ein. Der Verfasser fordert seine Rezipienten (sich selbst einschließend) dazu auf, das Bestreiten des Wettkampfes als ihre Aufgabe anzunehmen; sie sollen sich als Wettkämpfende verstehen. Es folgt sodann eine Beobachtung der *vergänglichen Agone*, der Realien: viele reisen an, nehmen teil, doch die Bekränzung erreichen nur wenige der angereisten Athleten. Es handelt sich

---

[9] Wilhelm Pratscher, Der zweite Clemensbrief, KAV/KEK.ErgR. 3, Göttingen 2007, 26.

[10] Ὥστε οὖν, ἀδελφοί μου, ἀγωνισώμεθα εἰδότες, ὅτι ἐν χερσὶν ὁ ἀγὼν καὶ ὅτι εἰς τοὺς φθαρτοὺς ἀγῶνας καταπλέουσιν πολλοί, ἀλλ' οὐ πάντες στεφανοῦνται, εἰ μὴ οἱ πολλὰ κοπιάσαντες καὶ καλῶς ἀγωνισάμενοι. ἡμεῖς οὖν ἀγωνισώμεθα, ἵνα πάντες στεφανωθῶμεν. ὥστε θέωμεν τὴν ὁδὸν τὴν εὐθεῖαν, ἀγῶνα τὸν ἄφθαρτον, καὶ πολλοὶ εἰς αὐτὸν καταπλεύσωμεν καὶ ἀγωνισώμεθα, ἵνα καὶ στεφανωθῶμεν· καὶ εἰ μὴ δυνάμεθα πάντες στεφανωθῆναι, κἂν ἐγγὺς τοῦ στεφάνου γενώμεθα. εἰδέναι ἡμᾶς δεῖ, ὅτι ὁ τὸν φθαρτὸν ἀγῶνα ἀγωνιζόμενος, ἐὰν εὑρεθῇ φθείρων, μαστιγωθεὶς αἴρεται καὶ ἔξω βάλλεται τοῦ σταδίου. τί δοκεῖτε; ὁ τὸν τῆς ἀφθαρσίας ἀγῶνα φθείρας τί παθεῖται; 2 Clem 7 (CPG 1003; SUC 2, 246, 11–24).

um solche, »die sich viel abgemüht und regelkonform gekämpft haben«. Damit legt der Verfasser einen ethischen Standard für seine Adressaten fest, der mit dem folgenden Satz bekräftigt wird: »Wir wollen also kämpfen, damit wir alle bekränzt werden«. Nicht nur die Athleten der sportbezogenen Agone, sondern auch die Christen können einen Lohn für ihren Lebens-Agon erhalten. *Wir* Christen kämpfen ebenso wie die Athleten. Durch die konstruierte Parallelität kann der Rezipient das aufgezeigte athletische Ethos damit auf sich beziehen: er wird zu einem Abmühen und zu einem regelkonformen Kämpfen aufgefordert. Die Bekränzung stellt dabei das vorgegebene anzustrebende Ziel dar. Dabei setzt der Verfasser das allgemeine Verständnis voraus, dass die Bekränzung auf einen erfolgreich absolvierten Kampf folgt. Gleichzeitig verweist der Verfasser mit diesen Ausführungen auf einen wesentlichen Unterschied der agonalen Realie und dem Kampf der Christen: nicht nur einzelnen, sondern *allen* Christen obliegt die Möglichkeit, bekränzt zu werden. Diese rhetorische Wendung kennen wir auch von Paulus aus 1 Kor 9,24–27. Ebenso vollzieht Paulus bereits die Unterscheidung zwischen Vergänglichem und Unvergänglichem. Paulus bezeichnet die Siegeskränze als vergänglich und unvergänglich, im zweiten Clemensbrief werden die Wettkämpfe mit diesem Attribut versehen. Eine Abhängigkeit dieser beiden Stellen und Bezeichnungen voneinander wurde häufiger thematisiert,[11] erscheint jedoch unwahrscheinlich. Ob der Wettkampf oder die Siegeskränze unvergänglich sind, kann in der Rezeption einen bedeutenden Unterschied nach sich ziehen – entweder befindet sich der Rezipient in einem scheinbar nicht enden wollenden Kampf oder der Belohnung für die Anstrengung kommt ewige Gültigkeit zu. Da jedoch offenbar auch die als unvergänglich bezeichneten Agone der Christen in diesem weltlichen Leben ausgetragen werden, erschließt sich der Sinn lediglich über folgende Bedeutungen: die athletische Realie entspricht dem Vergänglichen, das Wahre und ewig Gültige demnach dem Unvergänglichen.[12] Denkbar wäre auch ein Ursprung dieser Wendung in der antiken Philosophie, in der die ewig gültigen und wahren Tugenden von hoher Relevanz sind, so dass hier etwas im Grunde Bekanntes in das Christentum hineingetragen wird. Diese Lesart wäre sowohl auf die Siegeskränze als auch auf den Agon applizierbar. Die Metaphorik setzt sich in diesem Ausschnitt des zweiten Clemensbriefes folgendermaßen als Paränese fort, wenn von dem »geraden Weg« die Rede ist, der zum Siegeskranz führen soll.[13] Um die Bekränzung zu

[11] Gegen eine Abhängigkeit, insbesondere aufgrund der in der Antike weit verbreiteten Wettkampfmetaphorik, sprechen sich beispielsweise Lindemann und Pratscher aus, vgl. ANDREAS LINDEMANN, Die Clemensbriefe, HNT 17/Die Apostolischen Väter 1, Tübingen 1992, 218; WILHELM PRATSCHER, Die Wettkampfmetaphorik im 2. Klemensbrief, in: WJTh 5 (2004), 47–59, 50f.

[12] Das Unvergängliche steht im antiken Denken, schon in der vorchristlichen Philosophie, für das Höherwertige.

[13] 2 Clem 7 (s. Anm. 10).

erhalten, führen die Adressaten die Disziplin des Laufs durch. Die zu bewältigende Distanz wird auf geradem Weg (ὁδὸς ἡ εὐθεῖα) und nicht etwa auf Umwegen oder unter Ablenkungen gelaufen, die Athleten laufen somit fokussiert und auf ihr Ziel hin ausgerichtet. Soweit zur Realie. Verfügt der Rezipient über eine Kenntnis des theologischen Motivs, so versteht er ὁ ὁδὸς ἡ εὐθεῖα als die »richtige, gottgefällige Lebensführung«.[14] Der Verfasser betont, dass sein Wettkampf und der seiner Adressaten unvergänglich ist – der Kampf wird also, wie oben erwähnt, bei aller konstruierten Parallelität in dieser Eigenschaft in einen Gegensatz zum vergänglichen Kampf gesetzt.[15] Da, metaphorisch gesprochen, offenbar jeder der ambitionierten Athleten nach erfolgreichem Wettkampf bekränzt werden kann, werden die Athleten dazu angehalten, zu dem Wettkampf anzureisen, an ihm teilzunehmen und schließlich ihren Einsatz im Kampf zu zeigen, um möglichst bekränzt zu werden. Die Aufnahme des Kampfes lohnt sich offenbar für jeden. Im folgenden Satz eröffnet der Verfasser jedoch auch den Fall, dass nicht jeder Teilnehmer zwangsläufig einen Kranz bekommt, aber auch »*wenn es uns nicht allen möglich ist bekränzt zu werden, wollen wir doch nah an den Kranz herankommen.*« Der Verfasser erwähnt zunächst nicht, dass es verwerflich ist, die Bekränzung nicht zu erhalten. Doch werden der Einsatz und der Wille im Kampf um den Kranz erwartet. Ein mühevolles Streben mündet also nicht immer im Lohn, allerdings ist diese Anstrengung und Ausrichtung auf den Lohn unerlässlich, um ihn überhaupt zu erhalten. Über die Realie wird deutlich: es wird ausschließlich derjenige Athlet bekränzt, der sich abgemüht und regelkonform gekämpft hat. In große Distanz zum Siegeskranz begeben sich allerdings diejenigen, die sich regelwidrig verhalten: »*Wir müssen denn wissen, dass der Kämpfer im vergänglichen Wettkampf, wenn sich herausstellt, dass er regelwidrig kämpft, ausgepeitscht, fortgebracht und aus dem Stadion geworfen wird.*« Dieser Bezug zur Realebene verdeutlicht die Sanktionen für regelwidriges Verhalten, die einer Mahnung gleichkommen. Sobald die bestehenden Regeln nicht eingehalten werden, folgt ein Ausschluss aus dem Kampfgeschehen, die Aussicht auf einen Lohn für die Anstrengungen ist dahin. Rhetorische Fragen folgen, deren Antworten dem Rezipienten schon in den Mund gelegt wurden: »*Was meint ihr? Was wird derjenige erleiden, der die Regeln des unvergänglichen Wettkampfes missachtet?*« Die Adressaten werden anhand dieser Metapher aufgefordert, über regelwidriges Verhalten in ihrem eigenen (Lebens-) Kampf zu reflektieren. Das eingesetzte negativ konnotierte Verb ›erleiden‹

---

[14] Vgl. PRATSCHER, Der zweite Clemensbrief (s. Anm. 7), 121, der auf eine entsprechende paränetische Tradition in Hos 14,10, Ps 106,7LXX, Spr 2,13 und 20,11, Apg 13,10 und 2 Petr 2,15 hinweist.

[15] Zum einen erkennt der Rezipient durch diesen Hinweis die dahinterliegende Rhetorik, den Wechsel zwischen der Realebene und der Metaphorik, deutlicher, zum anderen trägt der Ausdruck des Unvergänglichen eine Konnotation des Ewigen in sich, wodurch eine religiöse Dimension herausgehört bzw. -gelesen werden kann.

(πάσχω) verdeutlicht noch einmal die Parallelität zum vergänglichen Wettkampf und betont die Erwartung negativer Folgen für ein unerwünschtes Verhalten. Die Wettkampfmetaphorik endet mit diesen rhetorischen Fragen. Die Thematik der Bestrafung wird in den folgenden Versen allerdings fortgesetzt. Das regelwidrige Verhalten der Athleten kann dabei übertragen auf die Christen als ein Nichtbefolgen des Willens Christi interpretiert werden.

Im Kontext einer Ethik, die hier durch die Metaphorik vermittelt wird, soll nun eruiert werden, worauf dieses vorliegende Sprachbild abzielt.[16] Welche Aspekte werden angesprochen, vertreten und erwartet, die für die Adressaten des zweiten Clemensbriefes damit bedeutsam werden? Zunächst steht das Sprachbild samt der Bekränzung des Siegers im Licht der eschatologischen Ausrichtung der Mahnrede. Ebenfalls im Zusammenhang dieser Eschatologie steht das so begründete und grundlegende im zweiten Clemensbrief eingeforderte Ethos: das verantwortliche Handeln des Rezipienten in dieser Welt.[17] Offensichtlich berührt der Gewinn des Siegeskranzes mindestens die Handlungsebene der Rezipienten. Wie kann dann die Bedeutung der Bekränzung interpretiert werden? Das Eschaton gewinnt in der Schrift an Gestalt, indem die Erreichbarkeit einer heilvollen Zukunft betont wird, die sich auf das zukünftige (pneumatische) Leben bezieht. Termini wie »Rettung«, »Erlösung«, »Erbarmen« oder »Fürsprache« beschreiben diese Zukunft.[18] Als Heilsgüter nennt der Verfasser das Reich Gottes, die zukünftige pneumatische Kirche, den zukünftigen Geist, die Sohnschaft, Rechtfertigung, Friede, Ruhe sowie ewiges Leben.[19] Auch der Siegeskranz fällt unter diese Heilsgüter, doch schauen wir noch genauer auf die Bedeutung dieses Siegeskranzes für die Rezipienten. Seine Einsetzung erfolgt in Form einer Metapher und ist nicht näher bestimmt. Wenn er nach dieser christlichen Mahnrede unter Anstrengung erworben werden *soll*, dann müsste doch eine theologische Bedeutung an ihm ablesbar sein. Andreas Lindemann erkennt in der Metapher des Siegeskranzes eindeutig »das ewige Leben«.[20] Mit Blick auf den Terminus des unvergänglichen Kampfes liegt diese Interpretation meiner Auffassung nach sehr nahe. Er könnte allerdings ebenso als die Voraussetzung für das eschatologische Heil angesehen werden, im Sinne eines *Tickets* in das Reich Gottes, das dem Christen, nach einem Leben unter Anstrengungen und gemäß dem christlichen

[16] Vgl. zum Potenzial der metaphorischen Ethik RUBEN ZIMMERMANN, Moralische Signifikanz durch Sprachbilder. Ein Beitrag zur „metaphorischen Ethik" der Paulusbriefe, in: Ulrich Volp/Friedrich Wilhelm Horn/Ruben Zimmermann (Hrsg.), Metapher – Narratio – Mimesis – Doxologie. Begründungsformen antiker Ethik, Kontexte und Normen neutestamentlicher Ethik VII, WUNT 356, Tübingen 2016, 9–37.

[17] Vgl. WILHELM PRATSCHER, Der zweite Clemensbrief, in: DERS. (Hrsg.), Die Apostolischen Väter. Eine Einleitung, Göttingen 2009, 95.

[18] PRATSCHER, Der zweite Clemensbrief (s. Anm. 14), 95.

[19] PRATSCHER, Der zweite Clemensbrief (s. Anm. 14), 95.

[20] ANDREAS LINDEMANN, Die Clemensbriefe (s. Anm. 9), 219, mit Verweis auf weitere biblische Belegstellen: Offb 2,10.4,4, 2 Tim 4,8, Jak 1,12, Phil 4,1.

Ethos, zugewiesen wird. In jedem Fall fordert die Aussicht auf die Bekränzung zu einem Handeln mit Verantwortung auf, da die Bekränzung positiv konnotiert und als im Sinne des Christentums anzustreben dargestellt wird. Die Implikation der Bekränzung entspricht im zweiten Clemensbrief einer *metaphorischen Ethik* – einer Ethik, die mittels des Kontextes und schließlich durch die Metapher herausgestellt wird, aber weniger eine explizite Benennung findet.

Die weitere Ethik des zweiten Clemensbriefs wird bestimmt durch das Erbringen einer Gegenleistung als Dank für das, was das Leid Christi erwirkt hat.[21] Dazu zählt das Bekenntnis zu Christus, das erbracht wird, indem *getan* wird was er sagt, und er nicht nur mit den Lippen geehrt wird »von ganzem Herzen und von ganzem Verstand«.[22] Die Tat wird also explizit benannt – neben dem Einsatz des Herzens und des Verstandes – und nimmt einen hohen Stellenwert für die Ehrung Christi ein. Ebenso führt die positive Einbindung der Agonistik, aufgrund ihrer Körperlichkeit, zu einer hohen Wertschätzung der Handlungsebene und steht ganz im Zeichen dieser Ehrung Christi.

## 3. Wodurch zeichnet sich der Agon der Christen aus? Eine Charakteristik des Kampfes am Beispiel der Matthäushomilien bei Johannes Chrysostomos

Johannes Chrysostomos, Prediger in Antiochia und späterer Bischof von Konstantinopel, genoss als Jugendlicher eine umfassende rhetorische Ausbildung und war vertraut mit der Literatur antiker Philosophen. Auch die geistliche Schule durchlief er, lebte sechs Jahre als Mönch im Silpiusgebirge oberhalb Antiochias und wurde im Jahr 386 zum Presbyter, zum Prediger, geweiht. Er verdiente sich seinen Namen »Goldmund« – Chrysostomos – wegen seiner rhetorischen Begabung. Die Predigten des Johannes Chrysostomos, die er von 386–397 in Antiochia hielt, enthalten eine Vielfalt an Sprachbildern der hier thematisierten athletischen Agone. Ich beziehe mich im Folgenden auf die Matthäushomilien des Chrysostomos, die er zwischen den Jahren 388 und 392 gehalten haben muss. In diesem zeitlichen Rahmen verkündigte er sie wiederum innerhalb eines Zeitraums von etwa einem Jahr. Eine exakte Datierung lässt sich nicht vornehmen. Neben den Sonntagspredigten muss er seine Auslegung des Matthäusevangeliums in 90 Homilien auch an anderen Wochentagen gehalten haben, möglicherweise sind einige dieser Predigten nie gehalten worden.

Wie eingangs erwähnt, befinden sich über 120 Textstellen in der Homilienreihe, die eine Assoziation mit der athletischen Agonistik zulassen. Ich

---

[21] 2 Clem 1,3.

[22] καὶ μὴ μόνον χείλεσιν αὐτὸν τιμᾶν, ἀλλ' ἐξ ὅλης καρδίας καὶ ἐξ ὅλης διανοίας. 2 Clem 3,4 (CPG 1003; SUC 2, 242, 13).

habe für diesen Beitrag diejenigen Stellen, in denen Chrysostomos den Siegeskranz mit der Bezeichnung στέφανος (»stephanos«) erwähnt, herangezogen, 33 an der Zahl. Chrysostomos verwendet die Wettkampfmetaphorik nicht konsistent, es steht nicht stets der gleiche athletisch-agonistische Terminus für denselben Inhalt. Er bezieht diese athletisch-agonistische Sprache vielmehr immer wieder neu auf den Gegenstand der Predigt und passt die Metaphorik diesem an. Das führt dazu, dass einmal Christus und ein andermal Gott der Schiedsrichter ist, dass nicht immer die gleichen Erwartungen an die Athleten gestellt werden, sondern solche, die er aus dem jeweiligen biblischen Text herausliest, den er gerade bespricht. Chrysostomos nennt im Kontext des Siegeskranzes Tugenden wie nicht zu fluchen, nicht zu lügen, keine üble Nachrede zu üben, keinen Neid zu haben, Fleischesliebe, Wohlleben und Trunksucht zu meiden, nicht gefühllos zu sein, sich nicht der Trägheit zu ergeben, enthaltsam zu sein, sich abzutöten, keusch und gerecht zu sein.[23] Diese Tugenden sollen – so Chrysostomos – zu Hause eingeübt werden, so dass sie dann auf das Leben in der Öffentlichkeit übertragen werden können. Diese Einübung entspricht im Rahmen der Realien dem Training und stellt ein Ethos dar: man übt etwas ein, bis man es beherrscht.[24] Chrysostomos fährt fort:

> »Trete auf diesen herrlichen Kampfplatz mit dem Öl des hl. Geistes zum Wettkampf gesalbt. Und wenn du bei dieser Übung einmal, zweimal oder oft strauchelst, lass den Mut nicht sinken, sondern stehe auf und kämpfe weiter, höre nicht auf, bevor du nicht einen Sieg über den Teufel errungen hast. Das Training festigt die Fähigkeiten und erleichtert ihre Anwendung, ebenso wie bei der Tugendübung.«[25]

An anderer Stelle erwartet er Folgendes:

> »Wenn wir Sanftmut, Demut, Barmherzigkeit, ein reines Herz und Friedfertigkeit üben und Schmähungen nicht mit Schmähungen vergelten, sondern wir uns über sie freuen, [...] wenn der Teufel sieht, dass er nichts ausrichten kann, so zieht er sich zurück aus Furcht, er könnte uns noch mehr Lorbeeren einbringen.«[26]

---

[23] Vgl. Chrysostomus, *hom. 11 in Mt.* (PG 57, 201).

[24] Vgl. zur Leistungsoptimierung den Beitrag von Ulrich Volp, Leistungs- und Fortschrittsgedanken als christliche Neuschöpfung? Gedanken zur antiken christlichen Theologie und zum Sport, in diesem Band.

[25] εἰς τὴν καλὴν ταύτην εἰσίτω παλαίστραν, ἐλαίῳ τῇ τοῦ Πνεύματος χρώμενος χορηγίᾳ. Κἂν ἅπαξ, κἂν δὶς, κἂν πολλάκις καταπέσῃς γυμναζόμενος, μὴ ἀπογνῷς, ἀλλὰ στῆθι πάλιν καὶ πάλαισον· καὶ μὴ πρότερον ἀποστῇς, ἕως ἂν λαμπρὸν ἀναδήσῃ κατὰ τοῦ διαβόλου τὸν στέφανον, καὶ ἐν ἀσύλῳ θησαυρῷ λοιπὸν τῆς ἀρετῆς ἀποθῇ τὴν κτῆσιν. Chrysostomus, *hom. 11 in Mt.* 3,7–12 (CPG 4424; PG 57, 202).

[26] Ἂν γὰρ [...] πρᾶοι καὶ ταπεινοὶ καὶ ἐλεήμονες ὦμεν, καὶ καθαροὶ καὶ εἰρηνοποιοὶ, καὶ κακῶς ἀκούοντες μὴ ἀνθυβρίζωμεν, ἀλλὰ καὶ χαίρωμεν [...] Ὁ γὰρ διάβολος, ὅταν ἴδῃ

Diese Tugenden stehen jedoch noch nicht in unmittelbarem Zusammenhang mit der athletischen Agonistik. Vielmehr wird der Kontext der Tugenden mit der Agonistik ausgeschmückt. Anders verhält es sich beispielsweise in der Exegese von Mt 4,1–11, der Versuchung Christi durch den Teufel, die die 13. Matthäushomilie bestimmt. Chrysostomos verbildlicht an dieser Stelle die dreifache Versuchung Christi durch drei Ringkampfrunden. Die Disziplin des Ringkampfes wird hinzugezogen und Christus als vorbildlicher Ringkämpfer inszeniert. Er entscheidet einen Ringkampf gegen die Leidenschaften in Gestalt des Teufels für sich – in nur drei von maximal fünf Kampfrunden. Die wenigen benötigten Kampfrunden verdeutlichen die Überlegenheit Christi gegenüber dem Teufel. Gleichzeitig überträgt sich in diesem Sprachbild die Standhaftigkeit des Ringers auf Christus, den vorbildlichen Athleten, an dem sich die Rezipienten des Chrysostomos ein Beispiel nehmen sollten.[27]

Beziehen wir darüber hinaus das Verhalten des Kampfrichters mit ein, der über die Vergabe der Siegeskränze im Anschluss an den Kampf entscheidet:

> »Denken wir, es finde ein Wettkampf statt. Viele vorzügliche Ringer treten auf den Plan, unter ihnen auch zwei Athleten, die mit dem Kampfrichter besonders gut bekannt sind. Im Vertrauen auf sein Wohlwollen und seine Freundschaft sagen sie zu ihm: Richte es so ein, dass wir den Kranz gewinnen und als Sieger ausgerufen werden. Der Kampfrichter entgegnet: Das hängt nicht von mir ab, sondern von denen, welchen es auf Grund ihrer Mühen und Anstrengungen bereitet ist.«[28]

Im Anschluss an das Bild nimmt Chrysostomos auf Gott als gerechten Richter Bezug. Die Bedingungen für das Eintreten in das Reich Gottes werden deutlich: Die Gnade Gottes tritt in den Hintergrund, die Anstrengung und der Einsatz der Christen wird betont und eingefordert. Das Ethos des Athleten wird zum Ethos des Rezipienten, des Christen.

Beachten wir zuletzt noch einmal die Leistung oder vielmehr das Ethos der Christen und halten uns den modernen Leistungssport vor Augen. An folgendem Sprachbild verdeutlicht sich, wie aktuell die Predigten des Chrysostomos auch heute noch für ein christliches Ethos – vielleicht auch übertragen auf den Sport – klingen können:

> »Nicht immer sollen wir nach dem Sieg trachten und nicht jeder Niederlage ausweichen. Es gibt Fälle, wo der Sieg Schaden, die Niederlage Nutzen bringt. [...] Der

---

ἑαυτὸν μηδὲν ἀνύοντα, ἀφίσταται λοιπὸν, δεδοικὼς μὴ πλειόνων ἡμῖν στεφάνων αἴτιος γένηται. CHRYSOSTOMUS, *hom. 15 in Mt.* (PG 57, 234).

[27] Vgl. CHRYSOSTOMUS, *hom. 13 in Mt.* (PG 57, 210).

[28] ὑποθώμεθα εἶναί τινα ἀγωνοθέτην, εἶτα ἀθλητὰς ἀρίστους πολλοὺς εἰς τὸν ἀγῶνα κατιέναι τοῦτον, καί τινας δύο προσελθόντας τῶν ἀθλητῶν τῶν μάλιστα ᾠκειωμένων τῷ ἀγωνοθέτῃ λέγειν, ὅτι Ποίησον ἡμᾶς στεφανωθῆναι καὶ ἀνακηρυχθῆναι, θαῤῥοῦντας τῇ πρὸς αὐτὸν εὐνοίᾳ καὶ φιλίᾳ· ἐκεῖνον δὲ πρὸς αὐτοὺς λέγειν. Οὐκ ἔστιν ἐμὸν τοῦτο δοῦναι, ἀλλ᾽ οἷς ἡτοίμασται ἀπὸ τῶν πόνων καὶ τῶν ἱδρώτων. CHRYSOSTOMUS, *hom. 65 in Mt.* 20,17–28 (PG 58, 621, 2–10. Übers. nach CHRYSOSTOMUS BAUR, BKV² 26, 330).

> Habgierige trägt den Sieg über den Beraubten davon – aber einen schändlichen Sieg, der für den Sieger selbst verderblich ist. Der Benachteiligte und scheinbar Besiegte aber hat durch sein tugendhaftes Ertragen den herrlichsten Lorbeer verdient. Oft ist eben das Unterliegen die beste und schönste Art des Sieges. [...] Unser Sieg besteht nicht darin, dass wir jemandem Gewalt antun, sondern darin, dass wir Gewalt erleiden. Dann ist der Sieg umso glänzender, wenn wir durch Geduld die Übeltäter überwinden.«[29]

Der Siegeskranz der Christen wird also auch verliehen, wenn, von außen betrachtet, eine Niederlage vorliegt. In diesem Fall wurde diese Niederlage bewusst akzeptiert während aber ein Ethos eingehalten wurde, das Nutzen bringt und unschädlich ist bezogen auf sich selbst und andere.

Diese Auswahl der Stellen in den Matthäushomilien des Johannes Chrysostomos zeigt deutlich, wie sehr er die athletisch-agonistische *Sprache* an seine Exegese der zugrundeliegenden Bibelstellen bzw. an seine exegetische Botschaft knüpft. So kann er die Agonistik jeweils nach seiner Intention verwenden – einmal ist das Anstreben des Sieges unerlässlich und gewollt, ein andermal soll vom unbedingten Siegeswillen Abstand genommen werden. Einmal motiviert der in Aussicht gestellte Lohn, ein andermal enthält das Ethos der Athleten, und metaphorisch der Christen, einen hohen Eigenwert.

Inwiefern kann ein solcher Gebrauch athletisch-agonistischer Sprache im Rückblick als typisch christlich bezeichnet werden? Sicherlich greifen die christlichen Autoren auf eine Ausdrucksform zurück, die sich bereits in früheren antiken Texten und auch im hellenistischen Judentum wiederfindet. Sie kann insofern als eine Übernahme und Weiterentwicklung früherer Autoren gesehen werden. Da sich aber die christliche Ethik des vierten Jahrhundert offenbar angemessen durch die athletische Agonistik abbilden ließ und bestimmte Schwerpunkte gut mit ihr hervorzuheben waren, konnte sich dieses Konzept in diesem Kontext etablieren. Die Adressaten und Rezipienten der christlichen Predigten und Schriften bekamen die Möglichkeit, ein abstraktes Gedankenkonstrukt – die christliche Ethik – auf einen Bereich übertragen zu können, der ihnen vertraut war. Die christliche Ethik gewann somit für sie an Kontur und Lebensnähe. Durch die Körperbezogenheit kam diese Ethikvermittlung dem praktischen Handeln, der Umsetzung sehr nahe. Obwohl die Christen keine Athleten der Spiele waren, war die Agonistik doch ein Bereich, der sie begeisterte und mit dem sie sich identifizieren konnten. Schließlich ist

---

[29] Μὴ δὴ πανταχοῦ ζητῶμεν νικᾷν, μηδὲ πανταχοῦ τὸ ἡττᾶσθαι φεύγωμεν. Ἔστιν ὅπου νίκη μὲν φέρει βλάβην, ἧττα δὲ ὠφέλειαν [...] Καὶ γὰρ ὁ πλεονεκτήσας τὸν πλεονεκτηθέντα νενίκηκεν, ἀλλὰ κακὴν νίκην, καὶ ὄλεθρον φέρουσαν τῷ νικήσαντι· ὁ δὲ πλεονεκτηθεὶς, καὶ δοκῶν νενικῆσθαι, φιλοσόφως ἐνεγκὼν, οὗτος μάλιστά ἐστιν ὁ τὸν στέφανον ἔχων. Πολλαχοῦ γὰρ τὸ ἡττᾶσθαι βέλτιον, καὶ ἔστιν οὗτος ἄριστος νίκης τρόπος. Οὐδαμοῦ γὰρ δρῶντες κακῶς νικῶμεν, ἀλλὰ πανταχοῦ πάσχοντες κακῶς. Οὕτω καὶ ἡ νίκη λαμπροτέρα γίνεται, ὅταν πάσχοντες τῶν δρώντων περιγενώμεθα. CHRYSOSTOMUS, *hom. 84 in Mt.* 26,51–66 (PG 58, 756; Übers. nach CHRYSOSTOMUS BAUR, BKV[2] 27, 169–172).

noch zu fragen, ob nicht auch diese in großer Zahl verwendeten athletisch-agonistischen Sprachbilder durch ihre Bildhaftigkeit und Ausdrucksstärke das Christentum beeinflusst und verändert haben. Hat nicht vielleicht ein Ethos der Athleten wie Ausdauer, Willensstärke und das Streben nach Erfolg das Christentum zu einer veränderten Schwerpunktsetzung der Ethik geführt? Eine Schwerpunktsetzung, die durch die Sprachbilder begründet war?

# Moralischer Erfolg?

## Zum normativen Status des Leistungsprinzips und seinen Grenzen

*Frank Brosow*

Der folgende Beitrag setzt sich mit dem normativen Gehalt der Begriffe ›Leistung‹ und ›Erfolg‹ auseinander. Da er im Rahmen eines interdisziplinären Sammelbandes erscheint, soll der Schwerpunkt der Untersuchung dabei auf sportlicher Leistung und sportlichem Erfolg liegen. Es wird jedoch deutlich werden, dass sich viele in diesem Kontext angestellte Überlegungen auch auf die gesamtgesellschaftliche Rolle von Leistung und Erfolg übertragen lassen, wodurch gleichzeitig die Funktion des Sports als Spiegel der Gesellschaft deutlich werden wird. Kann die Fähigkeit zum Erbringen sportlicher Leistung als ›Tugend‹ bezeichnet werden? Stellt sportlicher Erfolg als solcher einen Wert dar, den anzustreben normativ geboten sein kann? Lässt sich direkt oder indirekt von Leistung und Erfolg auf moralische Qualitäten schließen? Wann und inwiefern kann der Sportler moralisches Vorbild sein? Welche moralischen Dimensionen beinhaltet Sport als Kulturphänomen auf sozialer Ebene für das nationale und internationale Zusammenleben in den modernen Gesellschaften einer globalisierten Welt?

## 1. Das Leistungsprinzip in der philosophischen Ethik

Um die genannten Fragen zu beantworten, ist es unverzichtbar, zunächst einige Worte über die Herkunft und Bedeutung der moralischen Begriffe zu verlieren, auf die bei der normativen Einschätzung gesellschaftlicher Phänomene üblicherweise zurückgegriffen wird. Eine besondere Schwierigkeit für interdisziplinäre Diskurse stellt hierbei die Tatsache dar, dass innerhalb der philosophischen Ethik[1] keine einheitliche Begrifflichkeit zur Beschreibung und Bewertung moralischer Phänomene existiert. Dies erklärt sich daraus, dass der ethische Diskurs auf philosophischer Seite von Vertretern verschiedener Theorietraditionen geführt wird, die ihre je eigene Perspektive in die

---

[1] Die Moral eines Menschen oder einer Gesellschaft ergibt sich daraus, welche Verhaltensweisen einem Individuum oder einer Gruppe von Individuen faktisch als richtig oder falsch gelten. Unter Ethik verstehe ich die (deskriptive oder normative) Wissenschaft von der Moral, die als solche auch Fragen des guten Lebens behandeln kann.

Diskussion einbringen. Jede dieser Perspektiven ist mit unterschiedlichen Begriffen verbunden, die sich für die Ausgestaltung der Theorie als besonders geeignet erwiesen haben. Doch selbst innerhalb derselben Theorietradition werden dieselben Begriffe von verschiedenen Autoren nicht selten in unterschiedlichen Bedeutungen verwendet.[2]

Der philosophiegeschichtlich älteste systematisierte Zugang zur Reflexion über ethische Phänomene ist derjenige der *Tugendethik*. Der Begriff der Tugendethik bezeichnet eine Gruppe von ethischen Theorien, die neben einem allgemeinen Bezug auf die Moraltheorien von Aristoteles oder Thomas von Aquin eher eine gewisse Familienähnlichkeit als ein systematisches Kernkonzept verbindet. Als klassisches Beispiel für tugendethische Ansätze dient die »Nikomachische Ethik« des Aristoteles.[3] Tugenden sind Aristoteles zufolge bestimmte Arten charakterlicher Vortrefflichkeit. Jede Tugend liegt in der Mitte zwischen zwei Extremen. Tapferkeit beispielsweise ist die ›goldene Mitte‹ zwischen den beiden Extremen der Feigheit und der Tollkühnheit. Diese goldene Mitte ist jedoch keine rein rechnerische Mitte, sondern steht einem der beiden Extreme näher, im konkreten Fall der Tollkühnheit. Wer nicht von Natur aus zur Tollkühnheit neigt, trifft die goldene Mitte der Tapferkeit daher am ehesten, wenn er sich vom weiter entfernten Extrem der Feigheit fern hält. Durch Übung im tapferen Handeln wird die Tugend der Tapferkeit zu einer *festen Grundhaltung*, der man im Idealfall nicht widerstrebend, sondern gerne folgt. Doch woher wissen wir, wo genau die richtige Mitte zwischen zwei Extremen liegt? Es wäre schließlich auch denkbar, dass die eigentliche Tugend nicht die der Tollkühnheit nahestehende Tapferkeit, sondern die der Feigheit nahestehende Vorsicht ist. Viele Tugendethiker beantworten diese Frage durch den Hinweis auf die Gruppe derer, die selbst bereits zur Gruppe der Tugendhaften gerechnet werden. Will man wissen, wie man sich tugendhaft verhält, muss man sich an eindeutigen Beispielen orientieren und auf das kollektive Urteil derer verlassen, welche die in Frage stehende Art der moralischen Vortrefflichkeit am besten repräsentieren.[4] Denn es sind diese erfahrenen Experten, welche die in der *Natur* angelegten normativen Zweckmäßigkeiten erkennen und umsetzen können (Naturalismus). Die vernünftige und durch Erfahrung geschulte Beurteilung des Einzelfalls hat dabei innerhalb des tugendethischen Ansatzes Priorität. Externe Prinzipien als Maßstäbe tugendhaften Handelns (z.B. das Nützlichkeitsprinzip oder der kategorische Impera-

---

[2] In den folgenden Ausführungen beziehe ich mich auf FRANK BROSOW, Die Tugend eines gemäßigten Skeptikers. Hume über ›favourite principles‹ in der Moralphilosophie, in: FRANK BROSOW/HEINER F. KLEMME (Hrsg.), David Hume nach dreihundert Jahren. Historische Kontexte und systematische Perspektiven, Münster 2014, 168–202.

[3] Vgl. Aristoteles, *Ethica Nicomachea* 1103a 14–1109b 26.

[4] Vgl. GERTRUDE E. M. ANSCOMBE, Moderne Moralphilosophie, in: GÜNTHER GREWENDORF/GEORG MEGGLE (Hrsg.), Seminar: Sprache und Ethik. Zur Entwicklung der Metaethik, Frankfurt a.M. 1994, 217–243, 237.

tiv) erscheinen der Tugendethik hingegen als tendenziell suspekt. Sie berauben einen ethischen Ansatz seiner Flexibilität, indem sie so tun, als seien bestimmte Handlungen oder Handlungsprinzipien unabhängig von den konkreten Umständen, unter denen sie ausgeführt werden, lobenswert oder tadelnswert. Für die Tugendethik spricht, dass sie ihren Anspruch auf die Formulierung transkultureller[5] normativer Vorgaben aufrechterhält, ohne die Menschen von ihren moralischen Gefühlen und ihren persönlichen Beziehungen zu entfremden. Die Probleme der Theorie liegen in der Schwierigkeit, das Tugendhafte zuverlässig als solches zu erkennen, in der von Theorie zu Theorie unterschiedlichen und aufgrund einer fehlenden systematischen Struktur oft beliebig wirkenden Aufstellung von Tugendkatalogen, in einer generellen Unterbestimmtheit des Tugendbegriffs, der Beschränkung auf das Anführen von Beispielen zur Klärung normativer Fragen und in der tendenziell aufklärungsfeindlichen Ausrichtung bestimmter Ansätze.[6] Viele Autoren vertreten daher die Ansicht, der tugendethische Ansatz könne ohne externe Zusätze nicht befriedigen und müsse um eine Ethik der Regeln ergänzt werden.[7]

Einen philosophiehistorisch bemerkenswerten, gleichwohl in der akademischen Praxis oftmals wenig beachteten Weg, mit den Problemen der traditionellen Tugendethik umzugehen, hat die angelsächsische Tugendethik beschritten, wie sie im 18. Jahrhundert etwa der schottische Moral Sense-Philosoph David Hume vertritt.[8] Statt die Beurteilung der Tugendhaftigkeit dem freien Urteil tugendhafter Experten zu überlassen, rekurriert Hume zunächst auf die öffentliche Meinung. Hume zufolge ist dieser überall dort zu trauen, wo Menschen aus der Perspektive unbeteiligter Beobachter von einem ›festen und allgemeinen Standpunkt der Betrachtung‹ aus über die Tugendhaftigkeit eines Charakters urteilen, was auf viele Situationen des Alltags zutrifft. Hume stellt sodann die empirische Frage, welche Gemeinsamkeiten sich zwischen denjenigen Charaktereigenschaften feststellen lassen, die von verständigen Betrachtern allgemein als Tugenden und Laster bezeichnet werden. Dabei kommt er zu der Erkenntnis, dass wir nur solche Charaktereigen-

---

[5] Vgl. MARTHA NUSSBAUM, Nicht-relative Tugenden. Ein aristotelischer Ansatz, in: KLAUS P. RIPPE/PETER SCHABER (Hrsg.), Tugendethik, Stuttgart 1998, 114–165, 115ff. und OTFRIED HÖFFE, Aristoteles' universalistische Tugendethik, in: RIPPE/SCHABER, a.a.O., 42–68, 54.

[6] Vgl. HEINER F. KLEMME, John McDowell und die Aufklärung. Eine Kritik der neoaristotelischen Ethik, in: DERS. (Hrsg.), Kant und die Zukunft der europäischen Aufklärung, Berlin/New York 2009, 369–385.

[7] Vgl. ROBERT B. LOUDEN, Einige Laster der Tugendethik, in: RIPPE/SCHABER, Tugendethik (s. Anm. 5), 185–212, 208.

[8] Vgl. DAVID HUME, Eine Untersuchung über die Prinzipien der Moral, hrsg./übers. v. GERHARD STREMINGER. Mit einem Nachwort von FRANK BROSOW, Stuttgart 2012; DAVID HUME, Über Moral, aus dem Englischen von THEODOR LIPPS, durchgesehen und überarbeitet von HERLINDE PAUER-STUDER. Kommentar von HERLINDE PAUER-STUDER, Frankfurt a.M. 2007.

schaften loben, welche die allgemeine Tendenz haben, ihrem Träger oder anderen in dessen Umfeld *angenehm* oder *nützlich* zu sein, und dass wir umgekehrt all diejenigen Charaktereigenschaften als Laster bezeichnen, die ihrem Träger oder dessen Umfeld im Allgemeinen *unangenehm* sind oder *schaden*. Hume erklärt diesen empirisch feststellbaren Zusammenhang zwischen Nützlichkeit und Tugendhaftigkeit auf psychologischem Wege: In unseren moralischen Urteilen, also denjenigen Werturteilen über Charaktereigenschaften, denen wir keine rein subjektive, sondern eine intersubjektive Geltung zusprechen, urteilen wir von einem festen und allgemeinen Standpunkt der Betrachtung aus, da nur dieser die Redeweise von einer übersubjektiven Geltung rechtfertigen kann. Aus dieser unparteiischen Perspektive heraus sind wir für sogenannte *ruhige* Affekte empfänglich, die aus der Sympathie (Mitgefühl; Empathie) mit dem allgemeinen Nutzen oder Schaden entstehen, den wir nach den Prinzipien der vernunftgeleiteten und erfahrungsbasierten Assoziation mit dem Vorherrschen der im Einzelfall beobachteten Charaktereigenschaft verbinden. Die ruhigen Gefühle der Billigung oder Missbilligung, die wir von einem festen und allgemeinen Standpunkt der Betrachtung aus gegenüber eigenen und fremden Charaktereigenschaften empfinden, bezeichnet Hume als das *moralische Gefühl*. Dieses moralische Gefühl stellt für ihn die psychologische Grundlage moralischer Urteile und damit die Basis der Unterscheidung zwischen Tugenden und Lastern dar.[9]

Für die Themenstellung dieses Aufsatzes ist hervorzuheben, dass sich der Gedanke einer *Maximierung* von Leistung weder in der aristotelischen Tugendethik noch in der Tugendethik der angelsächsischen Moral Sense-Tradition findet. Aristoteles geht es gerade nicht um ein Maximum, das als solches definitionsgemäß niemals eine goldene Mitte, sondern immer nur ein Extrem sein kann. Hume stellt seinerseits zwar einen Bezug zwischen allgemeiner Nützlichkeit und Tugendhaftigkeit her, sagt jedoch nirgends, dass das allgemein Nützliche maximiert werden soll. Seiner Theorie nach reagiert das moralische Gefühl auf die *allgemeine* Nützlichkeit von *Charaktereigenschaften*, nicht etwa auf die *maximale* Nützlichkeit von *Einzelhandlungen*.

Das Prinzip der Maximierung wurde von anderer Seite aus in den ethischen Diskurs eingeführt. So waren es insbesondere die *Utilitaristen* in der Nachfolge von Jeremy Bentham und John Stuart Mill[10], welche die Redeweise vom ›größtmöglichen Nutzen‹ als Maßstab moralischen Handelns etablierten. Dabei knüpft Bentham zwar ausdrücklich an die Gedanken von Hume an, lässt die in der Moral Sense-Tradition etablierte Kultivierung des Gefühls als Maßstab ethischer Beurteilung jedoch zugunsten eines intellektualistischen *Nut-*

---

[9] Vgl. FRANK BROSOW, David Humes intersubjektivistisch-naturalistisches Verständnis von Normativität, Münster 2014.

[10] Vgl. JOHN S. MILL, Der Utilitarismus, Stuttgart 1985; BERNWARD GESANG, Eine Verteidigung des Utilitarismus, Stuttgart 2003; OTFRIED HÖFFE (Hrsg.), Einführung in die utilitaristische Ethik, Tübingen/Basel [3]2003.

*zenkalküls* fallen. Der Utilitarismus ist keine Tugendethik. Gegenstand moralischer Urteile sind für ihn nicht Charaktereigenschaften, sondern *Einzelhandlungen* oder in späteren Versionen *Handlungsregeln*. Anspruch auf die Bezeichnung als moralische Handlung hat dabei nur genau diejenige Handlung, welche unter allen faktisch gegebenen Alternativen den *größtmöglichen* Nutzen verwirklicht. Anders als dem Tugendethiker kommt es dem Utilitaristen dabei nicht auf die gute Absicht an, sondern auf die *faktischen* Folgen der Handlung (Konsequentialismus). Auch wer unbeabsichtigt den größtmöglichen Nutzen bewirkt, handelt nach utilitaristischen Maßstäben moralisch, während demjenigen, der zwar gute Absichten hatte, aufgrund äußerer Umstände jedoch in der Erzeugung des größtmöglichen Gesamtnutzens gescheitert ist, kein moralisches Verdienst zuzurechnen ist. Der größtmögliche Nutzen, von dem im Utilitarismus die Rede ist, ist jedoch nicht der Nutzen des Handelnden oder, wie bei Hume, derjenige des Handelnden und seines direkten Umfeldes, sondern der *objektive* Nutzen für die *Gesamtheit* aller empfindungsfähigen Wesen in Gegenwart und Zukunft. Dies wirft nicht nur schwerwiegende, ja im Grunde unlösbare Probleme[11] für die Vorausberechnung der faktischen Handlungsfolgen auf, sondern zeigt auch, dass das Verständnis von Leistung und Erfolg, mit dem wir es in sportlichen Kontexten zu tun haben, *nicht* auf einem utilitaristischen Verständnis von Nutzenmaximierung aufbaut. Denn die Leistung, die im Sport erbracht wird, ist stets eine *subjektive* Leistung, der Erfolg stets ein *subjektiver* Erfolg für einen einzelnen Sportler bzw. eine einzelne Mannschaft. Ziel und Motivation sportlicher Betätigung und sportlicher Wettkämpfe ist nicht die Steigerung des Gesamtnutzens. Stattdessen geht es um das Erbringen persönlicher Leistungen und das Erzielen persönlicher Erfolge, also um die Befriedigung individueller oder zumindest partikularer Interessen. Vorbild für eine Leistungsmaximierung dieser Art kann offensichtlich nicht der Utilitarismus mit seinem universalistischen Nutzenkalkül sein, sondern nur eine Ethik, die auf den Interessen des Einzelnen aufbaut und diese zum normativen Maßstab erhebt. Die ethische Tradition, die in dieser Weise argumentiert, ist deutlich älter als der Utilitarismus. Sie reicht bis in die antike Ethik Epikurs zurück, findet ihre eigentliche Ausgestaltung jedoch in der frühen Neuzeit bei Autoren wie Thomas Hobbes und John Locke.[12]

Hobbes vertritt eine *egoistische* Handlungstheorie, nach welcher alles Handeln letztlich auf Selbstliebe zurückzuführen ist. Seinem psychologischen

---

[11] Ein weiteres prominentes Problem des Utilitarismus ist das Themenfeld der Gerechtigkeit, da es für das Nutzenkalkül keinen Unterschied macht, ob die Nutzeneinheiten gerecht oder ungerecht verteilt sind. Auch der Schutz von Minderheiten und die Anerkennung nicht-verrechenbarer Werte sind hier zu nennen.

[12] Vgl. THOMAS HOBBES, Leviathan, übers. v. JUTTA SCHLÖSSER, hrsg. v. HERMANN KLENNER, Hamburg 1996; JOHN LOCKE, Zwei Abhandlungen über die Regierung, hrsg. und eingeleitet v. WALTER EUCHNER, Frankfurt a.M. 1977, Zweite Abhandlung.

Egoismus zufolge sind auch altruistische Interessen letztlich Interessen. Selbst wenn ich anderen Menschen Gutes tun will, befriedige ich damit ein Interesse, das in mir selbst existiert, und *ich* bin es, der bei der Befriedigung dieses Interesses ein angenehmes Gefühl verspürt. In diesem Sinne sind alle Neigungen, aus denen Menschen handeln, der Selbstliebe untergeordnet.[13] Um zu erklären, wie aus einer egoistischen Handlungstheorie dieser Art eine normative Ethik werden kann, bedient sich Hobbes des Gedankenexperiments eines fiktiven Naturzustandes. Die Idee ist, dass die Menschen unter den fiktiven Bedingungen des Fehlens aller gesellschaftlichen Regeln und Strukturen aus *Eigeninteresse* heraus dazu motiviert sein würden, diesen Zustand des ›Krieges aller gegen alle‹, in dem selbst der Stärkste ständig fürchten muss, von anderen durch List oder Bündnisse umgebracht zu werden, zu verlassen. Dieser Schritt vom Naturzustand in die bürgerliche Gesellschaft erfolgt durch Abschluss eines *Gesellschaftsvertrages*, in dem die Individuen sich wechselseitig versprechen, zukünftig dauerhaft auf ihre natürlichen Rechte zu verzichten und sich einem *Souverän* bzw. den von diesem aufgestellten Regeln mehr oder weniger vollständig zu unterwerfen.[14] In modernen *kontraktualistischen* Theorien ist von diesem Ansatz der Gedanke übriggeblieben, dass die Moral ein künstliches System von Regeln ist, deren wechselseitige Befolgung im Interesse jedes Einzelnen liegt. Kann dem Individuum nicht nachgewiesen werden, dass das Aufstellen und Befolgen einer Handlungsregel (zumindest mittelbar) in seinem eigenen Interesse liegt, so ist dieses Individuum nicht an die Regel gebunden und so darf ein Regelverstoß nicht sanktioniert werden.[15] Für alle Bereiche, in denen die Aufstellung derartiger Regeln gelingt, und in denen ihre Befolgung dementsprechend mit legitimen Sanktionsmechanismen geschützt werden kann, ist der Kontraktualismus jedoch ein geeignetes Modell zur Etablierung von sozialen Verhaltensregeln, die in der Gestalt nationaler und internationaler Gesetze ebenso wie in der Form von Spielregeln für internationale Wettkämpfe oder private Gesellschaftsspiele auftreten können. Motivation *und* Verbindlichkeit zur Befolgung all dieser Regeln erwachsen dabei stets aus dem Eigeninteresse der Akteure, die entweder direkt von der wechselseitigen Regelbefolgung aller profitieren oder zumindest die mit dem Regelverstoß verbundene *Sanktion* vermeiden wollen, welche in der Be-

---

[13] Vgl. DIETER BIRNBACHER/NORBERT HOERSTER (Hrsg.), Texte zur Ethik, München [11]2000, Kapitel 6: Der ethische Egoismus.

[14] Bei Hobbes ist der Souverän noch ein absolutistischer Alleinherrscher. Locke modifiziert die Theorie, sodass die Macht des Souveräns im Rahmen einer konstitutionellen Monarchie teilweise eingeschränkt wird. Jean-Jacques Rousseau wird schließlich den Gedanken der Volkssouveränität einführen, nach welchem nur das Volk selbst über den Inhalt der Gesetze, die es befolgen soll, entscheiden kann. Vgl. JEAN-JACQUES ROUSSEAU, Vom Gesellschaftsvertrag oder Grundsätze des Staatsrechts, in Zusammenarbeit mit EVA PIETZCKER neu übers./hrsg. v. HANS BROCKARD, Stuttgart 2003.

[15] Vgl. PETER STEMMER, Handeln zugunsten anderer. Eine moralphilosophische Untersuchung, Berlin/New York 2000, 365.

schränkung der Teilhabe an den Vorteilen der Kooperation bis hin zum zeitweiligen oder vollständigen Ausschluss aus der Kooperationsgemeinschaft besteht. Es ist also letztlich die Klugheit, die dem Kontraktualisten zur Einhaltung moralischer Regeln rät. Man könnte sagen, dass der Egoismus bzw. Kontraktualismus eine subjektive Klugheitsethik formuliert, während der Utilitarismus eine objektive Klugheitsethik zu sein beansprucht. Beide Theorietraditionen zusammengenommen prägen das gegenwärtige normative Gefüge unserer sozialen Welt wohl stärker als jede andere philosophische Strömung. Gleichzeitig sind beide Traditionen im ethischen Diskurs heftiger Kritik ausgesetzt, weil ihre Ergebnisse in vielen Anwendungsfeldern in Konflikt mit unseren Alltagsintuitionen geraten.[16]

Wer die einseitige Orientierung am individuellen oder allgemeinen Nutzen prinzipiell kritisieren will, greift dabei nicht selten auf *kantische* Argumente zurück.[17] Und tatsächlich steht wohl keine philosophische Moraltheorie in einem größeren Gegensatz zu einer sich am faktischen Nutzen orientierenden Klugheitsethik als die von Immanuel Kant entwickelte Pflichtenethik (Deontologie). Aus Kants Perspektive begeht die Klugheitsethik den Fehler, sich einseitig auf den Aspekt der *Glückseligkeit* zu fokussieren, während sie den Aspekt der *Glückswürdigkeit* vollkommen außer Acht lässt. Anders als selbst Aristoteles dachte, stellt nicht etwa die Glücksseligkeit allein, sondern erst die Kombination aus Glückseligkeit und Glückswürdigkeit nach Kant das ›Höchste Gut‹ dar.[18] Der Glückseligkeit würdig erweisen wir uns, wenn wir unser Handeln am *Moralischen Gesetz* ausrichten. Dies bedeutet, dass wir all unsere Maximen (subjektiven Handlungsregeln) dem Test des *kategorischen Imperativs* unterziehen müssen. Kann ich mir vorstellen und kann ich auch wünschen, dass die Handlungsregel, die ich meinem Handeln hier und jetzt zugrunde lege, als ein allgemeines Gesetz gelten möge? Wäre die Welt mit einem solch allgemeinen Gesetz noch *widerspruchsfrei* vorstellbar? Und würde ich in einer solchen Welt leben wollen, ohne dass sich an anderer Stelle *Wi-*

---

[16] Da sich konsequente Kontraktualisten und Utilitaristen jedoch nicht selten als Radikalreformer der Moral verstehen, bleiben sie von diesem Befund oft unbeeindruckt. Führt die konsequente Anwendung ihrer jeweiligen Theorie zu kontraintuitiven Ergebnissen, so ist der Fehler ihnen zufolge nicht etwa in der Theorie, sondern in den Intuitionen zu suchen, in denen sie anders als die Tugendethiker und Moral Sense-Philosophen nicht die Grundlage moralischer Urteile, sondern bloße Vorurteile der unaufgeklärten Masse sehen, die noch nicht zur Einsicht über die Wahrheit ihrer überlegenen ethischen Theorie gekommen ist. Vgl. PETER SINGER, Ethics and Intuitions, in: The Journal of Ethics 9 (2005), 331–351.

[17] Vgl. IMMANUEL KANT, Gesammelte Schriften, Bd. 4 Grundlegung zur Metaphysik der Sitten, hrsg. v. der Preußischen/Deutschen/Göttinger/Berlin-Brandenburgischen Akademie der Wissenschaften, Berlin 1900ff.

[18] Diese Ansicht hat Kant auch schon in seiner vorkritischen Phase vertreten. Vgl. IMMANUEL KANT, Vorlesung zur Moralphilosophie, hrsg. v. WERNER STARK, Berlin/New York 2004, 11.

*dersprüche* mit etwas anderem ergeben, das mir wichtiger, mit dem neuen allgemeinen Gesetz aber nicht vereinbar ist? Wenn ja, so darf ich die Handlung ausführen. Wenn nicht, so muss und kann ich sie aus *Achtung* vor dem Moralischen Gesetz unterlassen. Da wir als halb sinnliche, jedoch auch halb vernünftige Wesen die Fähigkeit haben, in diesem Sinne aus Achtung vor dem Moralischen Gesetz zu handeln, uns dieses Gesetz in einem Akt der freien Willkür also zur obersten Maxime machen können (Autonomie), verfügen wir über eine *Würde*. Unter Würde versteht Kant einen Wert, der durch nichts anderes ersetzt werden kann. Dieser Wert resultiert aus der Fähigkeit vernünftiger Wesen, sich selbst Zwecke setzen zu können, also unmittelbar aus dem, was Kant praktische Vernunft oder auch den Willen nennt. Eine alternative Formulierung des kategorischen Imperativs besagt daher, dass wir stets so handeln sollen, dass wir die Menschheit in uns selbst und in anderen Personen niemals *bloß* als Mittel, sondern stets *auch* als Selbstzweck behandeln. In anderen Worten: Nach Kant dürfen wir nur solange nach persönlichem Erfolg oder universalem Nutzen streben, wie wir uns selbst oder andere vernünftige Wesen dabei nicht *instrumentalisieren*.

Nach diesem kurzen, holzschnittartigen Abriss der philosophiehistorisch und systematisch wichtigsten moralphilosophischen Theorietraditionen (aristotelische Tugendethik, Moral Sense-Theorie, Utilitarismus, Kontraktualismus und Kantianismus) verfügen wir nun über den begrifflichen und argumentativen Rahmen, um die eingangs genannten ethischen Fragen an die Phänomene sportlicher Leistung und sportlicher Erfolge zu richten.

## 2. Leistung und Tugend im Sport

Bei der Untersuchung der moralischen Dimension von Leistung im Sport ist zwischen Sport als individuelle Betätigung und Wettkampfsport zu unterscheiden. Anders als bei der historisch bedeutsamen Unterscheidung zwischen Sport und Turnen gehe ich bei dieser Differenzierung davon aus, dass sich das für den Sport typische Leistungsprinzip[19] in beiden Bereichen antreffen lässt. Die hier vorgeschlagene Unterscheidung zielt darauf ab, ob ein Sportler die angestrebte Leistung mit einem selbst gesteckten Ziel bzw. eigenen früheren Leistungen vergleicht, oder ob diese Leistung unter Wettkampfbedingungen mit der Leistung anderer verglichen werden soll, unabhängig davon, welchen Grad an Professionalität ein derartiger Wettkampf besitzt. Im ersten Fall werde ich von Sport, im zweiten von Wettkampfsport sprechen. Sport betreibt demnach, wer etwa im Fitnessstudio trainiert, joggen, schwimmen, Ski fahren oder Reiten geht, eine Kampfsportart erlernt oder sich im

---

[19] Physikalisch betrachtet errechnet sich Leistung aus Arbeit (bzw. Energie) pro Zeit. Das Leistungsprinzip steht also nicht für die Ausrichtung auf ein maximales Ergebnis, sondern auf maximale Effizienz.

Umgang mit dem Fußball übt. Wettkampfsport betreibt, wer seine Leistung in einem dieser Bereiche allein oder als Teil einer Mannschaft mit anderen in einer Wettkampfsituation vergleicht.

Sport hat allgemein betrachtet zweifellos eine charakterbildende Funktion. Wer Anspannung, überschüssige Energie und Aggressionen in sportliche Aktivität zu kanalisieren vermag, wird es leichter haben, sich in belastenden Situationen dauerhaft sozialkonform zu verhalten. Ein Sportler, der einer körperlichen Aktivität mit dem Anspruch nachgeht, Sport zu betreiben, der damit also einen gewissen Leistungsanspruch verbindet, muss zum Erreichen seiner Ziele spezifische Tugenden entwickeln, etwa Trainingsdisziplin, Ehrgeiz, Neigungskontrolle, Frustrationstoleranz, die Fähigkeit zur Eigenmotivation und eine gewisse Mäßigung in der Lebensführung. All diese Eigenschaften können etwa nach dem Hume'schen Tugendverständnis vollumfänglich als moralische Tugenden gewertet werden, da sie ihrem Träger unmittelbar angenehm oder beim Erreichen seiner Ziele nützlich sind. Die genannten Charaktereigenschaften gelten also als Tugenden, *weil* sie Leistung und Leistungssteigerung ermöglichen. Dies wirkt sich im Umkehrschluss auf die Bewertung sportlicher Leistungen aus. *Sofern* ein notwendiger Zusammenhang besteht zwischen der Fähigkeit zum Erbringen sportlicher Leistungen und moralischen Tugenden wie Selbstdisziplin, ist es ebenso naheliegend wie legitim, von sportlichen Leistungen auf moralische Qualitäten wie Selbstdisziplin zu schließen. Sportliche Leistungsfähigkeit wäre in diesem Fall nicht selbst eine Tugend, aber (wie andere Handlungen auch) der sichtbare Indikator für das Vorliegen bestimmter unsichtbarer Charaktertugenden.

Das Problem dieser Argumentation liegt darin, dass der Zusammenhang zwischen sportlicher Leistungsfähigkeit und Charaktertugenden zwar häufig, aber keineswegs *notwendigerweise* besteht. Die Schwierigkeiten beginnen bereits bei den unterschiedlichen körperlichen und genetischen Voraussetzungen der Sporttreibenden. Zwei Menschen mit exakt demselben Trainingseifer können völlig unterschiedliche Grade sportlicher Leistungsfähigkeit entwickeln, während umgekehrt derselbe Grad an sportlicher Leistungsfähigkeit von dem einen ohne jede Mühe und von dem anderen nur mit hohem Trainingsaufwand erreicht werden kann. Die vorhandene oder fehlende Leistungsfähigkeit ist also kein sicherer Indikator, sondern allenfalls ein Indiz für das Vorliegen bzw. Fehlen bestimmter Charaktertugenden.

Zudem ist zu beobachten, dass die *faktische* Wertschätzung sportlicher Leistungsfähigkeit sowohl bei den Sporttreibenden selbst als auch in deren öffentlicher Wahrnehmung eine Eigendynamik besitzt, welche über die oben vorgestellte Argumentation nicht erklärbar erscheint. So beschränkt sich das Phänomen des Dopings längst nicht mehr auf den Wettkampfsport, sondern findet auch zunehmend im Freizeitsport breite Anwendung. Wer etwa im Zuge seines privaten Trainings im Fitnessstudio zu Hormonpräparaten greift, um die eigene Leistungsfähigkeit zu verbessern, macht eben dadurch deutlich, dass er seine Leistungsfähigkeit nicht als Indikator für tieferliegende moralische Qualitäten betrachtet, sondern entweder als Selbstzweck oder als Mittel zum Erwerb der Anerkennung Dritter. Hinzu kommt, dass Leistung stets einen *Maßstab* erfordert, der aufgrund des technischen Fortschritts immer filigraner wird. So ist die Leistungsentwicklung eines Sprinters, der sich zum Ziel gesetzt hat, eine kurze Distanz in möglichst kurzer Zeit zurückzulegen, ohne technische Hilfsmittel oft gar nicht messbar. Die subjektiv empfundene Leistungsfähigkeit entspricht nicht immer der objektiv gemessenen Leistungsfähigkeit. Und es ist in der Regel Letzteres, welches den Ausschlag dafür gibt, ob der Sportler Gefühle der Zufriedenheit oder der Unzufriedenheit mit seiner eigenen Leistung entwickelt.

Diese Beobachtungen deuten darauf hin, dass der entscheidende Faktor für die Wertschätzung sportlicher Leistungsfähigkeit nicht darin liegt, dass sie auf eine tieferliegende moralische Qualität hinweist. Es ist offenbar vielmehr die Sichtbarkeit und Messbarkeit sportlicher Leistungsfähigkeit als solche, welche eine direkte positive Bewertung nach sich zieht. Sport ist bei Sporttreibenden und Zuschauern gleichermaßen nicht zuletzt deshalb so beliebt, weil er *sichtbare* Leistungen generiert, die (im Gegensatz zu moralischen Tugenden, kognitiven oder rhetorischen Qualitäten, Fachwissen, Bildung, oder anderen mentalen Fähigkeiten) ohne viel Aufmerksamkeit, Zeitaufwand, Bildung und subjektive Interpretationen als solche erkennbar sind. Die einfache Sichtbarkeit sportlicher Leistungen wird dabei zusätzlich durch ihre *Quantifizierbarkeit* unterstützt. Selbst wer die Leistung als solche nicht direkt beobachten oder anhand seiner Beobachtung einschätzen kann, bekommt Zahlenwerte über die Zeit, in welcher eine bestimmte Strecke zurückgelegt wurde, die Höhe des bewältigten Gewichts oder die Weite des Sprungs geliefert. Die Kombination aus der äußeren *Sichtbarkeit* und der genauen und vorgeblich objektiven *Messbarkeit* von sportlicher Leistung suggeriert, dass jeglicher Art von *Leistungs*unterschied auch ein realer *Wert*unterschied entspricht.

Doch warum wird Leistung als solcher überhaupt ein Wert beigemessen? Hier mag erneut der Hinweis auf David Hume hilfreich sein: So wie Nützlichkeit sind auch Leistung und Steigerung allgemeine Begriffe, die prinzipiell positiv konnotiert sind. Mit Hume ließe sich sagen: Wer ganz allgemein an Nutzen, Leistung oder Steigerung denkt, empfindet dabei unwillkürlich bestimmte ruhige, positive *Gefühle*. Da es sich bei diesem Vorgang um einen bei allen Menschen einheitlich ablaufenden Assoziationsprozess handelt, ist es legitim, diese positiven Gefühle auf den Gegenstand zu übertragen, dessen Betrachtung ihn erweckt hat. Der Vorgang unterscheidet sich nicht wesentlich von der Bezeichnung einer roten Rose als ›rot‹, denn auch hier existiert die Farbe nicht wirklich im Gegenstand der Betrachtung, sondern im Geist derjenigen, die ihn betrachten.[20] Da die Farbwahrnehmung aufgrund allgemeiner

---

[20] Vgl. HUME, Moral (s. Anm. 8), 30; FRANK BROSOW, Intersubjektiver Projektivismus. Ein antirealistisches Konzept praktischer Normativität, in: FRANK BROSOW/T. RAJA

Prinzipien der menschlichen Natur bei allen Menschen, die zu roten Farbwahrnehmungen fähig sind, einheitlich ausfällt, ist es dennoch legitim, die Rose als ›rot‹ zu bezeichnen. Dasselbe lässt sich nun auch über die positive Bewertung sportlicher Leistungsfähigkeit sagen. Prinzipiell ist Leistung ebenso wie Nützlichkeit etwas Gutes, mit dem zu sympathisieren allen Menschen angenehm ist. Indem wir diese positive Empfindung auf die sportliche Leistung projizieren, deren Beobachtung diese Empfindung erzeugt hat, fällen wir ein positives Werturteil über diese Leistung, das übersubjektive Geltung beanspruchen kann und in diesem Sinne legitim und korrekt ist. Wenn es stimmt, dass die Fähigkeit zum Erbringen sportlicher Leistung dem Sportler selbst und anderen, die ihn beobachten, unmittelbar angenehm ist, so lässt sich nach Hume sagen, dass diese Fähigkeit mit einigem Recht als Tugend bezeichnet werden kann, sofern man diesen Begriff nicht für Charaktereigenschaften in einem strengen Sinne verwenden will.[21] Gleichzeitig ergibt sich dann jedoch, dass *nur dort* reale Wertunterschiede zwischen verschiedenen Graden sportlicher Leistungsfähigkeit vorliegen, wo Leistungsunterschiede nicht nur technisch messbar sind, sondern faktisch unterschiedliche Grade an (intersubjektiv einheitlichen) positiven emotionalen *Reaktionen* nach sich ziehen.

Zudem muss die Bewertung sportlicher Leistung immer im Kontext der Gesamtsituation und ›all things considered‹ erfolgen, was sich etwa in der allgemein negativen Bewertung von durch Doping erbrachter Leistung zeigt. Erfahren wir, dass eine prinzipiell positiv bewertete Leistung durch externe Hilfsmittel erzielt wurde, die nicht unmittelbar mit der Person des Sporttreibenden verbunden sind, hat dies in den meisten Fällen weitreichende Auswirkungen auf unsere Wertschätzung. Wir relativieren bzw. revidieren unsere positive Einschätzung oder verlagern sie von der Leistung des Sportlers auf die positive Evaluation der Qualität des eingesetzten Hilfsmittels als deren eigentliche Ursache. Mit Kant kann man in diesem Kontext sogar noch weitergehen. Denn es ließe sich durchaus fragen, ob der Sportler, der zu Dopingmitteln greift, sich damit nicht unter Verkennung seiner eigenen Selbstzweckhaftigkeit selbst instrumentalisiert. In diesem Fall würde er nicht nur weniger Anerkennung für seine dadurch erbrachte Leistung verdienen als ein anderer, der diese Leistung ohne derartige Hilfsmittel erreicht. Ihm wäre zusätzlich vorzuwerfen, dass er durch seine Selbstinstrumentalisierung aktiv einen moralischen Unwert erzeugt, der ihm nicht nur nicht positiv, sondern negativ anzurechnen ist. Dieser Vorwurf wiegt nach Kant nicht weniger schwer, wenn der Einsatz von Doping ohne die Absicht erfolgt, sich anderen gegenüber einen Vorteil im Wettbewerb zu verschaffen. Der Verstoß gegen die

---

ROSENHAGEN (Hrsg.), Moderne Theorien praktischer Normativität. Zur Wirklichkeit und Wirkungsweise des praktischen Sollens, Münster 2013, 230–261, 251ff.

[21] Vgl. HUME, Prinzipien der Moral (s. Anm. 8), Anhang IV: Über einige Wortstreitigkeiten.

Gebote der Fairness kann in solchen Fällen zusätzlich hinzukommen. Aus kantischer Perspektive liegt der Kern des moralischen Fehlverhaltens jedoch an anderer Stelle: *Wenn* im Einsatz von Doping ein Akt der Selbstinstrumentalisierung liegt, verstößt der Sportler nach Kant damit gegen eine Pflicht gegenüber sich selbst. Für einen Kantianer ist dieser Vorwurf besonders schwerwiegend, da Kant die Pflichten gegenüber sich selbst für die wichtigsten und grundlegendsten überhaupt hält.

## 3. Regeln, Vergleich, Erfolg – moralische Dimensionen des Wettkampfsports

Hinsichtlich des Wettkampfsports sind unterschiedliche Grade der Professionalität und Institutionalisierung zu unterscheiden. Wettkämpfe reichen von einfachen Wettrennen unter Kindern bis in den professionellen Leistungssport hinein. Sie beginnen dort, wo bei einer sportlichen Betätigung Leistungen mit dem Ziel miteinander verglichen werden, einen Sieger zu ermitteln, unabhängig davon, ob mit dem Sieg über den Wettkampf hinausreichende Vorteile verbunden sind. Erst in diesem Kontext werde ich von sportlichem Erfolg und Misserfolg sprechen. Sportlicher Erfolg und sportliche Leistung *können, müssen* jedoch nicht zusammenfallen. So ist es durchaus üblich, nach einem Fußballspiel festzustellen, dass die unterlegene Mannschaft die bessere sportliche Leistung gezeigt hat, und selbst wer innerhalb der siegreichen Mannschaft gar keine oder schlechte sportliche Leistungen erbracht hat, hat Anteil am sportlichen Erfolg. Im Wettkampfsport spielen gegenüber anderen sportlichen Betätigungen zusätzlich Tugenden eine Rolle, die nicht nur den Sportler selbst, sondern auch seine Mit- und Gegenspieler bzw. Konkurrenten betreffen. An erster Stelle steht hier die Fairness, die John Rawls zum Grundprinzip seiner »Theorie der Gerechtigkeit« erklärt.[22] Aber auch Teamfähigkeit und die Fähigkeit, sich nach dem Wettkampf als guter Verlierer oder guter Sieger zu erweisen, sind hier zu nennen. Mehr noch als im vorangegangenen Abschnitt zeigt sich hier, dass sportlicher Erfolg nicht als sichtbarer Indikator für verborgene moralische Charaktertugenden zu verstehen ist, da der Sieg nicht nur von der eigenen Leistung abhängt, sondern ebenso von der weniger guten Leistung anderer. Statt eine bestimmte Leistung zu erbringen, genügt es im Wettkampfsport zumindest in der Theorie, weniger schlecht zu sein als andere. Statt der Leistungs*fähigkeit* steht im Wettkampfsport der Leistungs*vergleich* im Vordergrund.

Das Problem der Messbarkeit sportlicher Leistungen tritt im Wettkampfsport daher verschärft auf. Nicht selten konstituieren Hundertstelsekunden angeblich ›reale‹ Unterschiede in der sportlichen Leistung, die über sportlichen Erfolg und Misserfolg entscheiden. Andere Bereiche des Wettkampf-

---

[22] Vgl. JOHN RAWLS, Eine Theorie der Gerechtigkeit, Frankfurt a.M. 1975.

sports scheinen sich dem Kriterium der objektiven Messbarkeit von Leistung vollständig zu verweigern, sodass objektive Messverfahren durch eine mehrköpfige Jury ersetzt werden müssen. Der hohe Grad der Institutionalisierung sportlicher Wettkämpfe dient dabei zu wesentlichen Teilen der Legitimation des Urteils über sportlichen Erfolg oder Misserfolg. Die durch die Heterogenität der Einzelwertungen offenkundige Subjektivität der Beurteilung der einzelnen Jurymitglieder beim Boxen, Turmspringen, Bodenturnen oder Bodybuilding wird durch die Institutionalisierung des Wettbewerbs ebenso für unbedenklich erklärt wie der Einfluss äußerer Faktoren wie veränderter Witterungsbedingungen beim Riesenslalom oder der Wechsel der Windrichtung beim Skispringen. Da diese Faktoren weder kontrollierbar noch objektivierbar sind, werden sie vom Regelwerk kurzerhand als für den ›objektiven‹ Leistungsvergleich unbedeutend erklärt. Im Fußball zeigt das Festhalten an der Autorität des Schiedsrichters, die selbst bei Vorliegen eindeutiger Videobeweise oberste Priorität genießt, dass der Einhaltung traditioneller Regeln im Wettkampfsport gegenüber dem objektiven Leistungsvergleich nicht selten Vorrang eingeräumt wird. So wie einige Juristen die primäre Funktion des Rechts in der Herstellung des Rechtsfriedens sehen und erst in zweiter Linie im Treffen ›gerechter‹ Entscheidungen, scheint auch im sportlichen Wettkampf die *Eindeutigkeit* der ermittelten Ergebnisse gegenüber der tatsächlichen *Objektivität* des Leistungsvergleichs oftmals Vorrang zu genießen.

Auch die vielbeschworene Fairness steht im Kontext sportlicher Wettbewerbe auf einer anderen Grundlage als außerhalb. Entscheidend für die Zuerkennung sportlicher Tugenden ist ebenso wie für die Zuerkennung sportlichen Erfolges in nicht unerheblichem Maße das Regelwerk, das durchaus mit dem Alltagsverständnis moralischer Tugenden in Konflikt geraten kann. So gilt ein Faustkampf auf offener Straße als moralisch hochgradig bedenklich, selbst wenn beide Beteiligten dazu ihr Einverständnis signalisiert haben und gepolsterte Handschuhe tragen. Stehen dieselben Personen jedoch in einem Boxring, so erheben sie den Anspruch, dass ihr Bekenntnis zum Regelwerk des Boxsports ausreichen möge, um die moralischen Bedenken der Zuschauer zu zerstreuen. Im Fußball gilt es zwar als Regelverstoß, wenn ein Spieler statt nach dem Ball nach dem Bein des Gegenspielers tritt. Was außerhalb des Spielfeldes eine vorsätzliche Körperverletzung wäre, kann innerhalb des Spiels jedoch als ›taktisches Foulspiel‹ und somit als legitimes, ja mit Blick auf das erzielte Ergebnis sogar als lobenswertes Manöver gerechtfertigt werden. Die sogenannte ›Schwalbe‹, also das Vortäuschen eines Fouls durch den Spieler, welcher den Ball führt, wird zwar als tadelnswert betrachtet. Doch obwohl es bei Sieg oder Niederlage im Fußball oft um immens hohe Geldbeträge geht, wurde noch kein Spieler, dem eine Schwalbe nachgewiesen werden konnte, wegen (versuchten) Betruges oder eines vergleichbaren Tatbestandes strafrechtlich verfolgt. Diese Beispiele verwundern umso mehr, wenn gleichzeitig für dem moralischen und rechtlichen Alltagsverständnis nach unbedenkliche Handlungen wie das Ausziehen des Trikots nach Spielende hohe Geldstrafen verhängt werden. Der sportliche Wettkampf ist also keineswegs ein moral- und rechtsfreier Raum. Jedoch wird im Kontext des Wettkampfes erwartet, dass Sportler und Zuschauer als primären normativen Maßstab zunächst das *Regelwerk* verwenden und nur in denjenigen Bereichen auf ihr Alltagsverständnis von Recht und Moral zurückgreifen, die von diesem Regelwerk nicht abgedeckt sind.

Ein solches Verständnis von Normativität weist typisch kontraktualistische Züge auf. So vertritt etwa Karl Homann im Bereich der Wirtschaftsethik einen vertragstheoretischen Ansatz, nach dem moralische Akteure innerhalb der geltenden gesetzlichen Regelungen völlig frei von individualethischen Erwägungen agieren können sollen, um einen möglichst freien Wettbewerb und maximale wirtschaftliche Leistungsentfaltung zu ermöglichen.[23] Die moralische Verantwortung wird dabei vollständig in das äußere Regelwerk verlagert, für dessen inhaltliche Ausgestaltung die Politik zuständig ist. Außer an die Befolgung der Gesetze ist der Akteur innerhalb des Wirtschaftssystems nach Homann an keinerlei moralische Maßstäbe gebunden. Wer sein Erfolgsstreben in Abweichung von dieser Theorie doch an zusätzlichen, individualethischen Maßstäben ausrichtet, büßt nach Homann seine Wettbewerbsfähigkeit ein und gefährdet damit seine Existenz als wirtschaftlicher Akteur, was von niemandem ernsthaft verlangt werden könne. Einen analogen Anspruch an die Gewährleistung eines in diesem Sinne freien, d.h. von Skrupeln der Alltagsmoral befreiten Wettbewerbs scheinen auch einige Wettkampfsportarten zu erheben.

Die Analogie mit dem neoliberalen Wirtschaftssystem macht deutlich, dass der Wechsel des Leitmotivs von sportlicher Leistung zu sportlichem Erfolg einen zusätzlichen Faktor ins Spiel bringt, den man das Prinzip der *Konkurrenz* oder des *Wettbewerbs* nennen kann. Gemeint ist, dass das Bemühen um sportliche Leistung zusätzlich von der Überzeugung begleitet wird, dass es eine *Hierarchie* an Leistung und insbesondere einen *Leistungsbesten* geben muss. Wenn nicht sportliche Leistung, sondern sportlicher Erfolg zum Ziel sportlicher Betätigung wird, so suggeriert dies, dass es einen *realen* Wertunterschied gibt zwischen denen, die sich im Wettbewerb durchsetzen, und denen, die trotz ähnlich guter Leistungen unterliegen. Die erfolgreiche Teilnahme am Wettbewerb konstituiert dieser Theorie nach einen Mehrwert, der zu dem Wert der persönlichen Leistungsfähigkeit, die ja unabhängig von der Teilnahme am Wettbewerb dieselbe bleibt, hinzukommt. Woher kommt dieser Gedanke? Für sportlichen Erfolg gilt Ähnliches, was zuvor über sportliche Leistungsfähigkeit gesagt wurde: Da Erfolg prinzipiell als etwas Gutes empfunden wird, mit dem zu sympathisieren angenehme Gefühle erzeugt, ist es ebenso natürlich wie legitim, dem sportlich Erfolgreichen eine Art von Wertschätzung entgegenzubringen. Da der Erfolg jedoch, wie oben gezeigt, weniger

---

[23] Vgl. KARL HOMANN/CHRISTOPH LÜTGE, Einführung in die Wirtschaftsethik, Münster [2]2005.

unmittelbar als die Leistungsfähigkeit mit den tatsächlichen Eigenschaften des Sportlers verknüpft ist, sollte diese Wertschätzung nicht analog zur moralischen Billigung verstanden werden. Mit Kant lässt sich in diesem Kontext zwischen Erfolg und Erfolgswürdigkeit unterscheiden, die nur zusammen das eigentliche Ziel sportlicher Wettkämpfe ausmachen können. Wer sportliche Erfolge erzielt, ohne sich ihrer würdig erwiesen zu haben, hat das eigentliche Ziel des sportlichen Wettkampfs mindestens ebenso verfehlt wie der, der sich des Erfolgs zwar würdig erwiesen, ihn jedoch letztlich nicht erzielt hat. Indem er auf diesen Zusammenhang hinweist, kann auch der Wettkampfsport durchaus eine positive charakterbildende Funktion haben. An die Stelle des kategorischen Imperativs zum Nachweis der Erfolgswürdigkeit setzt der Wettkampfsport jedoch in der Regel einerseits die sportliche Leistung, andererseits das Regelwerk. Das ist aus philosophischer Sicht problematisch, denn der kategorische Imperativ gilt nach Kant nun einmal kategorisch, er *kann* also nicht durch ein alternatives Regelwerk ersetzt werden, weder permanent noch für die Dauer eines Wettkampfes. Man muss kein Kantianer sein, um an dieser Stelle ein ethisches Problem zu erkennen. Die bloße Tatsache der Existenz alternativer Moralkonzeptionen, seien sie nun kantisch, aristotelisch, humeanisch oder utilitaristisch, stellt den Kontraktualisten vor eine Herausforderung: Er muss erklären, warum und mit welcher normativen Berechtigung das Aufstellen eines Regelwerkes für sportliche Wettkämpfe den Anspruch erheben kann, allgemein anerkannte Maßstäbe moralischen Verhaltens für die Dauer des Wettkampfes mindestens teilweise außer Kraft zu setzen. Kann er dies nicht leisten, so gibt es keinen Grund, die aus dem Alltagsverständnis moralischen Verhaltens erwachsenen Maßstäbe nicht auch konsequent auf alle Teilbereiche sportlicher Wettkämpfe anzuwenden, unabhängig davon, ob sie von einem anerkannten Regelwerk als unbedenklich erklärt werden oder nicht. Dies hätte zur Folge, dass einzelne allgemein anerkannte Spielarten des sportlichen Wettbewerbs oder einzelne Praktiken innerhalb dieser sportlichen Wettkämpfe auch dann moralisch geächtet werden müssten, wenn das wettkampfspezifische Regelwerk eingehalten wurde.

## 4. Wettbewerb und Konkurrenz aus sozialethischer Perspektive

Die Überlegungen des letzten Abschnitts machen deutlich, dass eine auffällige Übereinstimmung zwischen den Prinzipien der Wertschätzung sportlicher Erfolge und den Prinzipien des neoliberalen Wirtschaftssystems besteht.[24] Beide Bereiche sind stark von einem kontraktualistischen Normativitätsver-

[24] So ist es keineswegs Zufall, dass die Initiative zur Diskussion, den Sport als Staatsziel ins Grundgesetz aufzunehmen, von einer Partei ausging, die sich selbst vorrangig über neoliberale Grundsätze definiert.

ständnis geprägt. Im sportlichen Rekord-, Leistungs- und Konkurrenzprinzip spiegelt sich das Paradigma neoliberaler Gesellschaftsstrukturen wider, zu deren Teil der Wettkampfsport inzwischen auch selbst geworden ist. Das Paradigma gibt vor, dass persönliche Leistung und persönlicher Erfolg normative Ziele darstellen; der zur Schau gestellte Erfolg generiert Aufmerksamkeit; Aufmerksamkeit generiert im Zeitalter der Massenmedien Milliardenumsätze; und diese Umsätze bestätigen den Wert des vorherrschenden Paradigmas, wodurch der Kreis der neoliberalen Argumentation geschlossen wird. Wettbewerb, so die normative These, ist etwas Gutes. Die Frage ist, wie sich diese These verteidigen lässt.

Mit den in den letzten beiden Abschnitten in Anspruch genommenen Argumenten lässt sich dieser Beweis nicht erbringen. Anders als Nutzen, Leistung oder Erfolg ist Wettbewerb kein durchweg positiv konnotierter Begriff, da die Niederlage ebenso mit ihm assoziiert wird wie der Sieg. Ein Sympathisieren mit den Teilnehmern am Wettbewerb hat also nicht nur positive Gefühle zur Folge. Woher kommt aber dann die positive Bewertung des Wettbewerbs als solchem? Das einzige Gefühl, das allen Teilnehmer des Wettbewerbs im Kontext des Wettkampfes gemeinsam ist, scheint die Aufregung zu sein. Gerade weil mit Sieg und Niederlage sehr intensive positive und negative Gefühle verbunden sind und die Teilnehmenden nicht wissen, auf welcher Seite dieses Spektrums sie sich am Ende wiederfinden werden, sind Wettkämpfe *spannend.* Die Sympathie mit dieser Spannung scheint es zu sein, die viele, wenngleich auch nicht alle Menschen, Wettkämpfe als etwas Positives empfinden lässt.

Anders als bei der positiven Bewertung von Nutzen, Leistung und Erfolg muss man sich jedoch klar machen, dass es sich bei der positiven Bewertung von Wettbewerb um eine prinzipiell kontingente Einschätzung handelt, die zwar in vielen Kulturen unterschiedlichster Epochen anzutreffen ist, jedoch dennoch nicht ahistorisch und ohne Bezugnahme auf bestehende gesellschaftliche Strukturen verstanden werden kann. So wie Aristoteles sich nur schwer vorstellen konnte, dass irgendjemand Vorsicht und Friedfertigkeit einmal höher schätzen würde als Tapferkeit, so mag es vielen Menschen fern liegen, den freien Wettbewerb, wie er im Sport und in der Wirtschaft allgegenwärtig ist, als problematisch oder gar potenziell negativ zu betrachten. Bereits aus utilitaristischer Perspektive, aus der heraus der Leistungsgedanke an sich durchaus positiv betrachtet wird, tut sich jedoch die Frage auf, wie eigentlich im Sieg eines Einzelnen gegenüber vielen anderen etwas Positives liegen kann, da die Gesamtsumme an Glück doch nur um die Siegesfreude eines Einzelnen erhöht, gleichzeitig jedoch um die Enttäuschung vieler verringert wird. Nun könnte man so argumentieren, dass gerade in der Förderung des Wettbewerbsgedankens und der Betonung der individuellen Leistungsfähigkeit das beste Mittel liegt, um einen größtmöglichen Nutzen für die gesamte Gesellschaft zu erzielen. Konkurrenz spornt an. Wettbewerb fördert Leistungssteigerung. Erkennt man Leistung als Endziel des Handelns an, so ist das zumindest eine in sich stimmige These. Da jedoch wenig philosophisches Verdienst darin liegt, ein global bereits so umfassend anerkanntes Paradigma zusätzlich zu zementieren, werde ich im Folgenden die Rolle des Skeptikers übernehmen und einige Aspekte aufführen, durch die es in Frage gestellt werden kann.

Zunächst einmal ist es aus skeptischer Perspektive in hohem Maße verwunderlich, dass hinter einem seinem Wesen nach *egoistisch-kontraktualistischen* Paradigma am Ende ein *utilitaristisches* Prinzip stehen soll, so als sei den Verfechtern eines freien Wettbewerbs in Sport und Wirtschaft letztlich nicht am Sieg der Leistungsbesten, sondern an einem möglichst großen Gesamtnutzen gelegen. Wer sich vor dem Hintergrund der Fülle an Alternativen ausgerechnet zum Prinzip des freien Wettbewerbs bekennt, scheint an einer Welt, in der es einige wenige Gewinner und vergleichsweise viele Verlierer gibt, mindestens solange nichts auszusetzen zu haben, wie es von der persönlichen Leistung abhängt, wer am Ende zu den Gewinnern und wer zu den Verlierern gehört. Darin ist grundsätzlich nichts Verwerfliches zu sehen. So zeigt etwa John Rawls in seiner »Theorie der Gerechtigkeit«, dass eine kontraktualistische Theorie, die sich konsequent auf die Grundlage der *Chancengleichheit* stellt, keineswegs in eine elitär-sozialdarwinistische Herrenmoral im Stil von Friedrich Nietzsche abgleiten muss.[25] Die Frage ist jedoch, inwiefern diese Grundlage der Chancengleichheit tatsächlich gegeben ist. Hier liefert ein Blick in den Wettkampfsport als Abbild der (neoliberalen) Gesellschaft interessante Erkenntnisse. Denn es ist offensichtlich, dass sportlicher Erfolg *nicht* auf Chancengleichheit beruht. Die erreichbare sportliche Leistungsfähigkeit ist an genetische und körperliche Voraussetzungen gebunden. Niemand vertritt heute ernsthaft die These, dass mit dem richtigen Training aus jedem Menschen ein Spitzensportler gemacht werden kann. Stattdessen gehen Talentscouts gezielt auf die Suche nach denjenigen Ausnahmeerscheinungen unserer Spezies, die aufgrund ihrer körperlichen Voraussetzungen zumindest eine Chance haben, im internationalen Wettbewerb zu bestehen. Zudem hat sich gezeigt, dass sportlicher Erfolg nicht nur von der eigenen Leistungsfähigkeit, sondern auch von den Regeln des Wettbewerbs abhängt und dass diese Regeln die objektive Messbarkeit und faire Vergleichbarkeit von Leistung in vielen Bereichen eher um der Möglichkeit des Wettbewerbs willen postulieren als garantieren. Es spricht viel dafür, dass es sich in anderen gesellschaftlichen Bereichen des vom neoliberalen Paradigma geprägten Wettbewerbs ähnlich verhält, dass das Vorliegen von Chancengleichheit also – vorsichtig formuliert – nicht in allen vom Wettbewerbsparadigma beherrschten Bereichen des sozialen Zusammenlebens als gesichert gelten kann. Ohne Chancengleichheit ist jedoch jede Form von Wettbewerb moralisch problematisch. Daran ändert auch die unterstellte autonome Zustimmung der Benachteiligten

---

[25] Vgl. FRIEDRICH NIETZSCHE, Zur Genealogie der Moral, Stuttgart 1988.

zu den Bedingungen des Wettbewerbs nichts; allenfalls läge im Fehlen dieser Zustimmung ein zusätzliches moralisches Problem.

Der Wettkampfsport könnte sich von diesen Problemen nur dann erfolgreich distanzieren, wenn er nicht auf zahlreichen gesellschaftlichen Ebenen mit den neoliberalen Strukturen außersportlichen Wettbewerbs verwoben wäre. Genau dies ist er jedoch. Sportlicher Erfolg und wirtschaftlicher Erfolg treten nicht selten eng verknüpft auf. So stellt eine Karriere als Profisportler in vielen Entwicklungs- und Schwellenländern die nahezu einzige realistische Chance auf sozialen Aufstieg für Heranwachsende bestimmter gesellschaftlicher Schichten dar. Dies kann man einerseits sicherlich begrüßen. Andererseits verschleiert der Verweis auf bestehende Aufstiegsmöglichkeiten dieser Art die Notwendigkeit von flächendeckenden Bildungsangeboten und Sozialreformen, die einen regulären sozialen Aufstieg und breite Möglichkeiten der persönlichen Selbstentfaltung bieten. Wo sich Kinder in der Hoffnung auf die Absicherung ihrer Zukunft im Fußball- oder Basketballspielen üben, statt lesen zu lernen, läuft etwas grundlegend falsch. In internationalen Wettbewerben erzeugt die Tatsache, dass sich Mannschaften aus Industrienationen und solche aus Entwicklungs- und Schwellenländern im Sport nicht selten auf Augenhöhe begegnen, die Illusion eines gerechten Wettbewerbs, der in der globalisierten Wirtschaftswelt mit ihren Gewinnern und Verlierern keine Entsprechung findet. Der Sport scheint das neoliberale Paradigma in all diesen Bereichen tendenziell zu fördern und kann dazu benutzt werden, gesellschaftliche Missstände zu verschleiern.

Von einer anderen Seite betrachtet könnte man natürlich argumentieren, dass der Wettkampfsport gerade durch seine eigene Struktur eine ideale Vorbereitung junger Menschen auf die Anfordernisse der von Wettbewerb geprägten Welt darstellt. Dies kann zugegeben werden. Jedoch entbindet dies nicht von der ethischen Verantwortung, danach zu fragen, ob die Anpassung des Menschen an das Wettbewerbsparadigma tatsächlich der Kritik und ggf. Einschränkung oder Änderung eben dieses Paradigmas vorzuziehen ist. Diese Argumentation erinnert zudem stark an das historische Lob der Funktion des Turnens, die Wehr- und Reproduktionsfähigkeit der Bevölkerung zu verbessern. In Abgrenzung hierzu sehen wir Sport heute allgemein als ein Angebot unter vielen, das keinem politischen Interesse, sondern in erster Linie der Selbstentfaltung des Einzelnen dienen soll. Das den Wettkampfsport konstituierende Wettbewerbsparadigma ist bei dieser Selbstentfaltung als ›heimlicher Lehrplan‹ jedoch offenbar immer mit an Bord, und es lohnt durchaus danach zu fragen, ob wir uns der Folgen, die das hat, in vollem Umfang bewusst sind. Im Wettkampfsport lernen wir nicht nur, uns im Wettbewerb mit anderen zu behaupten. Wir lernen auch, dass der Sportler *als* Sportler Anerkennung nach Erfolg erhält und ohne Erfolg auch keine Anerkennung, sondern Kritik verdient. Wir lernen, dass Misserfolg nicht zu tolerieren ist, was sich etwa an dem Automatismus zeigt, mit dem auf Niederlagenserien in Mannschaftssportarten Trainerwechsel erfolgen. Obwohl klar ist, dass das System *notwen-*

*digerweise* Gewinner und Verlierer produziert, wird der Verlierer nicht geduldet, sondern ausgetauscht. Wir lernen, dass derjenige sozialen Beifall erhält, der erfolgreich sein Eigeninteresse befördert, indem er sich gegenüber anderen durchsetzt. Er beansprucht und erhält diese Anerkennung nicht, weil er das für die Allgemeinheit oder das für andere Nützlichste tut, sondern das für sich selbst Nützlichste. Nun mag man einwenden, zumindest der Mannschaftssport fördere doch den Zusammenhalt im Kleinen. Das ist richtig, es gilt jedoch immer nur, solange ein Gegner existiert, der nicht zur eigenen Gruppe gehört. Zudem hat dieser Zusammenhalt nur noch wenig mit Loyalität zu tun, wenn Spieler und Trainer, dem neoliberalen Paradigma folgend, ihre Vereine je nach dem lukrativsten Angebot wechseln. Dass zumindest die Fans ihren Mannschaften trotz aller Fluktuationen auf personeller Ebene oft ein Leben lang treu bleiben, lässt sich vor allem anderen auf Lokalpatriotismus zurückführen. Aus diesem (und dem Bedürfnis nach Sympathie mit den Erfolgreichen) erklärt sich auch die Tatsache, dass in Deutschland fast ausschließlich diejenigen Sportarten eine breite Zuschauerschaft interessieren, in denen deutsche Sportler oder Mannschaften international erfolgreich sind. Wie jede Form von Patriotismus hat auch dieser seine Schattenseiten, wenn das durch den Wettkampfsport geschaffene Wir-Gefühl in Verbindung mit den im Wettkampf aufkommenden Emotionen ein Aggressionspotential entfaltet, das sich in gewalttätigen Ausschreitungen entlädt.

Eine weitere, paradoxe Wirkung des Wettkampfsports besteht aus utilitaristischer Perspektive darin, dass er zwar vollständig vom Leistungsprinzip durchdrungen ist, sich gesellschaftlich jedoch gerade *nicht* leistungssteigernd, sondern allenfalls konsumsteigernd auswirkt. Das Millionenpublikum, das Wettkampfsport als Zuschauer konsumiert, ist während dieses Konsums in maximalem Maße unproduktiv. Während Fußballweltmeisterschaften oder Olympiaden kommt das Arbeitsleben in einigen Bereichen der Gesellschaft immer wieder für einige Stunden oder gar Tage nahezu vollständig zum Erliegen. Selbst wer die Sportler nachahmt und Zeit, Kraft und Geld in eigene sportliche Betätigungen statt in produktive Arbeit investiert, ist für sich selbst und andere dadurch nur von begrenztem Nutzen. Schließlich gehören auch die negativen Folgen von Sportwetten und anderen Randphänomenen zur sozialen Wirkung des Wettkampfsports. Die Frage nach dem sozialen und moralischen Nutzen des sportlichen Wettbewerbsparadigmas verdient es also zweifellos gestellt zu werden.

Hinzuzufügen ist, dass die genannten Kritikpunkte lediglich den Wettkampfsport, nicht jedoch Sport als individuelle Betätigung betreffen, und dass es durchaus Alternativen zum Konkurrenzparadigma des Wettkampfsports gibt. Vielen Kinderspielen wie Vater-Mutter-Kind ist das Konzept von Gewinnen und Verlieren völlig fremd. Es steht uns frei, ob wir unsere Kinder dazu animieren, ihre Leistung im Spiel mit der anderer zu vergleichen, oder ob wir eher ihre kooperativen und kreativen Spiele und Beschäftigungen fördern, etwa beim Musizieren mit anderen, bei künstlerischen oder handwerklichen

Tätigkeiten oder bei sportlichen Betätigungen, die nicht auf Leistungsvergleichen beruhen.

## 5. Fazit: Der Sportler als moralisches Vorbild

Eine ethische Analyse eines so komplexen kulturellen Phänomens, wie es der Sport darstellt, die einseitig nur dessen positive oder negative Aspekte betont, muss notwendigerweise zu kurz greifen.

> »Sport trägt zum Zusammenhalt der Gesellschaft bei, sät aber auch Zwietracht. Sport fördert die Völkerverständigung, ist aber auch für Nationalismus anfällig. Sport hält zur Fairness an, wird aber auch Anknüpfungspunkt für Gewalt. Sport leistet einen wichtigen Beitrag zur Gesundheitsvorsorge, er ist aber auch Quelle großer gesundheitlicher Schäden und ihrer sozialen Folgekosten. Da es im Sport längst nicht mehr nur um Ruhm, sondern auch um Geld geht, zieht er unlautere Praktiken an. Doping ist nur die sichtbarste.«[26]

Was bedeutet dies jedoch für die Frage, inwiefern der einzelne Sportler ein moralisches Vorbild sein kann? Die Überlegungen dieses Beitrages haben gezeigt, dass zahlreiche moralische Tugenden mit dem sportlichen Leistungsprinzip problemlos vereinbar oder sogar eng verknüpft sind. Lediglich im Kontext des Wettbewerbsports habe ich es mir erlaubt, in der Rolle des Skeptikers vorwiegend die kritischen Aspekte zu betonen. Selbst wer diese kritischen Überlegungen gelten lässt, tut jedoch gut daran, die Rolle des Sports in der Gesellschaft oder im Leben der einzelnen Individuen nicht zu überschätzen. Will der Sportler *als* Sportler moralisches Vorbild sein, so kann er dies vor allem dadurch tun, dass er mit der Einschätzung der Bedeutung des Sports im Allgemeinen und des sportlichen Wettbewerbsparadigmas im Besonderen mit gutem Beispiel vorangeht. Sport als Selbstzweck zu betreiben ist (wie im Falle anderer Beschäftigungen auch) nur solange zu verantworten, wie dabei Extreme vermieden werden und eine angemessene Gewichtung mit anderen lohnenswerten Beschäftigungen gewahrt bleibt. Es ist *eine* Sache, Sport zu treiben, weil und solange es Spaß macht und gesund ist. Eine ganz *andere* ist es, dem Ehrgeiz nachzugeben, soviel und so gut wie möglich Sport zu treiben, ohne dabei auf den Preis zu achten, den dies fordert. Ein Leben *für* den Sport besitzt keinen größeren normativen Vorbildcharakter als ein Leben *für* den Konsum, *für* die Kunst oder *für* die Wissenschaft. Etwas so Reichhaltiges und Komplexes wie das Leben für etwas aufzugeben, das nur einen Teilbereich des dafür Aufgegebenen beinhaltet, dürfte normativ sehr schwer zu rechtfertigen sein. Der Sport teilt mit der Philosophie das Schicksal, dass sportliche Fitness allgemein ebenso vorteilhaft ist wie die Schulung im korrekten Denken, dass

---

[26] Dieter Grimm, Gold-Medaillen genügen, in: Frankfurter Allgemeine Zeitung 2007, Nr. 24 (29. Januar 2007), 35.

aber nur wenige Menschen auf der Welt spürbar davon profitieren, den Sport oder das Nachdenken exzessiv und professionell zu betreiben. Für den Sport gilt wie für die Sexualität, dass er für die meisten Menschen wahrscheinlich am Nützlichsten ist, solange er als Nebensache betrachtet wird. Es lohnt daher durchaus, regelmäßig danach zu fragen, ob die persönliche Erfüllung, die man sich von einer sportlichen Betätigung verspricht, tatsächlich eintritt und den betriebenen Aufwand wert ist, oder ob der Sport zur Gewohnheit und die sportliche Leistung gar zum Zwang geworden ist und Teile des eigenen Lebens vereinnahmt hat, die zu erhalten uns eigentlich ein Anliegen sein sollte.[27]

Auch der Wettbewerbsgedanke ist für sich genommen unschädlich, solange er nicht ins Extrem getrieben und als unhinterfragtes Paradigma in alle Bereiche des gesellschaftlichen Lebens hineingetragen wird. Wettbewerb gehört zum menschlichen Zusammenleben. Doch auch hier gilt, dass das menschliche Zusammenleben nicht auf den Wettbewerb reduziert werden sollte, dass also immer zu fragen ist, wo und inwieweit der Wettbewerb das soziale Leben in unterschiedlichen Bereichen eher fördert oder belastet, wo die Maßstäbe des Wettbewerbsparadigmas folglich produktiv anzuwenden sind und wo sie hinter anderen, wichtigeren Paradigmen zurückstehen sollten. So wie David Hume den Philosophen rät, bei all ihrer Philosophie stets Menschen zu bleiben,[28] so sind auch (Wettkampf-)Sportler gut beraten, ihre Qualitäten als Sportler gegenüber ihren Qualitäten als Menschen nicht zu hoch einzuschätzen und ihr Selbstwertgefühl in letzter Instanz stets von Zweitem, nie jedoch gänzlich von Erstem abhängig zu machen. Ein Sportler, der in diesem Sinne mit gutem Beispiel vorangeht, ist zweifellos ein moralisches Vorbild.

---

[27] Wie etwa Mill feststellt, tun wir viele Dinge, für die wir ursprünglich ein Motiv hatten, später nur noch aus Gewohnheit. Vgl. MILL, Utilitarismus (s. Anm. 10), 68f.

[28] Vgl. DAVID HUME, Eine Untersuchung über den menschlichen Verstand, Stuttgart 1982, 21.

# Zum Erfolgs- und Leistungsverständnis in der aktuellen Gesellschaft und im Sport

*Eike Emrich/Freya Gassmann*

Der Begriff der Leistungsgesellschaft, der erhebliche Schnittmengen mit dem der Meritokratie[1] aufweist, bezeichnet eine Herrschaftsordnung, die nach Maßgabe individueller Begabung und Leistungsfähigkeit soziale Differenzen in Einkommen, Macht, Status und Prestige »produziert« und insofern als legitim betrachtet werden kann, als diese sozialen Differenzen das Resultat individueller Leistungsunterschiede darstellen. Die Unterscheidung von Gesellschaften, in denen die Mitglieder Einkommen und sozialen Status aufgrund von Leistungen erwerben und nicht aufgrund ihrer sozialen Herkunft zugeschrieben bekommen, wird häufig verkürzt auf die dichotome Gegenüberstellung von traditionalen zu modernen Gesellschaften.[2]

Wenn idealtypisch allen Individuen in einer Gesellschaft gleiche Chancen zur Entfaltung ihrer ungleichen Talente eröffnet werden, würde das zu einer meritokratischen Gesellschaft führen. Dafür wäre jedoch eine von Herkunft und Vererbung völlig unabhängige und gleiche Startposition des Einzelnen, also faktisch eine völlige Kompensation der durch die soziale Herkunft be-

---

[1] Der Begriff der Meritokratie wurde von Michael Young geprägt und bezeichnete in satirischer Absicht eine künftige Gesellschaft, in der der soziale Status des Einzelnen allein durch Intelligenz und persönlichen Einsatz bestimmt ist. Michael Young, Es lebe die Ungleichheit. Auf dem Wege zur Meritokratie, Düsseldorf 1961.

[2] Siehe zum zugeschriebenen versus erworbenen Status Ralph Linton, Rolle und Status, in: Heinz Hartmann (Hrsg.), Moderne amerikanische Soziologie. Neuere Beiträge zur soziologischen Theorie, Stuttgart 1973, 310–315. Zu Mischformen zwischen modernen und feudalistischen Mustern in Sportorganisationen siehe Eike Emrich/Vassilios Papathanassiou, Zur Führungskultur in assoziativen Systemen. Aspekte machtzentrierter traditionaler Denk- und Handlungsmuster im Sportsystem, in: Sportwissenschaft 33 (2003), 239–262. Zur statischen Gegenüberstellung von traditionaler und moderner Gesellschaft siehe Ferdinand Tönnies, Gemeinschaft und Gesellschaft, Leipzig 1887; zu Entwicklungsbedingungen der Leistungsgesellschaft siehe z.B. Klaus Arzberger, Über die Ursprünge und Entwicklungsbedingungen der Leistungsgesellschaft, in: Karl O. Hondrich u.a. (Hrsg.), Krise der Leistungsgesellschaft? Empirische Analysen zum Engagement in Arbeit, Familie und Politik, Opladen 1988.

dingten ungleichen Chancen notwendig,[3] da sonst das Ergebnis des Leistungshandelns erheblich verfälscht würde. Jede Leistung müsste genau quantifizierbar sein, die materiellen und sozialen Einkommen der Individuen würden nicht nur exklusiv nach der Qualität und dem Umfang ihrer Leistungen bemessen, sondern sie könnten auch im Vergleich mit den quantifizierten Leistungen anderer relativ bewertet werden. Wie Michael Young herausarbeitete stellt eine solche Gesellschaft eine Utopie dar.[4]

Interessanterweise ist auch der standardisierte Maßstab des in Geld als zentralem Tauschmittel bemessenen Einkommens, das es Georg Simmel folgend erlaubt, Individuen im relativen Verhältnis zueinander zugleich zu standardisieren und zu differenzieren, in seinen Differenzen in besonderem Maße legitimationsbedürftig, und es taugt also trotz aller Marktgängigkeit nicht als Standardmaßstab, was wiederum darauf verweist, dass der Markt als Kriterium der Leistungsbewertung ebenfalls nicht völlig akzeptiert wird.[5]

Nachfolgend wird die historische Entwicklung der Wahlverwandtschaft zwischen modernem Leisten und Quantifizieren in Sport und Wirtschaft skizziert, seine pfadabhängige Verdichtung vor dem Hintergrund der kapitalistischen Entwicklung zum »stahlharten Gehäuse«[6] aufgearbeitet, danach die Vieldimensionalität des modernen Leistungsbegriffes und seine differenten sozialen Bezugsrahmen untersucht, sodann werden die normativen Spannungslinien zwischen verschiedenen Bezugsrahmen aufgearbeitet. Ein kurzer Blick auf aktuelle, medial getriebene Entwicklungen im Umgang mit dem Leistungsprinzip, eine kurze Aufarbeitung individueller Anpassungsstrategien an den sozialen Zwangscharakter des vorwiegend an der Verwertbarkeit im Markt orientierten Leistungsprinzips und eine Zusammenfassung beschließen den Beitrag.

## 1. Die Begriffe Leistung und Erfolg sowie die Entwicklung der Gütemassstäbe

Im Fall einer Leistung handelt es sich um »das Resultat von Handlungen«[7] eines Individuums oder eines Kollektivs (damit kann auch eine kognitive Denkleistung gemeint sein oder auch eine Leistung von Mannschaften, Teams

---

[3] Zum Begriff der sozialen Ungleichheit siehe z.B. Stefan Hradil, Soziale Ungleichheit in Deutschland, Opladen 2000.

[4] Young, Es lebe die Ungleichheit (s. Anm. 1).

[5] Siehe dazu Georg Simmel, Philosophie des Geldes, Berlin 1900.

[6] Zum Begriff des stahlharten Gehäuses siehe Max Weber, Wirtschaft und Gesellschaft, Tübingen [5]1972, 203f., vgl. 37.

[7] Gunter Gebauer, »Leistung« als Aktion und Präsentation, in: Sportwissenschaft 2 (1972), 182–203, 183.

usw. bis hin zu Nationen), das gemessen wird.[8] Der Gütemaßstab zur Messung der Leistungen ist historisch wandelbar, hat jedoch zum Zeitpunkt der Leistungsbewertung normative Kraft durch gesamt- oder zumindest teilgesellschaftliche Akzeptanz und die daraus resultierende Legitimität. Typisch für die heutige Form der Leistungsbewertung in Sport und Wirtschaft ist die Quantifizierung, und zwar in Zentimetern, Kilogramm, Sekunden, Punkten, Toren oder in Mischformen im Sport und in Anstrengungs- und Beanspruchungsmaßen, Arbeitsgüte und -menge sowie geleisteter Arbeitszeit, vor allem aber in Geld in der Wirtschaft, letzteres zunehmend auch im kommerziellen Sport.

Sichtbar wird somit die Wahlverwandtschaft von Quantifizierung und modernem Leistungsverhalten. Konkret taucht das linear skalare Messen, das aufgrund der theoretisch unendlichen Steigerbarkeit von Zahlen erhebliche Korrelate zu Wachstumsvorstellungen in eine offene Zukunft hinein sowohl in Sport als auch in der Wirtschaft hat, das also spezifisch auf Steigerung hin ausgerichtet ist, zeitlich vor der Wirtschaft zunächst im Sport im England des 16. bis 18. Jahrhunderts auf.[9]

Die Entwicklung lässt sich am Beispiel des Laufsports – strukturell ähnliche Entwicklungen kennzeichnen zum Beispiel auch den Pferderennsport – wie folgt zusammenfassen:[10] Als Veranstaltungsgrund eines Läuferrennens dient gewöhnlich eine Wette, häufig veranstaltet von adligen Gentlemen zum Zweck des Zeitvertreibs.[11] Im Rahmen dieser Wette treten meist Footmen, also Bedienstete adliger Herren, in Rennen (Footraces) gegeneinander an, um ei-

---

[8] Dabei sind komparative und absolute Wertungen denkbar. So kann die Handlung eines einzelnen sowohl moralisch (gut oder schlecht), produktiv (das hat er gut gemacht) bis hin zu rein ritualistischen Bewertungen reichen (siehe zu Werten und Wertungen im Sport EIKE EMRICH, Werte im Sport – einige soziologische Anmerkungen über Werte und Wertungen, in: Zeitschrift Leistungssport 32 [2002] 6, 24–29).

[9] Zur Entwicklung des modernen Leistens siehe HENNING EICHBERG, Leistung, Spannung, Geschwindigkeit. Sport und Tanz im gesellschaftlichen Wandel des 18./19. Jahrhunderts, Stuttgart 1978. Siehe dazu auch MARIA KLOEREN, Sport und Rekord. Kultursoziologische Untersuchungen zum England des 16.–18. Jahrhunderts, Leipzig 1935. HERBERT SCHÖFFLER, England, das Land des Sports. Eine kultursoziologische Erklärung, Leipzig 1935; CHRISTIAN GRAF VON KROCKOW, Sport und Industriegesellschaft, München 1972. EIKE EMRICH, Leibesübungen und moderner Sport im okzidentalen Rationalisierungsprozeß. Ansätze zu einer Entwicklungstheorie des modernen Sports, Saarbrücken 1988.

Vgl. auch zur Entwicklung der Läufer auf dem Kontinent die Beispiele in STEPHAN OETTERMANN, Läufer und Vorläufer. Zu einer Kulturgeschichte des Laufsportes, Frankfurt a.M. 1984, 80ff.; vgl. EMRICH, a.a.O., 157–174.

[10] Vgl. EMRICH, Leibesübungen und moderner Sport im okzidentalen Rationalisierungsprozeß (s. Anm. 9), 164f.

[11] Siehe zum demonstrativen Konsum THORSTEIN VEBLEN, Theorie der feinen Leute. Eine ökonomische Untersuchung der Institutionen, Frankfurt a.M. 1997.

nen Sieger zu ermitteln und damit die Wette zu entscheiden.[12] Ähnliches gilt für den Pferderennsport. Mit steigender Beliebtheit und zunehmender Verbreitung wurden Bedingungen der Pferderennen (Streckenlänge, Gewicht des Jockeys bzw. Reiters usw.) standardisiert und ihre Einhaltung überwacht. Dies diente dazu, den Ausgang des Pferderennens möglichst offen zu halten und so die Spannung zu steigern.

Gewöhnlich wird in diesen Wettbewerben die Ressource Zeit als besonders knappes Gut definiert, also Zeitverbrauch pro Strecke, soviel Raumgewinn wie möglich in bestimmter Zeit, später in Spielsportarten durch Begrenzung des Zeitrahmens (Spielzeit) eine Dynamisierung der Aktivitäten und des Spannungserlebnisses zum Ende der Spielzeit hin usw. [13]

Der Umgang mit der knappen Ressource Zeit im Sport verweist auf allgemeine ökonomische und soziale Entwicklungen der leistungsorientierten kapitalistischen Konkurrenzgesellschaft, die idealtypisch in Benjamin Franklins berühmten Ausspruch »time is money« verdeutlicht werden.[14] Im Kern des Adäquatheitsverhältnisses von kapitalistischer Konkurrenz, Leistungsmotiv, gesellschaftlicher Offenheit, Internationalisierung, Standardisierung und Bürokratisierung steht die Vorstellung, dass Menschen in einem umfassenden Wettbewerb ihres Glückes Schmied seien.[15]

---

[12] Laufstrecken und -bedingungen sind am Anfang dabei höchst variabel; was vorrangig interessiert, ist der Sieger. Die in verbrauchter Zeit pro Strecke gemessene Laufleistung einzelner Akteure wird anfangs zwar in Einzelfällen berichtet, was aber nicht wirklich interessant ist, vor allem, weil Vergleichsmaßstäbe fehlen. Durch Vergleiche von Laufgeschwindigkeiten mit anderen Geschwindigkeiten wie z.B. der Postkutsche, später sicherlich auch der Eisenbahn, wird allmählich ein Gefühl für Geschwindigkeit, also Zeit pro Strecke, entwickelt, und es entstehen allmählich Vergleichsmöglichkeiten, um die Leistungen verschiedener Läufer in unterschiedlichen Rennen vergleichen zu können. Siehe dazu die Beispiele in Oettermann, Läufer und Vorläufer (s. Anm. 9).

[13] Jedoch ist Leistung nicht immer »das Resultat von Bemühungen« konkreter Art, als Beispiel nennt Gebauer »künstlerische Leistungen«, die erst ex post erkannt werden, und es war nicht die Intention des Künstlers sowie die Leistung eines Fußballspielers, der trotz Verletzungen weiterhin spielte und eine »Energieleistung erbringt«. Gebauer, »Leistung« als Aktion und Präsentation (s. Anm. 7), 184.

[14] Vgl. Franklin zit. nach Max Weber, Die protestantische Ethik und der Geist des Kapitalismus, in: ders., Gesammelte Aufsätze zur Religionssoziologie Bd. 1, Tübingen [6]1972, 161f.

[15] David McClelland, Die Leistungsgesellschaft. Psychologische Analyse der Voraussetzungen wirtschaftlicher Entwicklung, Stuttgart 1966, hat untersucht, wie sich die Leistungsmotivation auf den Grad an wirtschaftlicher Entwicklung bzw. ihre Dynamik auswirkt. Zur Kritik an Webers Analyse siehe James S. Coleman, Grundlagen der Sozialtheorie Bd. 1. Handlungen und Handlungssysteme, Oldenbourg/München 1991, 7ff. und Hartmut Esser, Soziologie. Allgemeine Grundlagen, Frankfurt a.M./New York 1993, 99f. Zum Begriff der Adäquatheit siehe Weber, Wirtschaft und Gesellschaft (s. Anm. 6), 201. Weber, Die protestantische Ethik und der Geist des Kapitalismus (s. Anm. 14).

Das Ergebnis der Bewertung einer Leistung, also einer nach bestimmten Gütemaßstäben gemessenen Tätigkeit, nennen wir dann in beiden Bereichen Erfolg. Der Erfolg wird im Sport relativ zu der von jeweils anderen Wettbewerbern erbrachten Leistung ermittelt.[16] Der höchste Erfolg besteht stets im Erringen eines extrem knappen Positionsgutes, des Sieges. In der Wirtschaft wird der Erfolg individuell in Form von Einkommen, kollektiv in Form von Exportquoten, von Innovationsraten, Patentanmeldungen usw. komparativ ermittelt, zuweilen wird man auch in Analogie zum Sport als Exportweltmeister bezeichnet.[17] Nach Gebauer sind

> »›Leistung‹ und Erfolg [...] also unlöslich miteinander verbunden: sie sind zwei Aspekte desselben Vorgangs: Erst im ›Erfolg‹ wird eine ›Leistung‹ konstruiert, und nur *durch eine ›Leistung‹* ist ein ›Erfolg‹ möglich. Aus diesem Grund ist eine ›Leistungsgesellschaft‹ notwendig eine ›Erfolgsgesellschaft‹«.[18]

Die im Sport in nationalen und insbesondere in internationalen Konkurrenzen errungenen Positionsgüter können nachfolgend in Aufmerksamkeitsmärkten gegen Geld getauscht werden, wobei aber auch hier die Transparenz der Tauschprozesse nicht gegeben ist. Wie vergleicht man etwa außerhalb der sich automatisch im Zuge von Angebot und Nachfrage einstellenden Marktpreise die Leistung eines Olympiasiegers in verschiedenen Sportarten bzw. Disziplinen und wie viel Geldeinheiten beträgt der Abstand von Platz eins zu den Plätzen zwei oder drei? Dies ist ebenso schwierig zu vergleichen wie die in Geld gemessene Bewertung der Leistung eines Managers im Vergleich zu der eines Fabrikarbeiters, oder die Leistung eines Fußballprofis der ersten Liga im Vergleich zu einem Chirurgen usw. Offensichtlich existieren also in den Höchstleistungssektoren verschiedener Systeme erhebliche Unterschiede in der Entlohnung, die aber nicht durchgängig als legitim betrachtet werden (vgl. dazu Abschnitt Gesellschaftliche Sicht und individuelle Reaktionen).

Bei der »Leistung« handelt es sich damit letztlich um eine vieldimensionale Kategorie, für deren Bestimmung mehr oder weniger eindeutige Indikatoren festgelegt werden müssen, die geeignet sind, eine mehr oder minder direkt erschließbare Leistung mit einem geeigneten Messverfahren zu messen und mit der Leistung anderer vergleichbar zu machen. Dabei stellt der gesellschaftlich als verbindlich akzeptierte jeweilige Indikator der Leistungsmes-

---

[16] Selbst in sogenannten CGS-Sportarten, die in Zentimetern, Kilogramm und Sekunden die erbrachte Leistung messen, sind normative Einflüsse aufzeigbar. Zu normativen Einflüssen auf die Leistungsmessung z.B. im leichtathletischen Zehnkampf siehe Werner Pitsch u.a., Zur Legitimation von Normen im Sport am Beispiel des Mehrkampfes in der Leichtathletik – Rechtsphilosophische und rechtssoziologische Positionen, in: Leipziger Sportwissenschaftliche Beiträge XLVII, 2 (2006), 80–92. Aktuell dazu Michael Fröhlich/Freya Gassmann/Eike Emrich(Hrsg.), Zur Strukturanalyse des Mehrkampfes in der Leichtathletik, Saarbrücken 2015.

[17] Ähnliche Mechanismen kennzeichnen z.B. den Wettbewerb um Wählerstimmen.

[18] Gebauer, »Leistung« als Aktion und Präsentation (s. Anm. 7), 189.

sung ein Werturteil dar, auf dessen normativer Basis erst definiert wird, was wir überhaupt jeweils unter Leistung verstehen wollen.[19] So ist die (mathematisch aufgrund des ordinalskalierten Messniveaus problematische) Messvorschrift zur Ermittlung des Abiturdurchschnitts in Form des Numerus Clausus nicht nur ein Mittel zur Herstellung von Rangreihen, sie definiert gleichzeitig die Leistung selbst.[20] Schulnoten und Zeugnisse, Rekorde und Tabellenplätze im Sport, Arbeits- und Leistungsbewertungssysteme oder Mengen-, Produktivitäts- oder Umsatzkennziffern, Export-, Arbeitslosen- und Akademikerquoten, Wirtschaftswachstum usw., all diese Indikatoren machen nicht nur Leistungen bewert- und vergleichbar, sie bringen Individuen, Gruppen und ganze Nationen aufgrund gemessener Indikatoren auch in Rangreihen.[21]

## 2. Der Entwicklungspfad – Gleichheit, Leistung, Konkurrenz und freie Märkte

Die Verknüpfung von Gleichheits-, Leistungs- und Konkurrenzprinzip, häufig gemeinsam mit freien Märkten und demokratischen Herrschaftsformen und damit in horizontal und vertikal mobilen Gesellschaften, entwickelt in Wahlverwandtschaft mit einem zunehmend von seinen religiösen Wurzeln entkoppelten kapitalistischen Gewinnstreben eine ungeheure Wachstumsdynamik. Die Verknüpfung des rationalen Kapitalismus mit Formen bürokratischer Herrschaft[22] und mit klaren rechtlichen Rahmenbedingungen bzw. Regeln ermöglichen im Hochleistungssport mehr noch als in der Wirtschaft eine weltumspannende, internationale Konkurrenz, deren Resultat in Tabellen,

---

[19] Vgl. auch Gebauer, »Leistung« als Aktion und Präsentation (s. Anm. 7), 185f.

[20] Johann Christoph Friedrich GutsMuths spricht in seiner »Gymnastik der Jugend« wahrscheinlich das erste Mal von der »getreue[n] Tabelle«, die es ihm erlaubte, zu sehen, wie sich die sportliche Leistung der Zöglinge über die Zeit veränderte und wie sie sich relativ zur Leistung anderer darstellte: Johann Christoph Friedrich GutsMuths, Gymnastik für die Jugend, Schnepfenthal 1804. Die Philanthropen waren es auch, die Zeugnisnoten und die Meritentafel einführten.

[21] Die OECD ist in diesem Sinn ein Betrieb zur Produktion von Werturteilen der Leistungsmessung mittels normativ begründeter Indikatoren, die über die Zeit vergleichend und in immer wieder neuen Feldern eingesetzt werden und im Ergebnis der Messung wechselnde Auf- und Abstiegstabellen bzw. unterschiedliche Rangreihen produzieren, die dann Anlass für Politiker sind bzw. die Politiker dazu nötigen, Veränderungsprozesse z.B. zur Verbesserung des Tabellenplatzes anlässlich der nächsten Messung einzuleiten.
Zunehmend werden auch weiche Faktoren wie Gleichstellungsquoten usw. Gegenstand der Tabellenplatzierungen und ihrer Veränderung über die Zeit. Zur Konkurrenz von Nationen um weiche Güter siehe auch Eike Emrich u.a., Medaillen für die nationale Repräsentanz? Zur Bedeutung von Medaillenerfolgen bei Olympischen Spielen, in: Sport und Gesellschaft 1 (2015), 39–67.

[22] Weber, Wirtschaft und Gesellschaft (s. Anm. 6),125ff., 551ff.

Rekordlisten, Exportquoten, Höhe des Bruttoinlandsprodukts pro Kopf, Patentzahlen usw. ausgedrückt wird.

Der internationale Hochleistungssport vor allem in seinem rekordorientierten Teil wird im Zuge dieses Prozesses allmählich zum kommerzialisierten Bereich, in dem der Steigerungsgrad der aktuellen Leistung gegenüber den vorherigen (Rekord), die erreichte Platzierung und die Qualität der Präsentation in Verbindung mit der Popularität der jeweiligen Sportart den Erlös im Markt für sportliche Leistungen zu einem erheblichen Teil bestimmen. Daneben bleibt stets ein ungeklärter Teil von Varianz im marktlichen Erlös, der an soziale Alchemie erinnert.

Nationale und internationale Verbände werden gegründet, international werden Bedingungen der sportlichen Konkurrenz standardisiert, die olympische Bewegung formiert sich und korporative Akteure wie Staaten treten in einen internationalen Wettbewerb ein, der vor allem mittels des Medaillenspiegels als sekundärem Wettbewerb der Nationen ausgetragen wird.[23] Die Eigendynamik dieses pfadabhängigen und interessengetriebenen Prozesses führt zu globalen Ausweitungen einer versachlichten Konkurrenz, innerhalb der jeder im Sport entsprechend seiner gezeigten Leistungsausprägung relativ zu den Weltrekorden bzw. olympischen Rekorden verortet wird und Nationen permanent in ihrer Leistungsfähigkeit miteinander verglichen und Menschen in Rangreihen auf Grundlage z.B. ihres Vermögens gebracht werden, übrigens unabhängig davon, ob selbst erworben und/oder vererbt.[24] Erfindungen wie das Telefon, die Verbreitung des Zeitungswesens, das Fax, das Fernsehen, das Internet usw. zeigen nicht nur die Sachdominanz in Sozialstrukturen, sie ermöglichen diesen Prozess und beschleunigen ihn zugleich.[25]

---

[23] Zum Medaillenspiegel und zum Kampf der Nationen um weiche Güter siehe EMRICH u.a., Medaillen für die nationale Repräsentanz? (s. Anm. 21).

[24] Vgl. Forbes. Liste der reichsten Menschen, hier zit. nach Spiegel-Online <http://www.spiegel.de/wirtschaft/unternehmen/0,1518,682932,00.html> (Zugriff am 02.01.2016); Original: <http://www.forbes.com/wealth/billionaires/list> (Zugriff am 04.01.2016).

[25] Dagobert Duck als Comicfigur ist das idealtypische Endprodukt dieses kapitalistischen Geistes. In unermüdlicher rastloser Berufsarbeit hat er nur ein Ziel, nämlich die Vermehrung seines Reichtums als Selbstzweck. Einzige Belohung seiner Geldvermehrung ist die Fähigkeit, im Gold seines berühmten Goldspeichers schwimmen zu können sowie das beruhigende Gefühl, der reichste Mann und vor allem reicher als sein Kontrahent Klaas Klever zu sein, womit sich hier die Verknüpfung von Positionsgut und Rekordorientierung als besonders wirksame Stimulanz erweisen. Geldvermehrung ist somit gekoppelt an Lustgewinn. Allerdings ist dieser Lustgewinn auch gebunden an die Legitimität des Erwerbs von Geld. Die Panzerknacker, investieren sie auch noch so viel Energie in das Aufbrechen seiner Goldspeicher, können eben nicht im Gold schwimmen. Beim Versuch, es Dagobert Duck nachzutun und mittels Kopfsprung in das Gold einzutauchen, prellen sie sich lediglich das Genick. Illegitim erworbener Reichtum ermöglicht hier keinen Lustgewinn. Dagobert Duck kann seine Goldtaler

## 3. DIE VIELDIMENSIONALITÄT DES MODERNEN LEISTUNGSBEGRIFFS

Stephan Voswinkel[26] unterscheidet eine sachliche, eine soziale und eine ökonomische Dimension von »Leistung«, die durchaus auch miteinander konfligieren können. Außerdem differenziert er neben der Input-Seite auch eine Output-Seite der Leistung. Auf der Inputseite können Arbeitsschwere und -intensität sowie Arbeitszeit als Maßstab für Leistung gelten, kurzum die Beanspruchung durch die Tätigkeit, aber auch das Wollen und damit die Anstrengung in ihrer spezifischen Intensität, partiell unabhängig vom Ergebnis.

Damit geht in die Bewertung eine unterschiedliche Kombination von Wollen und Können ein, wobei wir häufig beobachten, dass ein Können, ohne zu Wollen, schlechter bewertet wird als ein Wollen, ohne zu Können. Naturgemäß gilt dies nicht für Tätigkeiten, die eine besondere Verantwortung für Dritte mit sich bringen.[27] In diese Bewertung des Verhältnisses von Input zu Output werden die mitgebrachte Ressourcen und Potentiale,[28] so etwa die Qualifikation in Form von Humankapital, das Potential in Form des Talents, aber auch äußere Attribute der Person, die marktrelevant sein können, miteinbezogen. Individuen, die über nicht genutzte außerordentliche individuelle Potentiale verfügen, werden dabei analog zur Relation von Wollen und Können gemeinhin sozial negativer bewertet als etwa jene mit mittelmäßigem Potential und intensivstem Einsatz, und voraussetzungslos erworbene hohe Einkommen gelten nach wie vor als problematisch (vgl. dazu weiter unten Abbildung 3). Auf der Outputseite ist generell schwierig abzugrenzen, in welchem Ausmaß eine Leistung aus einem Erfolg am Markt, einem Beitrag zum Gemeinwohl und zur gesellschaftlichen Problemlösung, in der Qualität oder Menge des Produkts besteht. Ob das Humankapital und das Potential, der Einsatz und die Mühe partiell unabhängig vom Output honoriert werden sol-

---

zählen, und in der realen Welt lässt sich der Wert des eigenen Vermögens in Geld schätzen oder sogar eine Liste der reichsten Personen der Welt einführen.

[26] STEPHAN VOSWINKEL, Das Leistungsprinzip in unserer Gesellschaft (Vortrag auf dem Thementag »Das Leistungsprinzip - Neue Zugänge und Blickwinkel eines bekannten Phänomens« anlässlich der Frühjahrsdelegiertenkonferenz 2009 des Evangelischen Studienwerks e.V. Villigst am 4.4.2009 in Schwerte, online verfügbar: http://www.stephan-voswinkel.de/Aktuelles/Voswinkel-Leistungsprinzip-Villigst.pdf (Zugriff am 21.12.2015), 3.

[27] Der Mensch, der einen anderen in Notfallsituationen medizinisch operiert, muss es auch können, egal wie sehr er es will. Ausnahmen davon sind nur in äußersten Notsituationen denkbar, wenn keine Hilfe erwartbar ist, und sind auch dann umstritten.

[28] Zur Entwicklung des Potentials als neues Ideal zukunftssicherer Investition vgl. DENIS HÄNZI, Verheißungsvolle Potenziale. Ein neues Ideal der zukunftssicheren (Selbst-)Investition?, in: Berliner Zeitschrift für Soziologie 25 (2015), 215-236.

len, wurde schon angesprochen. Empirisch sind in allen obigen Beispielen Mischformen beobachtbar.[29]

Auch Sighard Neckel, Kai Dröge und Irene Somm[30] stellen fest, dass man beim Versuch der Beschreibung des Leistungsprinzips in unserer Gegenwart nicht umhin kommt,

> »sehr gegenläufige Entwicklungen zu konstatieren. So nimmt der Leistungsbegriff zwar eine überaus prominente Rolle in den aktuellen gesellschaftspolitischen Debatten ein – gleichzeitig wird immer unklarer, was unter ›Leistung‹ eigentlich zu verstehen ist. Begriffe wie ›Teamfähigkeit‹, ›emotionale Intelligenz‹, ›Kreativität‹ und ›Selbstverantwortung‹, zeigen an, dass sich die Leistungsanforderungen an die Beschäftigten heute wandeln und sich vom Fachwissen auf Persönlichkeitseigenschaften erweitern. Zugleich können wir in vielen wirtschaftlichen Bereichen beobachten, dass die Maßstäbe der Leistungsbewertung sehr einseitig ausgelegt sind. Zunehmend werden nur solche Leistungen gratifiziert, die sich auch als Markterfolge erweisen.«[31]

Begriffe wie Teamfähigkeit, Kreativität und emotionale Intelligenz gewinnen dabei zunehmend den Charakter von Chamäleonbegriffen, deren wechselnde begriffliche Extension teilweise von dem abhängt, der sie jeweils nutzt. Aktuell scheint somit das Leistungsprinzip besonderen Deutungskonflikten ausgesetzt zu sein. Aus diesem Grund untersuchten Neckel, Dröge und Somm auf Basis von 14 Gruppendiskussionen zusammen mit 70 Personen die differenten Bewertungsrahmen für das Leistungsprinzip und arbeiteten dabei fünf verschiedene Bewertungsrahmen heraus,[32] nämlich Arbeit, Gesellschaft, Sache, Markt und Person.

---

[29] Interessant ist in diesem Zusammenhang der Rückgriff auf die Zensurenerteilung bzw. Bewertung im schulischen Sportunterricht. Wer sich anstrengt, körperlich aber nicht geeignet ist und nur schwache Leistungen absolut und relativ zu anderen erbringt, dabei aber soziale Kompetenz im Umgang mit Klassenkameraden zeigt, kann besser bewertet werden als derjenige, der deutlich höhere sportliche Leistungen, aber deutlich schwächere soziale Kompetenz zeigt.

[30] Sighard Neckel/Kai Dröge/Irene Somm, Das umkämpfte Leistungsprinzip – Deutungskonflikte um die Legitimationen sozialer Ungleichheit, in: WSI Mitteilungen 7 (2005), 1–8. Online verfügbar unter: http://www.fb03.uni-frankfurt.de/46865406/Neckel_Umkaempfte_Leistung.pdf (Zugriff am 22.12.2015).

[31] Neckel/Dröge/Somm, Das umkämpfte Leistungsprinzip (s. Anm. 30).

[32] An den Gruppendiskussionen nahmen unterschiedlichste Personen teil (Bankabteilungsleiter, Einzelhandelsverkäuferinnen, Betriebsratsangehörige, selbstständige Frauen, hochqualifizierte Arbeitslose, Sozialhilfeempfängerinnen usw.). Jeder Gruppe wurde eine Reihe von Portraits verschiedener Personen vorgelegt und sie sollte sich in die Situation einer »Leserjury einer großen Publikumszeitschrift« versetzen. Danach sollte sie begründet entscheiden, welche der vorgeschlagenen Personen auf dem Titelblatt der Zeitschrift zum Thema »Erfolgreich in Deutschland« vorgestellt wird. Vorgeschlagen wurden u.a. ein mittelständischer Unternehmer, ein altruistischer Erbe, ein talentierter Erfinder und ein erfolgreicher Börsenspekulant. Deutlich wurden im Laufe

Arbeit als Bewertungsrahmen orientiert sich (im Sport wie in der Arbeit) an der Aufwandseite der Leistung, die mit Mühe und Anstrengung, Geschicklichkeit und Schnelligkeit gleichgesetzt wird. Bezogen auf den Bewertungsrahmen der Gesellschaft werden Leistungen entsprechend ihres Beitrags zum Gemeinwohl betrachtet, bezogen auf den sachlichen Bewertungsrahmen werden fachliche Qualität und Güte bei der Bewältigung einer Aufgabe als Leistung angesehen, während für den marktlichen Bewertungsrahmen rein die Marktgängigkeit im Sinne der beim Verkauf eines Leistungsergebnisses erzielten Erlöse zählt. Im Fall des personenbezogenen Bewertungsrahmens wird eine Handlung vor allem dann als Leistung betrachtet, wenn sich in ihr eine situationsübergreifende individuelle Haltung und persönliche Authentizität ausdrücken, die in wechselnden Situationen im Fall der authentischen Leistung aktiv auch gegen Widerstände produziert werden muss.

Zwei dieser höchst unterschiedlichen Bewertungsrahmen kommt eine besondere Bedeutung zu, nämlich einerseits dem auf die Person gerichteten und die Authentizität der Leistungserbringung in den Vordergrund rückenden und andererseits dem Bewertungsrahmen, der auf den Markt in Form der für die Leistung erzielten Erlöse verweist.[33]

## 4. Aktuelle gesellschaftliche Sicht

Nach den Daten der allgemeinen Bevölkerungsumfrage der Sozialwissenschaften Deutschland (ALLBUS) 2014 gehen über 90 Prozent der deutschen Bevölkerung davon aus, dass Bildung, Initiative, Leistung und Begabung die zentralen Möglichkeiten sind, um in der Gesellschaft erfolgreich nach oben zu kommen. Soziales Kapital wie Beziehungen oder die Herkunft sehen die Befragten zwar als zentral, aber insgesamt als weniger wichtig an als individuelle Leistungsmöglichkeiten. Ökonomisches Kapital wird von 70 Prozent als bedeutsam eingeschätzt. Neben der individuellen Leistung, dem sozialen Kapital sowie dem ökonomischen Kapital sind etwas mehr als zwei Drittel der Befragten der Meinung, dass auch Glück bzw. der Zufall eine wichtige Rolle für Erfolg spielen. Rücksichtslosigkeit, politische Betätigung wird von etwa 40

der Gruppendiskussionen und der Begründungen die Orientierungs- und Bewertungsmuster, die der Wahlentscheidung zugrunde lagen, NECKEL/DRÖGE/SOMM, Das umkämpfte Leistungsprinzip (s. Anm. 30).
Vgl. auch SIGHARD NECKEL/KAI DRÖGE/IRENE SOMM, Das umkämpfte Leistungsprinzip, in: KAI DRÖGE/KIRA MARRS/WOLFGANG MENZ (Hrsg.), Rückkehr der Leistungsfrage, Berlin 2008, 41–56 und SIGHARD NECKEL/KAI DRÖGE, Die Verdienste und ihr Preis. Leistung in der Marktgesellschaft, in: AXEL HONNETH (Hrsg.), Befreiung aus der Mündigkeit. Paradoxien des gegenwärtigen Kapitalismus, Frankfurt a.M./New York 2002, 93–116.

[33] NECKEL/DRÖGE/SOMM, Das umkämpfte Leistungsprinzip (s. Anm. 30).

Prozent als bedeutsam eingeschätzt, Bestechung, also unehrliches Verhalten, dagegen wird als eher weniger wichtig bewertet (vgl. Abb. 1).

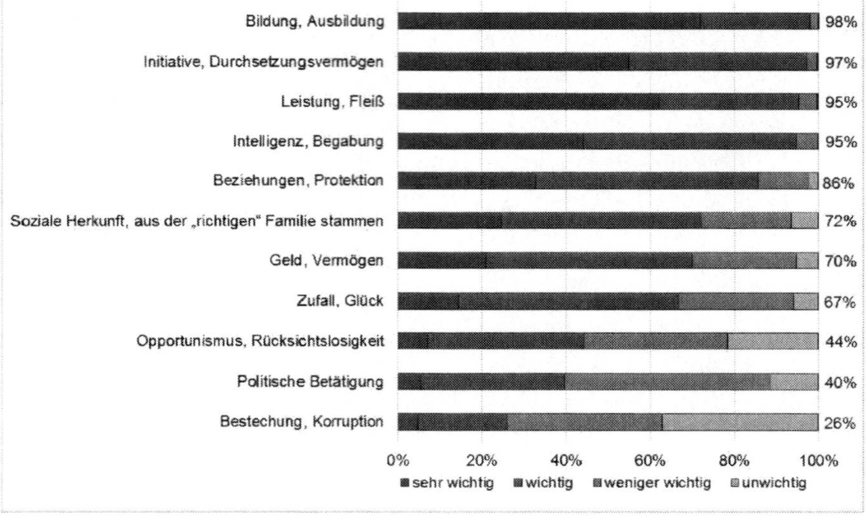


*Abbildung 1: Wie kommt man in unserer Gesellschaft am ehesten nach oben? Eigene Auswertung der Daten des ALLBUS 2014, die Prozentzahlen geben die Summe aus den Prozenten für »sehr wichtig« und »wichtig« an, n=1669 bis 1729, je nach Item.*

Interessanterweise sind die Zustimmungsraten dafür, dass die Herkunft den Erfolg bestimmt und dass es gerade nicht das Elternhaus ist, sondern die eigenen Fähigkeiten sind, nahezu identisch. Rund etwa 70 Prozent stimmen den beiden Items zu (vgl. Abb. 2). Im direkten Vergleich stimmen rund 40 Prozent sowohl zu, dass soziale Ungleichheit vererbt wird, als auch dem stärkeren Einfluss der eigenen Bildung.

Die Notwendigkeit von Unterschieden als Anreiz für Leistung wird von etwa der Hälfte der Personen angegeben, dies gilt auch für die Akzeptanz von Rangunterschieden, da diese auf die Leistungsfähigkeit der Befragten Rückschlüsse erlauben. Eine reine Leistungsgesellschaft wird jedoch von der Hälfte der Deutschen abgelehnt, da jeder zumindest so viel Einkommen erhalten soll, damit er davon mit seiner Familie anständig leben kann. Als gerecht empfindet insgesamt nur etwa ein Drittel der Bevölkerung die sozialen Unterschiede in Deutschland in ihrer derzeitigen Ausprägung.

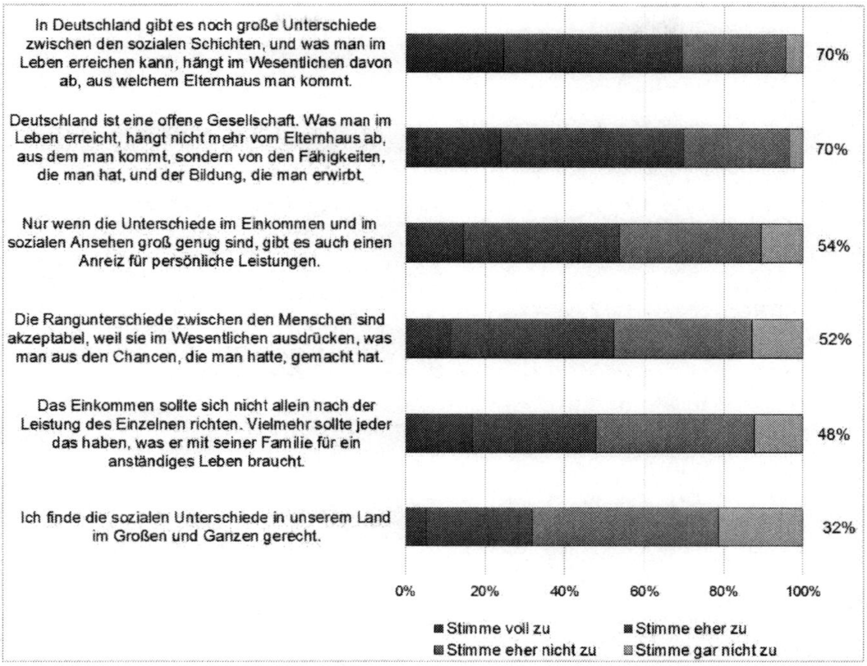


*Abbildung 2: Zustimmung zu Auffassungen, wie es in Deutschland mit den sozialen Unterschieden aussehen sollte und wie es aussieht. Eigene Auswertung der Daten des ALLBUS 2014, die Prozentzahlen geben die Summe aus den Prozenten für »stimme voll zu« und »stimme eher zu« an, n=1669 bis 1729, je nach Item.*

Im Fall des Zusammenhangs zwischen Leistung und Erfolg spielt der Aspekt der Gerechtigkeit stets eine Rolle und steht, wie bereits dargestellt, durchaus in Konkurrenz zum reinen Leistungsprinzip. So empfinden nahezu 100 Prozent der Befragten im ALLBUS eine Gesellschaft dann als gerecht, wenn sich diese um die Schwachen und Hilfsbedürftigen kümmert oder Personen, die ihre Kinder oder pflegebedürftige Personen pflegen, unterstützt werden. Die Zustimmung zum reinen Leistungsprinzip, »Gerecht ist, wenn jede Person nur das bekommt, was sie sich durch eigene Anstrengungen erarbeitet hat«, fällt mit 63 Prozent deutlich geringer aus. Eine Gesellschaft, in der Personen aus angesehenen Familien Vorteile haben (5 Prozent), oder in der Personen, »die in der Gesellschaft oben stehen, bessere Lebensbedingungen haben als diejenigen, die unten stehen« (20 Prozent), wird als nicht gerecht empfunden. Das Gegenteil einer Leistungsgesellschaft, nämlich eine Gleichheit im Ergebnis, in der Einkommen und Vermögen unabhängig von Leistungsunterschieden gleich verteilt sind, wird jedoch ebenfalls nur von 20 Prozent als gerecht bewertet.

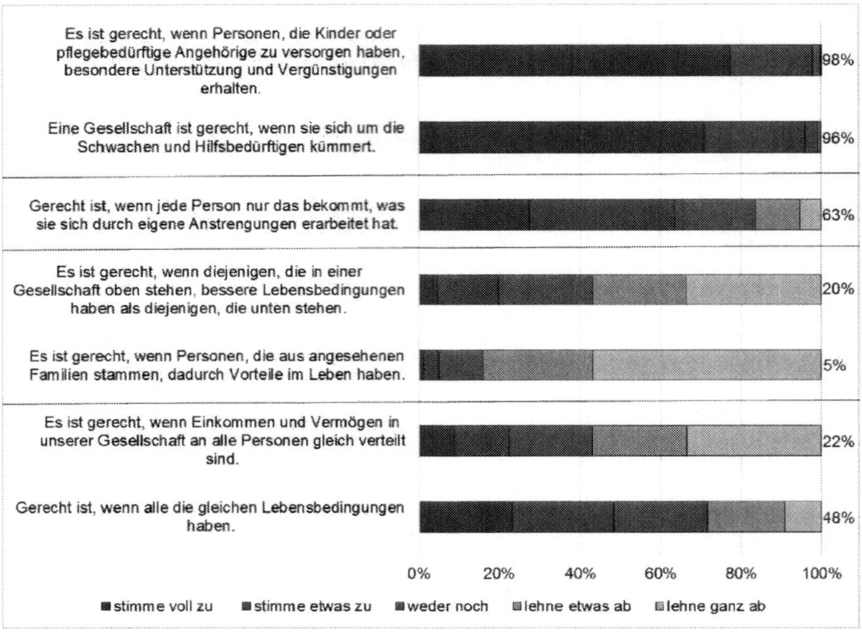


*Abbildung 3: Persönliche Meinung zur Gerechtigkeit. Eigene Auswertung der Daten des ALLBUS 2014, die Prozentzahlen geben die Summe aus den Prozenten für »stimme voll zu« und »stimme etwas zu« an, n=1714 bis 1732, je nach Item, die Unterteilung der Items spiegeln das Ergebnis einer Hauptkomponentenanalyse mit Rotation.*

Eine Gesellschaft, die aus Sicht der deutschen Bevölkerung gerecht ist, muss somit den Spagat zwischen einer Unterstützung der Hilfsbedürftigen und einer Leistungsgesellschaft schaffen, in der Personen weder durch ihre Herkunft besonders privilegiert werden, noch eine Gleichheit im Ergebnis unabhängig von der Leistung vorliegt.

## 5. Das Leistungsprinzip als kulturelle Konstante

Die eingangs bereits angesprochene dichotome Gegenüberstellung von Leistungsgesellschaft und traditionaler Gesellschaft übersieht, dass es das Leistungsprinzip in traditionalen Gesellschaften historisch schon immer gegeben hat. Gleichzeitig gibt es in gegenwärtigen Leistungsgesellschaften teilweise erhebliche, weitgehend leistungslos zufließende Einkommen aus Renten aus angelegtem Kapital und damit erhebliche Verletzungen des Leistungsprinzips.

Aus der Knappheit von Gütern folgt in modernen Gesellschaften der direkte Wettstreit der Akteure im Konkurrenzprinzip. Thomas Hobbes[34] hat die Anfänge dieser modernen Konkurrenzgesellschaften beschrieben. Demnach

[34] Thomas Hobbes, Leviathan, Hamburg 1996.

stellt das Konkurrenzprinzip einen gesellschaftlichen Wettlauf aller Menschen dar, die ihre Fähigkeiten und Eigenschaften auf einem Markt in Konkurrenz mit anderen Anbietern anbieten. Jedoch ist damit bei Hobbes nicht gemeint, dass alle an derselben Startlinie starten und dieselbe Strecke zurücklegen, um am Ende eine Leistung in Form verbrauchter Zeit pro Strecke zu zeigen, aufgrund derer sie Erster, Zweiter oder Dritter werden. In dem von Hobbes entworfenen Bild einer Konkurrenzgesellschaft kommt es zu einem mehr oder minder geregelten Kampf bzw. einer mehr oder minder geregelten Konkurrenz[35], je nachdem wie stark der Staat Regeln setzt und überwacht. Die Hobbessche Sicht entspricht damit nicht dem idealtypischen Bild, das man sich etwa vom Leistungs- und Konkurrenzprinzip im Sport machte und macht, und in dem idealtypisch völlig gleiche Chancen zur Entfaltung ungleicher Talente gelten sollten.[36] In den Konkurrenzen des realen Lebens wird eben sowohl mit unterschiedlicher Ausrüstung gelaufen als auch an unterschiedlichen Linien gestartet, und es werden damit höchst unterschiedliche Streckenlängen bewältigt. Mancher läuft, bildlich gesprochen, mit einem schweren Rucksack beispielsweise aufgrund körperlicher Einschränkungen und möglicherweise auch über Umwege bis zum Ziele. Aber wie dem auch sei, aus dem Wettrennen auszuscheiden heißt, nicht nur bei Hobbes, zumindest symbolisch zu »sterben«.[37]

Bereits in traditionalen Gesellschaften, in denen Macht- und Statuschancen zu einem hohen Anteil durch die soziale Herkunft bestimmt wurden, werden außerordentliche Leistungen Einzelner aus der höheren Klasse erbracht und gesellschaftlich anerkannt. Die als Maßstab der Bewertung dienende Außeralltäglichkeit der Leistung fungierte etwa in der Antike keineswegs als Grundlage der Legitimation sozialer Ungleichheit und gesellschaftlicher Anerkennung, sondern war Ausdruck der aus der Standeszugehörigkeit zum Adel heraus resultierenden normativen Verpflichtung der Aristoi zu bestimmten agonalen Haltungen und verhinderte gerade aufgrund mangelnder Stan-

---

[35] Weber hat abhängig vom Grad der Formalisierung und abhängig von der Ausbildung und Entwicklung eines regulierenden Rechtsrahmen den fließenden Übergang von Formen des mehr oder minder geregelten Kampfes bis hin zur physischen Vernichtung des Gegners auf der einen Seite des mehrdimensional bipolaren Kontinuums bis hin zum Pol der formalisierten Form der Konkurrenz, die standardisiert stattfindet und bürokratisch überwacht wird, beschrieben. WEBER, Wirtschaft und Gesellschaft (s. Anm. 6), 20f.

[36] Siehe dazu GRAF VON KROCKOW, Sport und Industriegesellschaft (s. Anm. 9). Seiner Ansicht nach bietet der Leistungssport mit seinen Prinzipien der Leistung, Konkurrenz und Chancengleichheit die idealtypische Verwirklichung dessen, was gesellschaftlich sein sollte, aber nicht wirklich ist.

[37] Es ist anzunehmen, dass Hobbes dies nicht nur symbolisch meint, da eine sozialstaatliche Sicherung, wie wir sie kennen, noch nicht existierte. HOBBES, Leviathan, (s. Anm. 34).

dardisierbarkeit der Bewertung die Vergleichbarkeit der erbrachten Leistung mit anderen.[38]

Verschiedenartigste »Leistungen« wurden so als Erfüllung normativer, aus der jeweiligen Standeszugehörigkeit heraus resultierender Verpflichtungen zu einem spezifischen, mit dem Prinzip der Ehre verkoppelten Prinzip der Lebensführung betrachtet. Nach Max Weber war diese Lebensführung Mittel der Herrschaftssicherung durch Massensuggestion, zu der nicht nur der demonstrative Luxuskonsum, sondern eben auch die besonderen Einzelleistungen und insbesondere für die antiken Adligen der Einsatz für höhere Werte und das Kollektiv gehörten, und sei es im Extrem um den Preis des eigenen Lebens.[39] Insofern war der antike Heros, dem qua Geburt ein mit erheblichen Privilegien ausgestatteter Status zugeschrieben wurde, zur mehr oder minder regelmäßigen Erbringung von »heroischen Taten« und damit zu außergewöhnlichen Leistungen normativ verpflichtet, musste also diesen Status immer wieder neu legitimieren, was zeigt, dass die dichotome Unterscheidung von traditionalen und modernen Gesellschaften auf Basis des Leistungsprinzips nicht trägt.[40]

In der Antike fehlte noch das grundlegende Verständnis für die komparative Bewertung der Leistung formal Gleicher und damit zwangsläufig auch ein standardisierbarer Maßstab seiner Bewertung, der für alle gesellschaftlichen Tätigkeitsbereiche hätte Geltung beanspruchen können. Wie hätte man auch die Leistung eines Sklaven oder eines Feldherrn miteinander vergleichen sollen, und was ist der Maßstab der Außeralltäglichkeit etwa für die höchst unterschiedlichen heroischen Heldentaten eines Herakles?[41] Was somit fehlte,

---

[38] Siehe zum agonalen Prinzip Jacob Burckhardt, Griechische Kulturgeschichte Bd. 3, hrsg. v. Leonhard Burckhardt/Barbara von Reibnitz/Jürgen von Ungern-Sternberg, München 2002. Erstmals 1870/71 als Vorlesung gehalten, die nach seinem Tod veröffentlicht wurde.
Siehe insbesondere zur Agonalität und ihrer gesellschaftlichen Einbettung Eike Emrich/Robert Prohl, Agonalität. Wettkampfsport im Spannungsfeld zwischen Erfolg, Moral und Ästhetik, in: Leipziger Sportwissenschaftliche Beiträge XLIX, 1 (2008), 67–88. Zum Begriff *Kalos Kai Agathos* vgl. Herman Wankel, Kalos Kai Agathos. Dissertation, Würzburg 1961. Zur symbolischen Verwirklichung von adligen Haltungen im Kampfsport in der Antike siehe z.B. Michael B. Poliakoff, Kampfsport in der Antike. Das Spiel um Leben und Tod, Zürich/München 1948, 162–165.

[39] Zur Lebensführung als Herrschaftsmittel siehe Weber, Wirtschaft und Gesellschaft (s. Anm. 6), 299f.

[40] Siehe dazu Eike Emrich/Manfred Messing, Helden im Sport? Sozial- und zeithistorische Überlegungen zu einem aktuellen Phänomen, in: Sabine Meck/Paul Gerhard Klussmann (Hrsg.), Festschrift für Dieter Voigt, Münster 2001.

[41] Zu Helden und dem Bezugs- und Bewertungssystem für die von ihnen gezeigten Leistungen in Antike und Gegenwart siehe Emrich/Messing, Helden im Sport (s. Anm. 40).
Vgl. Voswinkel, Das Leistungsprinzip in unserer Gesellschaft (s. Anm. 26).

war nicht nur ein spezifisches Verständnis von im Rahmen eines Berufes zu leistender Arbeit, die als Mittel zur individuellen und gesellschaftlichen Existenzsicherung diente, es fehlte insbesondere die Ausprägung verbindlicher, universeller Gütemaßstäbe, mit deren Hilfe man individuelle Leistungen durch Transformation auf einen gemeinsamen, kulturell als verbindlich akzeptierten Gütemaßstab hätte vergleichen können (sei es z.B. Geld oder Zeit in der Wirtschaft oder Zentimeter, Kilogramm, Sekunde und Punkte im Sport).

Aber, kann man die Transformation einer individuellen Leistung in sozialen Status und materielles Einkommen komparativ im Verhältnis zur Leistung anderer überhaupt so regeln, dass das Ergebnis durchgängig als legitim betrachtet wird? Wenn eine solche Bestimmung nicht klar möglich ist, wir aber weitgehend so tun, als ob sie existierte, also eine soziale Ordnung annehmen oder herbeiwünschen, die sich zumindest partiell als Ideologie erweist, ist das Leistungsprinzip moderner Gesellschaften erstens in besonderem Maße von stabilisierenden Legitimationshilfen abhängig und zweitens ist grundsätzlich eine Mischung von Leistungs- und Erfolgsprinzip zu erwarten, wenn etwa die Transformation einer Leistung in individuelles Ansehen, sozialen Status und Einkommen in hohem Maß intransparent verläuft und dabei verfälschende Einflüsse von Herkunft und Beziehungen auf das Ergebnis zu erwarten sind, da die Einflüsse ständischer Gesellschaften und ihrer Zuteilungskriterien von Macht und Status ja nicht allesamt völlig an Einfluss verlieren.[42]

## 6. Der marktliche Bewertungsrahmen und seine Legitimationsprobleme – das Beispiel der Weinbergparabel

Nachfolgend interessiert uns im Verhältnis von Aufwand und Ertrag die Tauschgerechtigkeit im Sinne des gerechten Verhältnisses von erbrachten Leistungen und erhaltenem Lohn in der Arbeitswelt oder auch im ergebnisunsicheren Bereich des Sports. Zum Zweck der Analyse greifen wir in Anlehnung an Dieter Schmidtchen und Voswinkel auf ein bekanntes biblisches Gleichnis zurück, nämlich auf das der Arbeiter im Weinberg des Herrn:[43]

---

Insgesamt ist die Gegenüberstellung von traditionalen zu modernen Gesellschaften und damit eines zugeschriebenen versus erworbenen Status wenig ergiebig. Sie bezieht sich nicht auf das Leistungsprinzip, sondern auf die vertikale soziale Mobilität, die als Neuerung in modernen Gesellschaften mit dazu kommt.

[42] Sieh dazu zum Beispiel Michael Hartmann, Der Mythos der Leistungseliten. Spitzenkarrieren und soziale Herkunft in Wirtschaft, Politik, Justiz und Wissenschaft, Frankfurt a.M./New York 2002. Zum Nachwirken feudaler Muster im organisierten Sport siehe Emrich/Papathanassiou, Zur Führungskultur in assoziativen Systemen (s. Anm. 2).

[43] Siehe dazu Dieter Schmidtchen, Gerechtigkeit – eine Illusion? Reflektionen aus ökonomischer Sicht (Abschiedsvorlesung gehalten am 16.08.2008, erhältlich unter:

»Das Himmelreich gleicht einem Hausherrn, der früh am Morgen ausging, um Arbeiter für seinen Weinberg einzustellen. Und als er mit den Arbeitern einig wurde über einen Silbergroschen als Tagelohn, sandte er sie in seinen Weinberg. Und er ging aus um die dritte Stunde und sah andere müßig auf dem Markt stehen und sprach zu ihnen: Geht ihr auch hin in den Weinberg; ich will euch geben, was recht ist. Und sie gingen hin. Abermals ging er aus um die sechste und um die neunte Stunde und tat dasselbe. Um die elfte Stunde aber ging er aus und fand andere und sprach zu ihnen: Was steht ihr den ganzen Tag müßig da? Sie sprachen zu ihm: Es hat uns niemand eingestellt. Er sprach zu ihnen: Geht ihr auch hin in den Weinberg. Als es nun Abend wurde, sprach der Herr des Weinbergs zu seinem Verwalter: Ruf die Arbeiter und gib ihnen den Lohn und fang an bei den letzten bis zu den ersten. Da kamen, die um die elfte Stunde eingestellt waren, und jeder empfing seinen Silbergroschen. Als aber die ersten kamen, meinten sie, sie würden mehr empfangen; und auch sie empfingen ein jeder seinen Silbergroschen. Und als sie den empfingen, murrten sie gegen den Hausherrn und sprachen: Diese letzten haben nur eine Stunde gearbeitet, doch du hast sie uns gleichgestellt, die wir des Tages Last und Hitze getragen haben. Er antwortete aber und sagte zu einem von ihnen: Mein Freund, ich tu dir nicht Unrecht. Bist du nicht mit mir einig geworden über einen Silbergroschen? Nimm, was dein ist, und geh! Ich will aber diesem letzten dasselbe geben wie dir. [...] So werden die Letzten die Ersten und die Ersten die Letzten sein.«[44]

Dieses Gleichnis zeigt eine interessante Variante im Umgang mit dem Gleichheitsprinzip, das hier zu einem aus dem heutigen Alltag vielfach bekannten Gleichstellungsprinzip zu werden scheint. Alle im Weinberg des Herrn arbeitenden Individuen erhalten in unserem Gleichnis unabhängig von ihrem tatsächlichen individuellen Leistungsbeitrag, also ihrem Input, der im Gleichnis in Zeit bzw. Stunden angegeben wird, am Ende des Tages Lohn in identischer Höhe, womit faktisch für die gleiche Tätigkeit unterschiedlicher Stundenlohn gezahlt wird. Voswinkel,[45] der das Gleichnis ebenfalls heranzieht, schreibt dazu:

»Wir können dieses Gleichnis aus dem Matthäus-Evangelium als eine frühe Form der Kritik am Leistungsprinzip lesen: Jesus charakterisiert das Himmelreich hier gerade dadurch, dass eben nicht entsprechend der zuvor erbrachten Leistung entlohnt wird. Diese Kritik am Leistungsprinzip argumentiert, so könnte es scheinen, von einer anderen normativen Basis aus – dem Gleichheitsprinzip, da ja alle im

http://archiv.jura.uni-saarland.de/projekte/Bibliothek/text.php?id=512&show (Zugriff am 13.01.2016), der insgesamt sieben Allokationsregeln diskutiert: Ergebnisgleichheit, Chancengleichheit, Proportionalität (Aristoteles), das größte Glück der größten Zahl (Utilitarismus: Jeremy Bentham), Differenzprinzip (John Rawls), Anspruchstheorie (Robert Nozick), Neidfreiheit (Nikolaas Tinbergen/Gerald Foley).

[44] Mt 20,1–16.

[45] Voswinkel, Das Leistungsprinzip in unserer Gesellschaft (s. Anm. 26), 1.

> Weinberg arbeitenden, unabhängig von ihrem individuellen Leistungsbeitrag, denselben Lohn erhalten sollen. Aber durch diese Gleichheit der Entlohnung wird in einem anderen Sinne gegen das Gleichheitsprinzip verstoßen. Nicht gleicher Lohn für gleiche Leistung, sondern gleicher Lohn für alle Arbeiter im Weinberg des Herrn!«

Damit wird insofern gegen das Gleichheitsprinzip verstoßen, als nicht gleicher Lohn für gleiche Leistung, sondern gleicher Lohn für alle Arbeiter im Weinberg des Herrn unabhängig von der Leistung entrichtet wird. Die Arbeiter sind somit »gleichgestellt«, und zwar unabhängig von ihrer persönlichen Leistung. Offensichtlicht ist, dass zumindest einer der Arbeiter und der Arbeitgeber unterschiedliche Vorstellungen darüber haben, was recht ist, also was in dieser Situation gerecht wäre und am Ende jener mit den höheren Ressourcen seine Position durchsetzt.

Was Voswinkel nicht diskutiert, ist, dass unter der Perspektive von Angebot und Nachfrage ein solcher Widerspruch schnell aufzuklären wäre. Man könnte annehmen, dass das Angebot an Arbeit morgens groß ist, weil viele Anbieter im Markt sind, was den Arbeitslohn senkt. Umgekehrt gilt, dass wenn der Gutsbesitzer die Trauben kurz vor Arbeitsende noch geerntet haben möchte, das Arbeitsangebot dann jedoch wahrscheinlich knapp, zumindest knapper als am Morgen ist, die Arbeit teurer wird, was den Arbeitslohn in die Höhe treibt. Leider finden sich weder für die eine noch für die andere Argumentation Anhaltspunkte im Gleichnis.

Daneben wäre auch eine frühe Form des Sozialismus denkbar, der Gleichheit im Ergebnis herstellt, also eine gleichzeitige Beachtung der marxistischen Perspektive: »Jeder nach seinen Fähigkeiten, jedem nach seinen Bedürfnissen«.[46]

Es handelt sich möglicherweise auch um eine freiwillige Wohltat des Arbeitgebers, die in einer Art unvollständigem Schenkungsvertrag gleiche Löhne garantiert und damit aus der Perspektive des Leistungsprinzips die später hinzugekommenen Arbeiter besserstellt als die zu Beginn schon tätigen.[47] Damit dürften negative externe Effekte in Form von Neid, also Kummer über das Gut der anderen, und möglicherweise zurückgehende Leistungen der schon zu Beginn Tätigen beim nächsten Arbeitseinsatz zu erwarten sein. Die Kenntnis der Arbeiter über die ausgezahlten Löhne und damit Transparenz setzen wir dabei voraus, was wiederum das Sich-Vergleichen, nach

[46] Siehe DDR-Verfassung, Artikel 2, Absatz 3.

[47] In der industriellen Arbeitswelt findet sich dies auch heute noch zuweilen, wenn in Industrieunternehmen mit guter Ertragslage die Weihnachtsprämie für diejenigen ebenfalls voll und nicht anteilig ausbezahlt wird, die noch nicht zu Jahresbeginn im Unternehmen tätig waren. Allerdings darf sie nur behalten werden, wenn man auch im Folgejahr das Unternehmen nicht verlässt, also ein Fesseln durch Wohltaten.

Søren Kierkegaard[48] der Anfang allen Unglücklichseins, ermöglicht. Wobei festzuhalten ist, dass der Vergleich zwar möglicherweise der Anfang des Unglücklichseins ist, jedoch eine Bewertung ohne einen Vergleich nicht möglich ist; so kann beispielsweise eine Leistung erst durch einen Vergleich bewertet werden, woraus dann wieder folgt, ob eine Handlung von Erfolg gekrönt wird oder nicht.

Nun könnte man unabhängig von den skizzierten Fakten argumentieren dass, bezogen auf den marktlichen Bewertungsrahmen, ein Tausch von Leistung und Lohn dann gerecht sei, »wenn er in einem Verfahren vereinbart worden ist, für das bestimmte Regeln gelten, etwa über die Einsichtsfähigkeit und Gleichberechtigung der Vertragspartner und über den Ausschluss von Zwang, Drohung und Täuschung«,[49] was wir für den Fall der Arbeiter des Herrn im Weinberg annehmen können, da von Zwang nicht die Rede ist und der Arbeiter als freier Mensch seine Arbeitskraft als Ware auf dem Markt anbietet. Jedoch hätten die Arbeiter, die länger beschäftigt waren, vor einem heutigen deutschen Arbeitsgericht wahrscheinlich gute Chancen auf eine Entschädigung, da der Herr des Weinbergs ihnen ja geben wollte »*was recht ist*«.

## 7. Gleichheit des Einkommens versus Gleichheit des Nutzens

Wie verhält es sich nun mit der Gerechtigkeit des Tauschs von Arbeitskraft gegen Geld aus der heutigen Perspektive? Um dies zu diskutieren, unterscheiden wir in Anlehnung an Schmidtchen[50] die Gleichheit des Einkommens von der Gleichheit des Nutzens. Schmidtchen geht in ökonomischer Tradition davon aus, dass Individuen selbst über die Verwendung ihrer Ressource Zeit entscheiden, und zwar so, dass die gewählte Verwendung unter Berücksichtigung der nicht gewählten Alternativen (Opportunitätskosten) ihnen den größten Nutzen stiftet.

In einem ersten Beispiel betrachtet er drei Individuen, A, B, C (Amanda, Barbara und Catherina), die folgendes Einkommen haben: A = 1.000; B = 500; C = 500. Unter der Annahme, dass A und B die gleichen Fähigkeiten, denselben Job und keine Restriktionen bezüglich der Zeitverwendung haben, ver-

---

[48] Søren Kierkegaard »Das Vergleichen ist das Ende des Glücks und der Anfang der Unzufriedenheit.« Zitiert nach: https://www.aphorismen.de/zitat/16277 (Zugriff am 10.06.2016). Die genaue Quelle wird in dieser Fundstelle nicht angegeben. Es ist auch nicht auszuschließen, dass es sich hier im Sinne von Robert K. Mertons Studie (Auf den Schultern von Riesen. Ein Leitfaden durch das Labyrinth der Gelehrsamkeit, Frankfurt a.M. 1983) um Variationen von Aussagen anderer Autoren handelt, die wesentlich älter sind.

[49] Vgl. generell Schmidtchen, Gerechtigkeit – eine Illusion? (s. Anm. 43), 16.

[50] Schmidtchen, Gerechtigkeit – eine Illusion? (s. Anm. 43), 18ff.

dient Barbara weniger, weil sie frei entschieden hat, weniger hart zu arbeiten als Amanda. Schmidtchen folgert daraus, dass es falsch ist, ungleiches Einkommen automatisch mit Ungerechtigkeit zu identifizieren; und gleiches Einkommen mit Gerechtigkeit.

Im zweiten Beispiel betrachtet er die drei Individuen, A, B, C (Amanda, Barbara und Catherina) in einer anderen Konstellation, die nun folgendes Einkommen haben: A = 1.000; B = 500; C = 500 und gibt eine zusätzliche Informationen über Catherina. Sie hat die gleichen Fähigkeiten wie Amanda und Barbara; arbeitet im gleichen Job – und sie arbeitet so hart wie Amanda. Aber: Amanda ist eine Weiße und Catherina ist eine Farbige und sie arbeitet bei einem Rassendiskriminierer. In diesem Fall würden wir vermutlich zum Ergebnis kommen: die Einkommensdifferenz zwischen Amanda – Catherina ist weniger gerecht als die zwischen A – B.

Julian Le Grand, den auch Schmidtchen zitiert,[51] verweist darauf, dass Verteilungen, deren Ursachen jenseits individueller Kontrolle liegen, als ungerecht bezeichnet werden, Verteilungen, die das Ergebnis von Wahlentscheidungen sind, aber nicht. Die Bewertung der Leistung der Arbeiter im Weinberg des Herrn wird im biblischen Gleichnis eindimensional, nämlich gleicher Lohn für ungleiche Arbeit. Aus unserer heutigen Sicht ist eine solche Bewertung durch eine extreme Betonung der Outputseite bei gleichzeitiger Vernachlässigung der Inputseite verkürzt.

Was aber lernen wir aus diesen Beispielen für die Problematik riesiger Einkommensunterschiede, wenn Manager das hundertfache und mehr eines Arbeiters verdienen oder Sportler im Fußball, in der Formel 1, im American Football, Baseball oder Basketball Jahreseinkommen in vielfacher Millionenhöhe beziehen, während andere, die ebenso viel und ebenso hart trainieren, gar kein materielles Einkommen aus ihrem Sporttreiben beziehen. Die Tatsache, dass es im Sinne Le Grands eine Wahlentscheidung war, die zu diesen Unterschieden führte, ist unbestreitbar. Die jeweilige Entscheidung wurde jedoch möglicherweise zu einem Zeitpunkt getroffen, an dem die Folgen für den Akteur nicht absehbar waren, z.B. aufgrund von sich verändernden Bedingungen oder wegen mangelnden Informationen, beispielsweise weil der Akteur die Entscheidung im Kindesalter traf oder für ihn getroffen wurde. Trotzdem beschleicht uns ein Gefühl der distributiven Ungerechtigkeit angesichts der materiellen Verteilungsunterschiede.

Nach Neckel, Dröge und Somm,[52] die ebenfalls eine häufige Entkoppelung von Einkommen und Entlohnung feststellen, führt die Vermarktlichung der Leistung dazu, dass nur noch der in Geld quantifizierbare Markterfolg betrachtet wird, aber nicht mehr die Inputseite der Leistung, also Talent, Anstrengung, Wille usw. Dies ist auch im Sport beobachtbar, wenn etwa die Prä-

---

[51] Julian Le Grand, Equity and choice. An essay in economics and applied philosophy, London 1991, 87.

[52] Neckel/Dröge/Somm, Das umkämpfte Leistungsprinzip (s. Anm. 30).

sentations- und Unterhaltungsleistung eines Eddi the Eagle im Skispringen trotz geringer sportlicher Leistungen aufgrund des Unterhaltungswertes zu erheblichen Einkommen führt. Allerdings ist nach wie vor leistungsfrei erworbenes Einkommen und unverdienter Reichtum ohne Bezug auf das Leistungsprinzip in besonderem Maße legitimationsbedürftig. Dies gilt auch für Eddi the Eagle, dessen unerschrockener Mut offensichtlich bewundert wird und als Präsentationsleistung zusammen mit der Aktionsleistung seinen Marktwert bestimmt. Man könnte in diesem Zusammenhang die These vertreten, dass die systematische Eindrucksmanipulation durch Ausdruckskontrolle[53] insbesondere dort wichtig wird, wo die eigentliche Leistungserbringung nicht wirklich transparent erfolgt. Für Eddi the Eagle kann man wohl feststellen, dass er neben seiner Präsentationsleistung in hohem Maß als Person authentisch wirkte.

## 8. Unverträglichkeiten zwischen Gleichheit im Ergebnis, Konkurrenz- und Leistungsprinzip

Ebenso wie in der Wirtschaft wird gegenwärtig auch im Sport allmählich deutlich, dass ein ungebremstes Wachstum der in der Konkurrenz gezeigten Leistungen trotz aller Ausrichtung der Lebensführung von Menschen auf den alleinigen Zweck der Steigerung sportlicher Leistungen im Wettbewerb Grenzen hat. Die Grenzen zeigen sich in Form negativer externer Effekte, etwa in Form von Todesfällen durch Doping im Sport oder in Form von anderen Wettbewerbsverzerrungen. In der Wirtschaft werden seit einigen Jahrzehnten die Grenzen des Wachstums diskutiert,[54] wobei die Frage, welchen Einfluss diese Diskussion auf die eigentlichen Entwicklungen in den letzten Jahren tatsächlich hatte, diskussionswürdig ist. Wie auch immer, sowohl in der Wirtschaft als auch im Sport setzt die wachstumsorientierte Logik der internationalen Produktionsprozesse in der Wirtschaft und der sportlichen (Rekord-) Leistungen Optimierungsprozesse aller Art in Gang, z.B. durch Innovationen in Form von Materialverbesserungen.[55] Wettbewerb und Wachstum führen somit zwangsläufig zu Neuerungen.

---

[53] Die Technik wurde von Erving Goffman, Wir alle spielen Theater. Die Selbstdarstellung im Alltag, München 1959, so genannt.

[54] Zum ersten Bericht des Club of Rome siehe Dennis Meadows u.a., Die Grenzen des Wachstums. Bericht des Club of Rome zur Lage der Menschheit, Stuttgart 1972.

[55] Vgl. zu den Mechanismen der Konkurrenz im Kampf der Nationen um verschiedene weiche Güter und zur Bedeutung von Medaillenerfolgen bei Olympischen Spielen Emrich u.a., Medaillen für die nationale Repräsentanz? (s. Anm. 21). Für die Dynamik dieser Konkurrenz im Bereich der Wissenschaft siehe Eike Emrich/Christian Pierdzioch, Das Vademecum der Evalualogie. Neue Arten im Biotop der Wissenschaft, Saarbrücken 2012.

Eine Güterverteilung nach dem Wert Gleichheit betont die Gleichheit im Ergebnis, ungeachtet der Leistungsunterschiede. Die Betonung von Gleichheit lässt individuelle Autonomie und das Streben danach als Anomie erscheinen, da der nach Selbstverwirklichung strebende, der sich differenzieren will, als Egoist betrachtet wird, der die Gleichheit nicht akzeptiert. Die Betonung der Leistung richtet sich gegen die Gleichheit im Ergebnis, nicht jedoch gegen die gleichen Chancen zur Entfaltung ungleicher Talente. Autonomie wird als Beeinträchtigung von Effizienz durch individuelle Sonderheiten gewertet, und aus Sicht der Autonomie ist Gleichheit im Ergebnis ein kollektiver Zwang zum Konformismus (der Sozialstaat fördert beispielsweise ungewollt durch die soziale Absicherung die Passivität). Das Leistungsprinzip, das sich auch in einer effektivitätsorientierten Arbeitsorganisation zeigt, widerspricht wiederum partiell dem Prinzip von Autonomie.

Dazu einige sportbezogene Beispiele. Im Sport können z.B. im Schießsport unterarmamputierte und eine Prothese nutzende Schützen Vorteile beim Schießen gegenüber einem nicht amputierten Sportler haben, da sie die Prothese im Vergleich zu einem natürlichen Arm besser unbeweglich halten können. Gleiches gilt für den unterschenkelamputierten Weitspringer mit Spezialprothese, dessen Sprungkraft technisch bedingt höher sein kann, als diejenige eines nichtbehinderten Sportlers.

Wenn beide im Wettbewerb der nichtbehinderten Sportler teilnehmen wollen und sich dabei auf die Gleichstellung im Zugang, nicht auf die Gleichheit der Chancen zur Entfaltung ungleicher Talente berufen, kommt es zu Konflikten zwischen den Werten der Gleichstellung, Chancengleichheit und Chancengerechtigkeit.

Wenn man weiterhin annimmt, dass das Doping-Mittel EPO (Erythropoetin) die Konzentration fördern kann,[56] inwiefern kann man dann einen den Regeln der Nationalen Anti-Doping-Agentur unterliegenden Athleten, der sein Staatsexamen in Rechtswissenschaften z.B. ablegen und zwecks Verbesserung des Prüfungsergebnisses von EPO Gebrauch machen will, von diesem Gebrauch wegen der für den Sport geltenden Anti-Doping-Regeln ausschließen, während sein nicht Leistungssport treibender Kommilitone legalerweise EPO einsetzt und damit die Chance auf ein besseres Staatsexamen erhöht.

Auch bezogen auf das Verhältnis von Autonomie zur Gleichheit lassen sich Probleme skizzieren. Wie verhält es sich etwa mit dem hochleistenden Eigenbrötler, der sich nicht staatlich fördern lässt (kein Kaderathlet) und deshalb trotz überlegener Leistung nicht nominiert wird?[57]

---

[56] Siehe dazu o.V., Hirnfunktion – Besser denken mit Epo, in: Focus vom 08.07.2009 (online verfügbar unter: http://www.focus.de/gesundheit/ratgeber/gehirn/news/ hirnfunktion-besser-denken-mit-epo_aid_414989.htm (Zugriff am 13.01.2016).

[57] In der DDR gab es einen Kugelstoßer, der trotz überragender Leistung von der Partei von der Förderung ausgeschlossen und nicht für Olympia nominiert wurde, aber zum

## 9. AKTUELLE ENTWICKLUNGEN DES LEISTUNGSPRINZIPS IN UNTERHALTUNGSSENDUNGEN

Im Ergebnis unsichere, weil nur partiell durch eigene Leistung beeinflussbare Konkurrenzen aller Art, prägen aktuell die mediale Berichterstattung, z.B. in Form von Quizsendungen, in denen Kandidaten zufällig ausgewählte Fragen im Team oder alleine, dann aber unter Einbeziehung eines Publikumsjokers und externer Hilfe, beantworten. Dabei steigen die Fragen in ihrer Aufeinanderfolge in der Komplexität und alles zusammen, also eigenes Wissen, Glück, Zufall und die Hilfe anderer bestimmen den wie auch immer in Geld transformierten Erfolg in der Konkurrenz. Dazu kommen z. B. Kochwettbewerbe, in denen sich kochbegeisterte Amateure den Autoritätsurteilen medial bekannter Sterneköche überantworten, die das von den Kandidaten unter Zeitdruck gekochte Menü bewerten und auf Basis des Urteils den Einzug der Kandidaten in die nächste Wettbewerbsrunde ermöglichen bzw. in der Schlussrunde den Sieger des Wettbewerbs benennen. In Wettbewerben wie Germany's Next Top Model werden mit entsprechendem Körperkapital ausgestattete Kandidatinnen mithilfe einer Expertin, selbst ehemals erfolgreiches Model, und ihres Teams geschult und dann das Ergebnis der Schulung von diesem Team selbst vor den Augen der Fernsehöffentlichkeit bewertet, womit die Jury Regelsetzer und -kontrolleur in einer Person wird. Talentwettbewerbe dieser Art sind fester Bestandteil des Fernsehprogramms.

Was ist all diesen Konkurrenzen im medialen Format gemeinsam? »Auf den ersten Blick können diese Shows als Verkörperung der Leistungsgesellschaft gedeutet werden. Nur wer sich anstrengt, bekommt den Lorbeer«.[58] Faktisch aber handelt es sich um in hohem Maße intransparente Wettbewerbe, in denen die Leistungen der Wettbewerber am Ende nach Gütemaßstäben bewertet werden, die weder transparent noch intersubjektiv überprüfbar sind und die häufig von Personen angewandt werden, die die Maßstäbe auch selbst definieren.[59] Legitimiert wird diese Struktur häufig dadurch, dass die urteilenden Personen in den jeweiligen Bereichen selbst früher einmal außerordentliche Leistungen gezeigt haben oder noch zeigen. Von diesen Prominenten, von denen manchmal mehrere eine Jury bilden, werden dann die Kandidaten am Ende des Wettbewerbes in eine Reihenfolge gebracht, teilweise unter Hinzuziehung eines Abstimmungsurteils des zuschauenden Publikums mittels Telefon, wobei Mehrfachmeldungen nicht ausgeschlossen werden können. Damit erweist sich der Sieg in einem solchen Wettbewerb als eine Mischung von

---

Zeitpunkt der Olympischen Spiele auf einem Marktplatz in einem Wettbewerb zeitgleich weiter stieß als der Olympiasieger im olympischen Wettbewerb.

[58] BERND GÄBLER, Bohlst du noch oder klumst du schon? Der Siegeszug des Banalen und wie man ihn durchschauen kann, Gütersloh 2013, 15.

[59] Vgl. auch GÄBLER, Bohlst du noch oder klumst du schon? (s. Anm. 58), 15ff. Der ebenfalls das Fehlen von Maßstäben feststellt.

eigenem Können, Zufall, Glück, des Wohlwollens und der Hilfe anderer. Zuweilen muss man auch den Wettbewerb verlassen, obwohl man deutlich besser »performt« hat, aber es war eben gerade vorher schon jemand aus dem gleichen Genre dabei.

Die Transformationsregeln, nach denen die gezeigten Leistungen von den Autoritäten in eine vergleichende Ordnung gebracht werden, bleiben somit nicht nur teilweise unklar, diese Unklarheit wird auch noch legitimiert durch die soziale Prominenz des Experten, die unangreifbar in dem Sinn ist, dass, wer es geschafft hat, Recht hat. Der realisierte Erfolg in den relevanten Branchen des Wettbewerbs wird so zur Legitimation des Werturteils der Prominenten, denen man am ehesten zutraut, die künftigen Reaktionen des Marktes in ihrem Urteil vorwegzunehmen.

Hier wird der Doppelcharakter des Leistungsprinzips als Kritik an feudalistischen Strukturen und seine Indienstnahme als Legitimationsmuster für soziale Ungleichheit zugleich deutlich, wobei die Legitimation von Erfolgszuweisungen durch prominente Personen wieder neue Legitimationsprobleme erzeugt, indem man hier die erwartete Reaktion des Marktes gedanklich als Legitimation einführt. Wichtig für den Erfolg der Kandidaten ist dabei die Anerkennung der Jury.[60] Der Erfolg, auf den sich die Prominenz der Jury stützt, kann in erzieltem Geldeinkommen und/oder in Prominenz gemessen werden. Die zugrundeliegende Leistung kann jedoch nicht absolut betrachtet und vergleichend analysiert werden, sie bleibt in ihrem Zustandekommen abhängig von Geschmacksurteilen, medialen Mechanismen und vielen anderen Faktoren, die im Vorhinein niemand genau kennt, die im Nachhinein aber als Erklärungsfolie für den stattgefundenen Erfolg dient.

Selbst die Summe des Geldes, die die Prominenten der Jury selbst im Markt verdient haben, ist kein geeigneter Indikator für die Qualität ihrer Leistungsbewertung. Da der das Urteil legitimierende Erfolg der Prominentenjury im Markt partiell unabhängig von den gezeigten Leistungen sein kann und Aktions- und Präsentationsleistung in ihrer additiven Verknüpfung den Markterfolg bestimmen,[61] ist die fachliche Autorität zweifelhaft. So gibt es zuweilen Schlagerstars, denen man attestiert, dass sie gerade nicht singen können.

Wichtiger als die eigentliche Leistung im Wettbewerb ist anscheinend eher die Darstellung der Person an sich. Bernd Gäbler zitiert hierzu aus der Biographie von Heidi Klum, die es offen so beschreibt: »Es gibt so viele Images, wie es Menschen gibt«, »Du musst nur herauskriegen, welches dei-

---

[60] »Denn Aufstieg und Sozialprestige erntet bei GNTM [Germany's Next Topmodel] nur wer sich unterwirft«, Gäbler, Bohlst du noch oder klumst du schon? (s. Anm. 58), 98.

[61] So gelangen Personen wie Daniela Katzenberger zu einem immensen Erfolg, ohne dass eine besondere Begabung in den Vordergrund gestellt wird. »Ihre Geschichte ist eine Aschenputtelgeschichte«. Vgl. auch Gäbler, Bohlst du noch oder klumst du schon? (s. Anm. 58), 101ff.

nem Naturell am ehesten entspricht und welches den am meisten gewünschten Effekt erzielt«.[62] Sie kommt damit dem Zitat von William Shakespeare, »Und wenn du den Eindruck hast, dass das Leben Theater ist, dann such dir eine Rolle aus, die dir so richtig Spaß macht«, sehr nahe.

Leistung und Erfolg in Unterhaltungsshows sind somit eine Imitation des Leistungsprinzips, die Erving Goffmans Eindrucksmanipulation durch Ausdruckskontrolle[63] entspricht. Die Abfolge Leistung, Erfolg und Aufmerksamkeit scheint in diesem Zusammenhang fast tautologisch, da in diesen Formaten Aufmerksamkeit vor Erfolg steht und die eigene Leistung jenseits einer Darstellungsleistung nicht immer sichtbar ist. Nach Gäbler zeigt sich der gesellschaftliche Wandel in den Massenmedien und gerade Jugendliche wachsen mit den dargestellten Vorbildern auf. Inwieweit die Massenmedien wahrhaftig einen gesellschaftlichen Wandel von der Leistungsgesellschaft zur Simulation von Leistung oder Messung von Leistung durch intransparente Maßstäbe darstellen, ist sicherlich diskussionswürdig. Nichtsdestotrotz ist anzunehmen, dass die Darstellung dieser Formate in den Medien sicher einen Einfluss auf das Wertesystem bzw. die Einstellungen der Millionen von Zuschauern hat und dass gerade junge Menschen, deren Werte noch nicht fest verankert sind, für Beeinflussungen jeder Art sicherlich zugänglicher sind.

Auch im quasi sportbezogenen Bereich zeigen sich interessante Entwicklungen. So kann man die TV-Sendung eines Stefan Raab (Schlag den Raab)[64] auch als Erfindung stets neuer Sportarten verstehen, in denen Kandidaten mit dem Moderator in einen Wettbewerb treten. Hier ist der Leistungsvergleich für den Zuschauer transparent, der Unterhaltungswert rekrutiert sich jedoch nicht aus dem standardisierten Leistungsvergleich von Konkurrenten in formalisierten Wettbewerben über die Zeit, sondern aus der beständigen Erfindung stets neuer Wettbewerbe, in denen sich Konkurrenten aufgrund des Neuigkeitswerts des Wettbewerbs ohne größere, durch spezifisches Training bedingte Leistungsunterschiede begegnen, was wiederum die Spannung erhöht. Insofern ist dies eine mediale Form des früheren adligen Zeitvertreibs.

## 10. Folgen eines übersteigerten Leistungs- und Erfolgsdenkens

Im Deutschen Olympischen Sportbund (DOSB) müssen Sportverbände zwecks materieller Förderung angeben, wie viele Medaillen sie wie zu gewinnen ge-

---

[62] Vgl. auch Gäbler, Bohlst du noch oder klumst du schon? (s. Anm. 58), 178.

[63] Goffman, Wir alle spielen Theater (s. Anm. 53).

[64] Raab hat in seiner Fernsehshow systematische Variationen von sportlicher Aktionsleistung in immer wieder neuen sportlichen Betätigungsformen mit enormer Präsentationsleistung verknüpft und dabei Anleihen an der alten Form des Duells genommen, indem er selbst immer wieder gegen Herausforderer antrat.

denken. Um ihre Chancen zu wahren, kommt es zu einem kollektiven, fahrstuhlähnlichen Übertreibungseffekt in der angestrebten Zahl in der Konkurrenz mit anderen Verbänden, die zwecks Erhalt möglichst großer Anteile an der Sportförderung ebenfalls in der Zahl der Medaillen übertreiben. Dies führt dazu, dass ein nicht kontrollierbarer Zustand produziert wird. Der DOSB vergibt Mittel an Verbände nach Zahl der errungenen Medaillen. Im Endergebnis führt dies aufgrund diskretionärer Spielräume dazu, dass ein Verband weniger Geld erhält, weil die Medaillenzahl verfehlt wurde oder mehr Geld erhält, gerade weil die Medaillenzahl verfehlt wurde.[65]

Von Rolf-Dieter Grass und Wolfgang Stützel[66] stammt der aus der Geldtheorie entlehnte Begriff der Konkurrenzparadoxa. Nehmen wir im Sinne einer *ceteris-paribus*-Annahme an, dass sich ein einzelner Sportler mit höchstem Fleiß und Einsatz auf internationale Wettkämpfe vorbereitet und dafür umfänglich seine verfügbare Zeit einsetzt, dann verhält er sich individuell rational im Sinne der Zielerreichung. Er hat aber nur unter der Bedingung einen Vorteil von diesem Verhalten, dass die Konkurrenten nicht das gleiche tun. Wenn aber ansonsten gleich begabte Sportler weltweit sich mit gleichem Fleiß und Einsatz unter immer ähnlicher werdenden Trainings- und Förderbedingungen auf weltweite internationale sportliche Konkurrenzen vorbereiten, dann führt dies zu keinerlei Wettbewerbsvorteilen des einzelnen Athleten in Relation zu den anderen Athleten, nachlassender Fleiß und Einsatz jedoch zu erheblichen Nachteilen. Dies geschieht jedoch nur unter der Annahme gleich hochbegabter Sportler. Wenn beispielsweise das gleiche Training unterschiedliche Auswirkungen auf die jeweiligen Sportler hätte, würde man im Endergebnis auch mit unterschiedlichen Leistungen rechnen müssen, statistisch läge dann eine Interaktion vor. Wenn also jedes Individuum mit steigendem zeitlichem Umfang trainiert, intensiv wissenschaftlich begleitet und beraten, in gleicher Weise physiotherapeutisch behandelt, sportpsychologisch beraten, durch Leistungsdiagnostiken optimal in seiner Leistungsentfaltung gesteuert wird usw., dann kommt es unweigerlich aufgrund der Tatsache, dass die Individuen aller Nationen sich in gleicher Weise verhalten, zu paradoxen Effekten der intensivierten Konkurrenzen und dem skizzierten Überinvestitionsstreit.[67]

Am Ende entscheidet dann bei gleichem Talent, Anstrengungen und Begabungen der Zufall, es herrscht also die gleiche Ausgangslage, wie wenn

---

[65] Siehe dazu Eike Emrich/Christian Pierdzioch/Christian Rullang, Zwischen Regelgebundenheit und diskretionären Spielräumen. Die Finanzierung des bundesdeutschen Spitzensports, in: Sport und Gesellschaft 10 (2013), 3–26.

[66] Rolf-Dieter Grass/Wolfgang Stützel, Volkswirtschaftslehre, München 1988.

[67] Vgl. Kalevi Heinilä, The Totalization Process in International Sport. Toward a Theory of the Totalization of Competition in Top Level Sport, in: Sportwissenschaft 12, 3 (1982), 235–254; vgl. dazu auch das Modell zur strukturellen Dynamik des Totalisierungsprozesses in: Dieter Hackfort/Eike Emrich/Vassilios Papathanassiou, Nachsportliche Karriereverläufe. Eine Untersuchung zu berufsbezogenen Karrieren ehemaliger Spitzensportler, Schorndorf 1997, 136–148.

niemand trainiert hätte. Dann wird Leistungssport zu einer Mischung von Glücksspiel und Berechenbarkeit mit Systemtipp. Im Finale entscheidet dann z.B. im Rudern, Kanu oder im Schwimmen die Strömung, im Segeln oder Skispringen der Wind und das Material, in der Leichtathletik etwa im 200- oder 400-Meterlauf die Wahl der Bahn im Stadion, im Speerwurf, Diskuswurf aber auch im Weitsprung der Wind und in Kampfsportarten die Reihenfolge der ausgelosten Gegner darüber, wer Olympiasieger, Silber- oder Bronzemedaillen gewinnt oder ohne Edelmetall den Wettkampf beendet. Vielfältige zufällige, individuell häufig als »Ungerechtigkeit« wahrgenommene Differenzen zwischen subjektiv gefühltem Input (Anstrengung) und erwartetem Output (Erfolg) sind somit im Sport umso häufiger zu verzeichnen, je höher das Leistungsniveau wird. Interessant ist zudem, dass dadurch, dass alle ihre Leistung durch Training gesteigert haben, sich damit nicht der Abstand zwischen den Athleten, sondern nur das Niveau aller geändert hat. Bei einem Wettbewerb, in dem allein die Rangreihe interessiert, liegt somit insgesamt gar kein Effekt des Trainings vor.

Daneben gibt es abhängig von den Sportarten eine hohe Zufallskomponente, die sich insbesondere im Fußball zeigt. Die Kombination eines schwer berechenbaren runden Gegenstands, des Balls, mit dem an sich ungebildeten Organ des Fußes bringt trotz aller Fähigkeiten der Ballbeherrschung ein hohes Zufallsmoment mit sich, das durch die Notwendigkeit der additiven Verknüpfung individueller Leistungen zu einer Mannschaftsleistung noch unberechenbarer wird. So kommt es nicht selten auch aus Zuschauersicht zu ungerechten Relationen zwischen Aufwand und Ertrag, wenn eine Mannschaft »kämpft wie ein Löwe«, sich »abrackert« und am Ende mit Pech z.B. durch Schiedsrichterfehlentscheidung verliert. Zudem sind Überraschungen im Ertrag generell nicht vermeidbar, wenn etwa der Überraschungssieger Wacker Burghausen den haushohen Favoriten Bayern München schlägt, und sich damit die niedrigeren Potentiale gegen die höheren mit besonderem Fleiß und Einsatz sowie Glück durchsetzen.[68] Auch bezogen auf den marktlichen Erfolg sind zuweilen ohne besondere sportliche Aktionsleistungen[69] hohe Einkommen zu erzielen. So zeigte der schon erwähnte Eddi the Eagle keine hohe, in einer Kombination von Metern und Punkten gemessene sportliche Leistung im Skispringen, aber er erzielte mittels seiner Präsentationsleistung ein hohes Einkommen im Markt. Damit zeigt sich hier insbesondere an der Schnittstelle von Sport- zu Wirtschaftssystem der Übergang zu anderen Bewertungen. Die Präsentationsleistung kommt additiv zur Aktionsleistung hinzu und wird im Markt entlohnt.

---

[68] Vgl. METIN TOLAN, Manchmal gewinnt der Bessere. Die Physik des Fußballspiels, München 2011.

[69] Zu Aktions- und Präsentationsleistung siehe GEBAUER, »Leistung« als Aktion und Präsentation (s. Anm. 7).

## 11. INDIVIDUELLE REAKTIONEN

Leistungs- und Erfolgsdenken wirken im Sinne Émile Durkheims als soziale Tatsachen, die Zwangscharakter haben und so Wirkungen auf das Handeln jedes Einzelnen entfalten.[70] Wenn Erfolg als Ziel individuellen Handelns als legitim betrachtet wird, persönliches Potential und in der Sozialstruktur verankerte legale und legitime Mittel zur Zielerreichung jedoch knapp sind, steigt die Wahrscheinlichkeit zu den spezifischen Anpassungsformen des Rückzugs, des Ritualismus, der Rebellion oder der Innovation, die man nochmals als legale und illegale, legitime und illegitime Formen unterscheiden kann.[71]

Im Sport kommt es so angesichts der Tatsache, dass Athleten immer mehr von ihrem Sport leben und ihr Einkommen erheblich von der Höhe der Leistung und der dadurch erreichten Platzierung in Wettbewerben abhängt sowie infolge der Tatsache, dass Konkurrenten ihre Einkommenschancen mittels Doping und damit erhöhter Erfolgschancen verbessern, zu einer steigenden Zahl von Dopern.[72] Auch im Breitensport sind solche Entwicklungen, wenn auch deutlich abgeschwächt beobachtbar.[73] In der Schule kommt es im Zuge des gesellschaftlich als notwendig erachteten vermehrten Erwerbs von höheren Bildungspatenten zu Überforderungssymptomen in Form von Burnout der Schüler, die man teilweise durch medikamentöse Unterstützung zu vermeiden bzw. zu mildern sucht. Man denke nur an Formen des Neuro-Enhancements in Form der Ritalin-Einnahme unter der Annahme, die Einnahme sei förderlich für die Konzentration und geistige Leistungsfähigkeit.[74] Jedes sechste Kind und jeder fünfte Jugendliche leiden unter schulischem bzw. beruflichem

---

[70] Siehe dazu ÉMILE DURKHEIM, Regeln der soziologischen Methode, Neuwied/Berlin 1991 zum Begriff der *faits sociaux* in den Regeln der soziologischen Methode, 106.

[71] Zur Anomietheorie siehe ROBERT K. MERTON, Social Theory and Social Structure. Towards the codification of theory and research, Glencoe IL 1949.

[72] Vgl. WERNER PITSCH/EIKE EMRICH, The frequency of doping in elite sport. Results of a replication study, in: International Review for the Sociology of Sport 47, 5 (2012), 559–580. Vgl. auch zur funktionalen Einbettung des Dopings in das Sportsystem, speziell zur Frage, unter welchen Bedingungen Investitionen in den Anschein von Ehrlichkeit lohnender sind als die Ehrlichkeit selbst, BERNO BÜCHEL/EIKE EMRICH/STEFANIE POHLKAMP, Nobody is innocent. The Role of Customers in the Doping Dilemma, in: Journal of Sports Economics 7 (2014), 1–23.

[73] Siehe dazu MONIKA FRENGER/EIKE EMRICH/WERNER PITSCH, Sport-induced drug use – an empirical study of the extent of sport-related drug use within a German Sports Association using the randomized response technique, 2015, eingereicht bei Plos One, erhältlich auf Anfrage.

[74] Siehe dazu und zu den im Text nachfolgend genannten Prozentzahlen o.V., Mehr als jedes sechste Kind leidet unter Stress. Ursache oft hoher Erwartungsdruck durch die Eltern, in: Die Welt vom 25.06.2015 (online verfügbar unter: http://www.welt.de/newsticker/news1/article143064535/Mehr-als-jedes-sechste-Kind-leidet-unter-grossem-Stress.html (Zugriff am 13.01.2016).

Stress. Von diesen Kindern haben 20,8 Prozent das Gefühl, nicht zu schaffen, was Eltern von ihnen verlangen, 60,2 Prozent davon werden nur manchmal bis nie nach ihrer Meinung gefragt, 85,6 Prozent müssen Termine wahrnehmen, die ihnen keinen Spaß bereiten und 89 Prozent wünschen sich mehr Zeit für Dinge, die ihnen Spaß bereiten. Von den Jugendlichen sind 11 Prozent depressiv verstimmt, 13,6 Prozent fühlen sich als Versager, 32,4 Prozent wählen als individuelle Antwort den freiwilligen sozialen Rückzug.

Untersuchungen von Krankenkassen unter ihren Mitgliedern zeigen, dass die medikamentöse Stützung der beruflichen Leistung in der Arbeitswelt kein seltenes Phänomen ist, wobei die steigende Anforderung zu lebenslangem Lernen den Druck insbesondere auf ältere Arbeitnehmer erhöhen kann. Die geschilderten Auswirkungen eines übersteigerten Leistungs- und Erfolgsdenkens verweisen gleichzeitig auf die bereits in den sechziger und siebziger Jahren des 20. Jahrhunderts formulierten Positionen marxistisch und neomarxistischer geprägter Kritik am Leistungsprinzip. Herbert Marcuse sieht im eindimensionalen Menschen die Gleichsetzung der Leistung mit ökonomischer Produktivität als Charakteristikum der gegenwärtigen Gesellschaft an, obwohl sich im Begriff Leistung doch die Spannweite und Unterschiedlichkeit des Zustandes und der Selbsteinschätzung des modernen Menschen zeige. Leistung im Sinne ökonomischer Produktivität deutet Marcuse als rein äußerliche Produktivität, wodurch der Mensch sich im Marxschen Sinn selbst entfremdet.

> »Die Gesellschaft als Ganzes ist irrational. Ihre Produktivität zerstört die freie Entfaltung der menschlichen Bedürfnisse und Anlagen, ihr Wachstum hängt ab von der Unterdrückung der realen Möglichkeiten, den Kampf ums Dasein zu befrieden«.[75]

Für den Hochleistungssport, dessen Strukturanalogien mit der industriellen Arbeitswelt u.a. Bero Rigauer untersuchte, wurden ähnliche Entfremdungstendenzen festgestellt, denen man jedoch seitens einer bürgerlichen Sportkritik mit dem Hinweis auf die anthropologischen Grundlagen des Leistungsprinzips und die Chancen einer selbst bestimmten Leistungserbringung begegnete.[76]

---

[75] HERBERT MARCUSE, Der eindimensionale Mensch, Neuwied/Berlin [3]1968, 11f.

[76] Vgl. dazu exemplarisch BERO RIGAUER, Sport und Arbeit. Soziologische Zusammenhänge und ideologische Implikationen, Frankfurt a.M. 1969 und HANS LENK, Leistungssport. Ideologie oder Mythos?, Stuttgart 1974.
Vgl. auch MAX HORKHEIMER/THEODOR W. ADORNO, Dialektik der Aufklärung. Philosophische Fragmente, Frankfurt a.M. 1984.

## 12. Fazit

Typisch für die heutige Form der Leistungsbewertung in Sport und Wirtschaft ist vor allem die Quantifizierung in Zeiten und Weiten im Sport und in der Wirtschaft vor allem in Geld. Quantifizierung und modernes Leistungsverhalten sind somit eng miteinander verbunden. Das Ergebnis der Bewertung einer Leistung als einer gemessenen Tätigkeit wird in Sport und Wirtschaft als Erfolg bezeichnet. Erfolg ist somit die Bewertung durch das Bilden eines Vergleichs, einer Messung, die anhand gewisser Gütemaßstäbe durchgeführt wurde. Der individuelle Wunsch nach einer Verbesserung der Leistung bzw. dem Streben nach Erfolg kann zu einem übersteigerten Leistungs- und Erfolgsdenken führen, dieser Effekt führt jedoch, wenn alle Beteiligten mit einer Erhöhung ihrer Leistung reagieren, individuell zu keiner Verbesserung im Ergebnis, da es unter der Annahme gleicher Leistungsfähigkeit zu keiner Verbesserung in der Rangreihe und damit nicht zu einem höheren Erfolg für den Einzelnen kommt. Im Bereich des Sportes kann überhöhtes Leistungsdenken kombiniert mit einer ökonomischen Abhängigkeit vom Erfolg den Anreiz für Doping unter den Athleten, aber auch unter den Breitensportlern erhöhen. Im Arbeitsleben zeigt sich dieses Phänomen beispielsweise in Form von Neuro-Enhancements sowie in anderen Formen der unerlaubten Konkurrenzmittel.

Zwei höchst unterschiedlichen Bewertungsrahmen kommt bei der Messung des Erfolgs eine besondere Bedeutung zu, nämlich einerseits dem auf die Person gerichteten und die Authentizität der Leistungserbringung in den Vordergrund rückenden und andererseits dem marktlichen Bewertungsrahmen, der auf die Bewertung durch den Markt in Form der Erlöse verweist.[77] Eine Gesellschaft, die aus Sicht der deutschen Bevölkerung gerecht ist, muss den Spagat zwischen einer Unterstützung der Hilfsbedürftigen und einer Leistungsgesellschaft schaffen, in der weder Personen durch ihre Herkunft besonders privilegiert werden, noch eine Gleichheit im Ergebnis unabhängig von der Leistung vorliegt.

[77] Neckel/Dröge/Somm, Das umkämpfte Leistungsprinzip (s. Anm. 30).

# Leistung – Performance – Übung

## Ein theologischer Blick

*Thomas Nisslmüller*

»Es gibt Leistung ohne Erfolg, aber keinen Erfolg ohne Leistung.«
François VI. Duc de La Rochefoucauld (1613–1680)

Das Schöne an der Leistung ist ihre Vieldeutigkeit. Manche Leistungen sind für die Ewigkeit, andere überdauern kaum den Moment. So mancher Weltrekord scheint in Stein gemeißelt, andere »purzeln« bereits nach wenigen Tagen. Und welche Leistungen Warren Buffet für die Wall Street, Tiger Woods für den Golfsport oder Walt Disney, Pixar Animation und Steven Spielberg für die Filmindustrie vollbracht haben, wird mit sehr unterschiedlichen Koeffizienten bzw. Eckdaten gemessen. Überhaupt scheint das Problem der Messlatten in Sachen Leistung virulent; ex post wird meist eine entweder glorifizierende oder nivellierende Form der Wertung vorgenommen, und beides liegt oft weit neben der historischen Bedeutung einer Leistung.

Leistungen sind oft konzeptgesteuert (»Trainingsplan«, »match plan«, »taktischer Plan«), Kreativleistungen können der puren Intuition entspringen, und die Leistung eines Off-Shore-Windparks, der London Stock Exchange oder eines ICE 4 werden mit sehr unterschiedlichen Wahrnehmungen und Wertbasen »gemessen« bzw. in Relation gesetzt. Manche Leistung wird in Ruhe und mit Anlauf errungen, eine sogenannte Lebensleistung kann oft Jahrzehnte Anstrengung gekostet haben, und die Kosten für die Energieleistung so mancher intakt gebliebenen Langzeitbeziehung oder Ehe können immens und oft nur ganz individuell eingeschätzt werden. Die Leistung eines Geschichtenerzählers ist eine andere als die eines Offiziers an der Front, die Leistung, die eine Abiturientin in einer Mathematikklausur vollbringt, ist zeitlich anders konfiguriert als die Leistung eines Fußballteams über eine komplette Saison. Raum-Zeit-Dimensionen sind auch ein entscheidender Punkt in der Frage der konkreten Leistungs»beurteilung«.

Leistung ist ein Ort der Freiheit, an dem sich Talente zeigen und Gestalt gewinnen. Das Ausloten von Möglichkeiten und Grenzen gehört dabei maßgeblich dazu. Insofern kann der Topos Leistung stets auch als »Erkenntnisgewinnzone« verstanden werden, sofern Grenzen Erkenntnisorte (Paul Tillich)[1] sind. Leistung ist ein Orientierungsgeschehen. Denn in der Leistung drückt sich eine Richtung, ein Einsatz von Möglichkeiten und Fähigkeiten aus. Wer aus einem Arsenal an Optionen zielgerichtet und fokussiert das Erforderliche respektive Passende hervorzaubert bzw. einsetzt, der »erbringt (eine) Leistung«. Dass eine Leistung extern bzw. objektiv als solche anerkannt wird, hängt dann sehr stark mit Kodifizierungen und kulturell-gesellschaftlichen Konventionen oder Überzeugungen zusammen. Eine künstlerisch-kulturelle Performance in einem freien westlichen Land mit Medienbegleitung mag ein Highlight des kulturell-öffentlichen Lebens sein; eine vergleichbare Aktion könnte in einem Land mit anderen Wahrnehmungs- und Moralvorstellungen u.U. einen Skandal oder gar eine Inhaftierung mit sich bringen. Leistungen können sich auf den Sektor Sport, der hier vor allem im Blick ist, aber auch auf kommunikative, allgemeine, bildungsaffine oder holistische Motive bzw. Ziele beziehen.

Leistung hat nicht selten auch etwas damit zu tun, dass Menschen ihren Platz in dieser Welt finden, dass sie sozusagen ihre »Bestimmung«, ihren »Platz im Leben« (oder gar: ihre Berufung) erfahren bzw. entdecken – oft auch erst im konkreten Ausleben oder Optimieren einer Leistung (skompetenz):

> »Aus der Natur des Menschen ergibt sich, daß – will der Mensch sich in der Welt erhalten – stets vier Leistungen gleichzeitig kooperativ erbracht werden müssen: erstens die Sicherstellung der Respektierung von Interaktionsregeln, notfalls auch unabhängig von allseitigem Konsens und spontaner Befolgungsbereitschaft durch Herrschaft (Leistungsbereich des politischen Systems); zweitens die kooperative Allokation von Lebensmitteln (Leistungsbereich des ökonomischen Systems); drittens die Bereitstellung von empirischem Regelwissen, das eine zweckrationale Wahl von Mitteln für feststehende Zwecke erlaubt (Leistungsbereich des Systems Wissenschaft); und schließlich die kommunikative Gewinnung von Überzeugungen über die Natur, den Ursprung und die Bestimmung des Menschseins in der Welt (Leistungsbereich der Kommunikation von ethisch motivierenden und orientierenden Überzeugungen).«[2]

---

[1] S. hierzu: Paul Tillich, Auf der Grenze. Aus dem Lebenswerk Paul Tillichs, Stuttgart 1962. Das Zitat stammt aus Paul Tillich, Begegnungen. Paul Tillich über sich selbst und andere, Gesammelte Werke XII, Stuttgart 1971, 13: »Die Grenze ist der eigentlich fruchtbare Ort der Erkenntnis.«

[2] Eilert Herms, Sport. Partner der Kirche und Thema der Theologie, Hannover 1993, 109f.

## 1. LEISTUNG UND PERFORMANCE. EIN ANNÄHERUNGSVERSUCH

»Ich höre wohl, daß du mich niemand nennst, Ich aber, gehüllt in einen Kaisermantel, blicke dich vom Schmetterlingsflügel aus an.«[3]
Inger Christensen

So mancher Leistungs-Underperformer fühlt sich als ein Nichts, und nicht selten habe ich Sportler beobachtet, die nach einer knappen oder auch »haushohen« Niederlage dieses Gefühl verkörperten. Niederlage und Sieg – zwei Seiten dessen, was gelebte Leistung im Raum des Sports häufig bewirkt. Basal formuliert gilt:

> »Leistung kann sowohl den Prozess einer Handlung als auch deren Ergebnis bezeichnen. Der Begriff bezieht sich dabei auf ausnahmslos alle positiven Fälle von Handeln, für die ein Kriterium wie ›erfolgreich‹ oder ›gelungen‹ gelten kann – mithin auch auf durchschnittliche, völlig normale Handlungen und Handlungsergebnisse. Das weithin gebräuchliche Verständnis des Begriffs, demzufolge Leistung besonders herausragende, wertvolle oder bemerkenswerte Handlungen oder Ergebnisse bezeichnet, ist unsachgemäß und irreführend: Das Phänomen Leistung ist mit Superlativen nicht angemessen und jedenfalls nicht vollständig erfasst. Jeder, der in Bezug auf menschliche Leistung irgendeine Art von Sensation erwartet, setzt falsche Hoffnungen in das Phänomen – er wird weder dem Begriff noch dem Phänomen damit gerecht.«[4]

Auch etymologisch ist der Begriff Leistung von Interesse:

> »Die Substantive ›Leist‹ und ›Leisten‹ sind maskulin und bedeuten ›Spur‹, ›Fußspur‹, ›Form‹. Das Verb ›leisten‹ bedeutet dem entsprechend ›auf den Leist achten‹, ›folgen‹, ›in der Spur bleiben‹ oder auch ›einen Anspruch erfüllen‹. So leistet der Untergebene Gehorsam, wenn er eine Anweisung seines Vorgesetzten befolgt. Der Begleiter leistet Gesellschaft, der Verurteilte leistet Buße, der Sanitäter leistet Hilfe, der Erwerbstätige leistet Einkommenssteuer.
>
> ›Leistung‹ hat allgemein mit der Qualität von Prozessen zu tun, im Speziellen von menschlichen Handlungsprozessen. Das Verbalsubstantiv ›Leistung‹ kann einerseits das Ergebnis eines Handlungsprozesses, andererseits den Prozess selbst be-

---

[3] INGER CHRISTENSEN, Das Schmetterlingstal. Ein Requiem, Frankfurt a.M. 1998, 31.

[4] MANUEL KIUNTKE, Leistung. Zur handlungstheoretischen und kategorialen Klärung eines verkannten Gegenwartsphänomens sowie zu Möglichkeiten seiner Gestaltung aus christlich-ethischer Sicht, Tübingen 2014, 204. Zum Thema Leistung als professionelle Qualität und Performance s. den Band von HARALD A. MIEG/MICHAELA PFADENHAUER (Hrsg.), Professionelle Leistung – Professional Performance. Positionen der Professionssoziologie, Konstanz 2003.

zeichnen - wie Schöpfung sowohl die geschaffene Welt als auch den schöpferischen Akt, denn ›es ist nomen actionis und nomen acti zugleich‹.«[5]

Die Termini Leistung und Erfolg[6] hängen oft sehr eng zusammen. Jessica Di Bella von der German Graduate School of Management and Law in Heilbronn schrieb mir zu diesem Themenkontext: »Analog zum Erfolg wäre die Resilienz[7] als positive Konsequenz vorhergehender Leistungseinsätze zur Überwindung von erfolgsgefährdenden Widrigkeiten zu verstehen.«[8] Widerstandskräfte entwickeln qua Leistungsperformance und positives Erstarken von Charakter und Persönlichkeit, dies wird nicht zuletzt auch durch das »ausgeübte Talent« und durch sportliche Aktivitäten gefördert und stabilisiert. Die Geschichte des Sports kann dazu viele spannende Episoden beitragen.[9]

Ich möchte in diesem Beitrag nicht zuletzt der Frage nachgehen, wie meine persönlichen Begegnungen und Erfahrungen den Begriff von Leistung und Performance unterfüttern oder in Frage stellen. Dazu zunächst ein kurzer Blick auf das Themenfeld Performance. Gemeinhin bezeichnet Performance eine künstlerische Aktion oder eine Art Individualakt künstlerischer Expression. Sie ist damit durchaus ein Konnotat von Leistung (serfahrung). Performance meint: (Eine) Form bilden, ihr eine(n) künstlerische Gestalt und Ausdruck verleihen, etwas mit einem spezifischen Content bzw. einer »unique message« versehen. Aber auch in Strategieprozessen und im Methodenrepertoire der Managementliteratur spricht man gerne von Performance, um Umsetzungskulturen und Prozessstrukturen näher zu beschreiben (meist mit dem Ziel, Effizienz zu fördern bzw. zu optimieren).[10] Auch Themen wie Auf-

---

[5] Kiuntke, Leistung (s. Anm. 4), 85.

[6] Zur theologischen Klärung des Erfolgsbegriffs s. Eilert Herms, Erfolg. Der theologische Sinn einer Lebensperspektive, in: ders., Gesellschaft gestalten. Beiträge zur evangelischen Sozialethik, Tübingen 1991, 380–398.

[7] Unter der uferlosen Literaturflut zum Resilienzthema sei hier nur auf zwei Werke verwiesen: Christina Berndt, Resilienz. Das Geheimnis der psychischen Widerstandskraft. Was uns stark macht gegen Stress, Depressionen und Burn-out, München [7]2014; Wolfgang Bilinski, Phönix aus der Asche. Resilienz - wie erfolgreiche Menschen Krisen für sich nutzen, Freiburg 2010.

[8] E-Mail vom 15. Dezember 2015.

[9] Zur Geschichte des Sports s. etwa: Horst Ueberhorst (Hrsg.), Geschichte der Leibesübungen Bd. 3/1, Berlin 1980, 165–196; Erich Geldbach, Sport und Protestantismus. Geschichte einer Begegnung, Wuppertal 1975; ders., Die Verpflanzung des deutschen Turnens nach Amerika. Beck, Follen, Lieber, in: Stadion 1 (1976), 331–376 (englische Fassung mit leichter Variation: The Beginnings of German Gymnastics in America, in: Journal of Sport History 3 [1976], 236–272); ders., Protestantism - Capitalism - Sports, in: Journal of Sport History 4 (1977), 285–294; Wolfgang Behringer, Kulturgeschichte des Sports. Vom antiken Olympia bis ins 21. Jahrhundert, München 2012.

[10] Als neueres Werk möchte ich hier nennen: Hartmut Werner, Supply Chain Controlling. Grundlagen, Performance-Messung und Handlungsempfehlungen, Wiesbaden 2014. Aber auch in »abseits« gelegenen Feldern wie etwa der Pflege wird mittlerweile über Performance und Kunst als Beschreibungsmatrix für das eigene Han-

führung oder Darbietung fließen in die Konnotationsfelder des Performativen mit ein.[11]

Das Puzzle der Freiheit besteht generell aus mannigfaltigen Leistungsbausteinen, und vielleicht müssten wir auch im Sinne der christlichen Freiheit das Thema Leistung mehr von einer Free-Style-Performance her zu denken lernen, weniger von einem avisierten oder klar definierten Regelrepertoire aus. Der »Jazz« der Performance als Ermutigung für einen verantwortlichen Umgang mit den Kompetenzen und Talenten unserer Vita!

## 2. LEISTUNGS»IDOLE« UND SPIELINTELLIGENZ

»Ich habe mich beirren lassen von meiner Kompetenz.«
Thorsten Legat[12]

»Der Mensch ist ein nachahmendes Geschöpf ...«
Friedrich Schiller[13]

Vorbilder spielen beim Thema Leistungsansporn/-motivation und Performance eine tragende Rolle; zumal die Identitätsstiftung und das Bilden perspektivischer Folien potentieller eigener Leistungen häufig über solche Vor-Bilder (»Idole«) gesteuert wird bzw. funktioniert.

Dass Sportler ihre Leistungsbereitschaft/-kompetenz auch anderweitig einsetzen, dafür steht u.a. Wladimir Klitschko, der am 28.11.2015 durch den Briten Tyson Luke Fury als Boxweltmeister entthront wurde und unmittelbar

---

deln/Entwerfen/Umsetzen gesprochen; s. etwa WOLFGANG HOOPS, Pflege als Performance. Zum Darstellungsproblem des Pflegerischen, Bielefeld 2013.

[11] Zum Begriff der ästhetischen Performanz s. auch JOSEF FRÜCHTL/JÖRG ZIMMERMANN (Hrsg.), Ästhetik der Inszenierung. Dimensionen eines künstlerischen, kulturellen und gesellschaftlichen Phänomens, Frankfurt a.M. 2011; einen eher holistischen »Trainingsansatz« für Performance wählt HEIDI HANNA, The Sharp Solution. A Brain-Based Approach for Optimal Performance, Hoboken 2013.

[12] Als youtube-Video in seiner legendären »Wutrede« zu sehen unter: http://www.spiegel.de/video/thorsten-legat-trainer-vom-fc-remscheid-sorgt-fuer-wirbel-video-1634784.html (Zugriff am 23.12.2015). THORSTEN LEGAT (geb. 1968) war schon zu Werderaner Zeiten nicht gerade für zimperliche Sprüche und Verhaltensweisen bekannt. Nach der »Startphase« seiner Karriere beim VfL Bochum hatte Legat Etappen bei Werder Bremen, Frankfurt und Schalke, seiner letzten Station, die er als Sportinvalide quittieren musste; 1992 hatte er mit Werder den Europapokal der Pokalsieger (gegen den AS Monaco) gewonnen; vgl. dazu auch https://de.wikipedia.org/wiki/Thorsten_Legat (Zugriff am 22.04.2016).

[13] FRIEDRICH SCHILLER, Sämtliche Werke. Fünftes Bändchen, Stuttgart/Tübingen 1827, 294 (Wallenstein in »Wallensteins Tod.«).

danach verkündete, als Dozent an der Universität St. Gallen (HSG) im Weiterbildungs-Studiengang »CAS Change & Innovation Management« zu wirken.[14]

Sich weiterzuentwickeln, um Anerkennung zu gewinnen, ist gewiss für viele ein entscheidender Faktor, um Leistungen auch abrufen zu können. Anreizstrukturen und Motivationstraining sind heute maßgebliche Einflusszonen für Leistungssteigerung im Allgemeinen und Höchstleistungen im Konkreten. Der Fußballmentor David Kadel schrieb mir in einer E-Mail vom 10.12.2015: »Fußballprofis lechzen wie wir alle nach Anerkennung und Liebe, doch sie werden nur für Leistung geliebt und im Versagen fallen gelassen. Als Christ bin ich wertvoll, weil Gott mich liebt, ohne Leistung bringen zu müssen.« Motivation und Anerkennung sind häufig die »Leistungsgaranten« vieler Sportler, und oft reicht schon ein anerkennender Blick von der Seitenauslinie, um einen Sportler wieder zu Höchstleistungen zu motivieren.

Beim Thema Leistung geht es basal um Orientierung (»Ziel«), um Organisation (von Talenten, Terminen etc.), um einen permanenten und strukturierten Optimierungsparcours sowie um eine gewisse »Orchestrierung« dessen, was man allgemein die Motivationslage nennt (also ein durchaus ökonomisches Momentum). Dass bei alledem die Askese bzw. Opfermentalität (»Entbehren«) nicht zu kurz kommen sollte, ist ein Allgemeinplatz, der aber dennoch kurz aufgeführt werden sollte. Für den Christen könnte dabei eine »Kongeniale Komplizenschaft« mit der göttlichen Größe und dem Kairos Gottes durchaus einen extra Push verleihen, wie das viele Fußballer von Lucio bis Cacau häufig auf dem Platz und nach Spielen zelebriert haben, sei es durch Gebetsgesten oder mit diversen T-Shirt-Aufdrucken unter dem Trikot, die in Erfolgssituationen während des Spiels oder nach den 90 Minuten medienwirksam gezeigt wurden.

Neben der Motivation ist das Thema der konkreten Situations-Intelligenz wesentlich. Bei Fußball spricht man – gerade bei sogenannten Mittelfeldstrategen – gerne von einer Spielintelligenz. Diese hat durchaus eine antizipative und – wenn man so will – auch eine gewisse »visionäre« Note. Man verbindet mit ihr häufig die Fähigkeit zum »Raumlesen«, »No-look-Pass« und dem Antizipieren der Moves der Mit- und Gegenspieler, gepaart mit generell taktischklugem Positionsspiel/Verhalten.

Zur Leistungskompetenz von Spielern und generell von Menschen gehört in der Tat ein Mix an diversen Intelligenzen. Und ein kurzer Verweis auf zwei davon sei hier erlaubt: Die emotionale Intelligenz hat Daniel Goleman[15] be-

---

[14] S. hierzu: http://www.tagesanzeiger.ch/wirtschaft/standard/Wladimir-Klitschko-fordert-Uni-St-Gallen-heraus/story/30768482 (Zugriff am 15.12.2015); s. ferner auch: »Out of the box«. Interview mit Wladimir Klitschko, in: DUB Unternehmer-Magazin Winter-Spezial 2015, 8–11.

[15] Daniel Goleman, EQ2. Der Erfolgsquotient, München 2000 (Original: Emotional Intelligence. Why it can matter more than IQ, New York 1995).

schrieben, die kollektive oder Schwarmintelligenz (»swarm intelligence«)[16] begrifflich im militärischen Kontext entwickelt (und 1989 von Gerardo Beni und Jing Wang vorgestellt) und dann zur »Wisdom of Crowds«[17] transformiert.[18]

Leistung hat also auch mit so etwas wie *success intelligence* oder dem Gespür für intelligentes Denken und Verhalten in konkreten Settings zu tun. Dabei spielt der Aspekt einer nach vorne gewandten und gleichsam »antizipativ« zu nennenden Intelligenz bzw. Sichtweise eine große Rolle.

## 3. Leistung und Athletik als heuristischer Begriff und christliche Haltung

»The gods may throw a dice, their minds as cold as ice.«
ABBA (Songtext »The winner takes it all«)

Die »Kraftversorgung« und Leistungserhaltung des Christen funktioniert in biblischen Termini durch das *in Christo esse*, das Sein in Christus (vgl. etwa Joh 15,1ff. in der Rede vom wahren Weinstock sowie 2 Kor 5,17). Dabei gibt es in der »weltlichen« Deutung der Leistungsmetapher häufig ein klar definiertes Kontingenzgefälle im Suchen nach dem ultimativen Leistungskick. Leistungen sind unwägbar, multifaktoriell bestimmt, aber in aller Regel optimierbar; sie fallen in die Sphäre zeiträumlicher Dependenzen und sind von daher als offener und flexibler Weg zu fassen. Der Weg als Zielstruktur – besser: das Unterwegssein als Gestaltung von Konkretionen und Ergebnissen, die sich erst noch ergeben und als Wegetappen greifbar werden – scheint in diesem Sinne als naheliegend.[19]

---

[16] S. dazu Peter Miller, Die Intelligenz des Schwarms. Was wir von Tieren für unser Leben in einer komplexen Welt lernen können, Frankfurt a.M. 2010 (Original: The Smart Swarm. How to Work Efficiently, Communicate Effectively, and Make Better Decisions Using the Secrets of Flocks, Schools, and Colonies, New York 2010).

[17] James Surowiecki, The Wisdom of Crowds. Why the Many are Smarter than the Few and How Collective Wisdom Shapes Business, Economies, Societies and Nations, London 2004; s. dazu auch Angelika Karger, Wissensmanagement und »Swarm intelligence«. Wissenschaftstheoretische und kognitionsphilosophische Perspektiven, in: Jürgen Mittelstrass (Hrsg.), Die Zukunft des Wissens. Workshopbeiträge XVIII. Deutscher Kongress für Philosophie, Konstanz 1999, 1288–1296.

[18] Hierzu siehe auch Thomas Nisslmüller, Success. Ethics, Intelligence and Economics. Reflections between Sankt Gallen, Saint Mary's and Santa Cruz, in: Lena Lybaek (Hrsg.), Gemeinschaft der Kirchen und gesellschaftliche Verantwortung. Die Würde des Anderen und das Recht anders zu denken. Festschrift für Professor Dr. Erich Geldbach, Ökumenische Studien, Münster 2004, 329–337.

[19] Zur Wegmetapher s. Richard Wisser, Vom Weg-Charakter philosophischen Denkens. Geschichtliche Kontexte und menschliche Kontakte, Würzburg 1999.

Die Athletenmetapher bei Paulus bringt dabei das Zielorientierte und Fokussierte einer engagierten christlichen Existenz in den Diskurs zum Thema Leistung mit ein (vgl. Phil 3,12–14). Das »Kämpfen« des Gläubigen hat stets in der engen Bindung an Gott zu erfolgen (vgl. Jes 40,31: »aber die auf den HERRN harren, kriegen neue Kraft, dass sie auffahren mit Flügeln wie Adler, dass sie laufen und nicht matt werden, dass sie wandeln und nicht müde werden.« Luther 84). Die Kampfarena des Glaubens markiert daher die Einsatzzone der göttlichen Kraft und Inspiration. Und der rechte Kampf, die »Leistung« des Glaubens zeitigt dann auch konkrete Wirkungen: Liebe, Freude, Friede, Geduld, Freundlichkeit, Güte, Treue, Sanftmut, Selbstbeherrschung (Gal 5,22). Das Üben des Glaubens, das Gestalten von Wegen, diesem Glauben Raum zu geben, ist wesentlicher Bestandteil der christlichen Existenz.

Peter Sloterdijk, der selbst mutatis mutandis Athlet ist (Fahrrad-Sportler), sieht den »übenden Menschen« als die Mitte dessen, was er Anthropotechnik nennt. Das Menschsein hat eine im Übungsmodus beheimatete Seite, die vielleicht sogar den Kern dessen ausmacht, was die Psyche als Entwicklung erlebt und den sogenannten »progress« des *homo viator*[20] beschreibt.

Der bereits zitierte Fußballercoach, Autor und Kabarettist David Kadel[21] hat mit seiner »Fussball Bibel«[22] sowie mit dem »Fußball Gott«[23] Akzente gesetzt für eine auch in der Öffentlichkeit goutierte Spiritualität im Spitzenfußball. Bei letztgenanntem Werk war auch Jürgen Klopp maßgeblich mitbeteiligt.[24] Kadel wirbt für eine authentische und gesunde Verbindung von christlichem Glauben und einem im Leistungsraum Fußball verankerten Leben bei Spitzensportlern. Und seine humorige Art, scheinbar Disparates in Einklang zu bringen, kann auch so manchen Nationalspieler herausfordern und miteinbeziehen.

Dass auch die fromme Psyche mit Entwicklungsschüben zu rechnen hat und Leistung Teil dieser Fortentwicklung ist, kommt nicht zuletzt im Klassiker »Pilgrim's Progress«[25] zum Ausdruck.

---

[20] S. dazu FRANK LISSON, *Homo Viator*. Die Macht der Tendenzen, Schnellroda 2013 (dieses Werk ist Teil seiner Homines-Trilogie; weitere Bände: *Homo Absolutus* und *Homo Creator*).

[21] Seine Website stellt ihn als Inspirations-Coach vor: www.davidkadel.de (Zugriff am 22.04.2016).

[22] DAVID KADEL, Fussball BIBEL (mit David Alaba, Jürgen Klopp, Lewis Holtby, Didier Ya Konan, Sven Schipplock u.a.), Asslar 2014.

[23] DAVID KADEL, Fußball Gott. Erlebnisberichte vom heiligen Rasen, Asslar $^{5}$2006.

[24] Der persönliche Kontakt zu David Kadel kam durch ein Telefonat mit Jürgen Klopp zustande, der mir während seiner Mainzer Trainerzeit zwar für eine Veranstaltung an der Universität Mainz absagen musste, mir aber dringend den Kontakt zu David Kadel ans Herz gelegt hatte.

[25] 1678 erstmals veröffentlichtes christliches Erbauungsbuch des englischen Baptistenpredigers JOHN BUNYAN. Voller Titel: The Pilgrim's Progress from This World to That Which Is to Come.

Neuere Literatur zum Erfolgs- und Leistungstopos aus US-amerikanischer Schreibe stammen von Joel Osteen (»You can, you will«)[26], Bill Hybels[27] oder Joyce Meyer[28], die beide in vielfältiger Manier den Trainings- und Leistungsparcours der christlichen Lebenswelt beackern und dies häufig auch in Medieninszenierungen vor Millionenpublikum gleichsam zelebrieren.

Aber auch säkulare Schriften verheißen Erfolg, Gewinn und Gelingen, wenn man gewisse Aspekte für seine Lebensgestaltung beachtet.[29] Die Frage nach den sogenannten »Erfolgsfaktoren« bleibt virulent.[30]

Wobei nicht nur die Frage nach Definition und Relation von Leistung einen wichtigen Aspekt darstellt, sondern auch die Frage nach »Leistung und Erschöpfung«, nach dem oft beschriebenen Burnout.[31]

---

[26] Joel Osteen, You Can, You Will. 8 undeniable qualities of a winner, New York 2014. In acht Kapiteln (von »Keep your vision in front of you« [Kap. 1] über »Commit to excellence« [Kap. 5] bis zu »Stay passionate« [Kap. 8]) geht Osteen (geb. 1963) hier der Frage nach, wie die christliche Existenz als gelingend-gewinnendes Leben gestaltet werden kann. Osteen plädiert für ein Leben im Erwartungsstand: »If you raise your level of expectancy, God will take you places you've never dreamed. He'll open doors no man can shut. He will help you overcome obstacles that looked insurmountable, and you will see His goodness in amazing ways.« (Osteen, a.a.O., 89). Der vielleicht bekannteste Pastor der USA (Lakewood Church, Houston, TX) wählt oftmals das Motto »Victors, not victims«, um diverse Aussagen seiner Predigten zu unterstreichen bzw. um diese zu verstärken.

[27] Bill Hybels (Gründer der Willow Creek Community Church) ist von seiner Persönlichkeit her durch und durch ein »leader«, wie er sich auch »on stage« stets in Sachen Leitungskompetenz als Vorbild darstellt; er definiert häufig seine Rollen von einem implizierten Business-Denken aus, was auch in seine Publikationen einfließt; s. etwa: Bill Hybels, Als Christ erfolgreich führen. Was Sie zu einer effektiven Führungskraft macht, Asslar 2008.

[28] S. etwa: Joyce Meyer, Living Courageously. You Can Face Anything. Just Do It Afraid, New York 2014; aktuell: dies., Let God Fight Your Battles. Being Peaceful in the Storm, New York 2015 (hier beschreibt Meyer »God's battle plan« und empfiehlt »worship« als Haltungsmodus im Sinne von »Don't wrestle, worship« – als Punkt fünf im zweiten Teil des Buches); s. auch dies., Power Thoughts. 12 Strategies to Win the Battle of the Mind, New York 2012.

[29] S. dazu etwa: Reinhold Stritzelberger, Selbstmotivation. Wie Sie dauerhaft leistungsfähig bleiben, Freiburg $^{2}$2015; Cordula Nussbaum, Geht ja doch! Wie Sie mit 5 Fragen Ihr Leben verändern, Offenbach 2015; Veit Lindau, Werde verrückt. Wie du bekommst, was du wirklich-wirklich willst, München 2015.

[30] S. etwa Alfred Kieser, Wie Erfolgsfaktoren Ihnen Erfolg bringen, in: Zeitschrift Führung und Organisation 76 (2006), 241–242. Der Organisationstheoretiker und Wirtschaftswissenschaftler Alfred Kieser (* 26. März 1942 in Würzburg) lehrt als Emeritus der Universität Mannheim als Gastprofessor für Managementtheorie an der Zeppelin Universität in Friedrichshafen. Dass Querdenker und »Weiterdenker« gerade hier am Bodensee ein Auffangbecken für innovatives Denken »out of the box« vorfinden, zeigt sich auch in der permanenten Gastprofessur des vielleicht bedeutendsten noch lebenden deutschen Geisteswissenschaftlers im Ausland, Professor Hans Ulrich Gumbrecht (* 15. Juni 1948 in Würzburg) von der Stanford University.

# 4. Persönliche Begegnungen. Ein narratives Intermezzo

## 4.1 Matthias Sammer und Berti Vogts

Als spannend erlebte ich immer wieder Begegnungen mit Sportlern oder mit führenden Köpfen des deutschen und/oder internationalen Sportkosmos. Begegnungen mit Matthias Sammer (geb. 1967) während seiner Rekonvaleszenzzeit vor Beendigung seiner Aktivenkarriere als Fußballprofi beim BVB (Borussia Dortmund) zeigten mir einen sehr besonnenen, aufrichtigen und offenen Menschen, der in meinen Augen stets den direkten Weg sucht und Konflikten nicht aus dem Weg geht.[32] Ich hatte ihm damals mit Widmung meine bei Brockhaus herausgebrachte »Gelegenheitsbibel«[33] überreicht und war nicht schlecht erstaunt, dass er mich Jahre später wieder erkannte, als ich ihn bei einem großen Trainermeeting in der Commerzbank-Arena in Frankfurt am Rande der Veranstaltung wieder traf.

Mit Berti Vogts verbindet mich eine besondere Begegnung, die mir insofern eindrücklich blieb, als er mir auf eine Anfrage hin, ob er eine Stelle für mich als Mentalcoach bei Bayer 04 Leverkusen prüfen möchte, postwendend antwortete mit einer schriftlichen Einladung zum Training mit anschließendem Gedankenaustausch beim Mittagessen in der BayArena.[34] Wir sprachen während des Essens über viele Facetten des Lebens, nicht nur über seine legendäre Alaskaerfahrung. Und ich hatte in Berti Vogts ein Gegenüber, das durch positive Ironie, Herzblut, Zugewandtheit und echtes Zuvorkommen im Umgang mit anderen Menschen aufwartete. Ich hatte eine Begegnung mit einem Mann, der von den Medien oft geschmäht und verdreht dargestellt

---

[31] S. dazu etwa: Sighard Neckel/Greta Wagner (Hrsg.), Leistung und Erschöpfung. Burnout in der Wettbewerbsgesellschaft, Berlin 2013; Fredmund Malik, Führen, Leisten, Leben. Wirksames Management für eine neue Welt, Frankfurt a.M. 2014; Für Malik (geb. 1944 in Vorarlberg), den St. Galler Managementvordenker, ist es für die Bewältigung der Lebens- und Aufgabenkomplexität der heutigen Zeit maßgeblich und entscheidend, die individuellen Ressourcen effektiv und zielfokussiert einzusetzen. Dazu anzuleiten gibt er sein Methoden- und Managementreservoir der Allgemeinheit preis und verlangt eine effektive Nutzung der Ressourcen und Möglichkeiten, um gute bzw. optimale Leistung an den Tag legen zu können. Für ihn ist der *Homo Effectivus* (als Kontrastprogramm zum *Homo Oeconomicus*) der Inbegriff dieser »zukunftsfitten« Spezies, die die Komplexitätsregeln beherrscht und Kontexte gewinnbringend gestaltet (s. Malik, a.a.O., 13).

[32] Wir begegneten einander mehrfach in Dortmund gegenüber des heutigen Signal Iduna Parks, bei »Orthomed. Medizinisches Leistungs- und Rehabilitationszentrum«.

[33] Dies war der ursprünglich vom Verlag geplante Titel von Thomas Nisslmüller, Dein Wort ist mir nah bei Tag und Nacht. Eine Auswahl aus der Bibel für alle Zeiten des Lebens, Wuppertal/Stuttgart 1997.

[34] Berti Vogts (geb. 1946) war Trainer von Bayer 04 Leverkusen im Zeitraum 9. November 2000 bis 21. Mai 2001.

worden ist und der live eine großartige Persönlichkeit und ein spannender Gesprächspartner ist. Leider haben wir uns später dann wieder aus den Augen verloren und ich hatte ihn nur noch kurz einmal danach in einer Fußballarena im Vorübergehen sehen können.

### 4.2 Tiger Woods

Ich erinnere mich an eine eindrucksvolle Szene bei den »Wachovia Classics« (Wachovia Championship) in Charlotte (North Carolina, USA) 2005, als ich drei Meter neben Tiger Woods (geb. 1975) bei einem Abschlag während einer seiner Proberunden stand und seinen Drive miterlebte. Locker durchswingen, ohne allzu viel auf den »korrekten Lehrbuchschwung« zu achten, sondern im eigenen Rhythmus zu spielen. Bei Tiger konnte man ablesen, was es heißt, sich selbst zu kennen und von dieser Selbstkenntnis heraus zu spielen – und vice versa, was die Leistung ja oft hemmt oder begrenzt. Ich hatte damals das Empfinden, dass hier so etwas wie »Selbst-Treue« augenfällig stattfindet (auch wenn er in seiner damaligen Ehe offenbar das Thema Treue nicht ernst nahm). Und bei der »Leistung« des Christen geht es ja um diese doppelte Treue-Relation: Selbst-Treue und Treue zu Gott, letztlich um ein »Doppel-Gespür« für das eigene Können und das Gegenüber.

### 4.3 Joey Kelly

Mit Joey Kelly (geb. 1972), dem Extremsportler und Kultmann der Kelly Family, hatte ich im Frühjahr 2013 eine einprägsame Begegnung am Rande seines Auftritts beim »Tag der Gelassenheit« des Tempus-Konzerns in Ulm. Kelly beeindruckte mich mit seiner entspannten und zuvorkommenden Art, die er mit Spontanhumor und einer Menge an Esprit verband. Für ein Selfie und eine Widmung[35] war er trotz großen Andrangs sehr zu haben, und im Flur hatte er einen Berg an früheren CD's aufgestapelt, von denen sich jeder Gast frei nach Gusto kostenlos bedienen konnte. Kelly hatte nicht nur eine spendable Art, sondern auch einen sehr entspannten Umgang mit allen Teilnehmern, ob diese nun »bekannt« waren oder nicht. In seinem Vortrag hatte er an mehreren Stellen durchblicken lassen, dass für ihn Leistung nicht so sehr die Frage nach dem »Ich zeig's Euch!«, »Ich bin besser als ...« ist, sondern das verbindliche Sich-Festlegen auf ein selbstgestelltes Themenziel und eine konkrete Aufgabe, die man für sich mit vollem Einsatz und ohne allzu viel Rücksicht auf Gebrechlichkeit und Ängste fokussiert avisiert und realisiert.

---

[35] Damals war gerade die 4. Auflage erschienen: Joey Kelly, Hysterie des Körpers, Reinbek bei Hamburg 2012.

### 4.4 Susen Tiedtke

Susen Tiedtke (geb. 1969), die einst in der Presse als »schönste Frau der Leichtathletik«[36] gefeierte Weitspringerin (mit zweifachem Titel der Deutschen Meisterin) und ehemalige Kunstturnerin, traf ich einmal am Rande einer Veranstaltung in Dortmund, und Tim Lobinger (ehemaliger Stabhochspringer) ließ es sich nicht nehmen, von uns ein Bild zu machen – mit sichtlichem Spaß daran, seine Athletenkollegin abzulichten. Susen wirkte auf dem Podium und im persönlichen Kontakt gewöhnlich etwas schüchtern und zurückhaltend, aber sehr klar in ihrer Diktion, und ohne Zweifel blitzte in ihren Worten immer so etwas wie ein engagiertes Eintreten für echte Werte und verbindliche Leistungsfokussierung auf. Sie hat auch in den Jahren nach ihrer Karriere klar ihren Weg weitergeschrieben und betreibt jetzt in Ahrensfelde (bei Berlin) eine vielbeachtete Praxis für Naturheilkunde zu den Themenfeldern »Neuer Schwung – Harmonie – Wohlbefinden«.[37] Und nicht wenige kommen und holen sich bei Susen Tipps und guten Rat, um sich im individuellen Leistungsverhalten optimal zu positionieren.

Das explorative und auf dem Optimierungs»trip« befindliche Entwicklungsdenken ist für eine physische und mentale Wettkampfvorbereitung und -praxis durchaus ein entscheidender Faktor: »You haven't accomplished your greatest dreams. There are new mountains to climb, new horizons to explore.«[38]

### 4.5 Jonathan Böttcher und Arno Backhaus

In einem Gespräch im Dezember 2015 mit dem Musiker Jonathan Böttcher[39] zum Thema Leistung sagte mir dieser, dass sein Credo-Satz laute: »Ich bin wertvoll, weil ich in allem bin, was ich tue, unabhängig von meinem Terminkalender (oder unabhängig von meiner Leistung).« Er selbst sehe eine große Differenz zwischen einem Arbeitnehmerethos in Sachen Leistung und dem eher kreativen »Work Process« als Musiker. Zudem lerne er jeden Tag drei oder mehr Stunden Text auswendig (häufig Bibeltexte), die dann als »positiver Bodensatz« für sein künstlerisches Schaffen und Wirken dienen. Zudem betonte er, dass er in einer säkularisierten Gesellschaft häufig die Spiritualität vermisse, die den Leistungsdruck ja häufig erst konterkariere und so etwas wie eine positive Erdung bewirke.

---

[36] U.a. war Tiedtke »Miss WM Athen« und »Miss WM Sevilla«, s. dazu: http://www.berliner-kurier.de/berlin/weitsprung-star-susen-tiedtke–jetzt-ist-ihr-leben-wieder-heile-4401532 (Zugriff am 23.12.2015).

[37] http://susentiedtke.de (Zugriff am 26.04.2016).

[38] OSTEEN, You Can (s. Anm. 26), 89.

[39] Der Musikerpoet Jonathan Böttcher blickt mit Mitte fünfzig bereits auf etwa 4000 Live-Konzerte, ca. 50 CD-Produktionen sowie literarische Veröffentlichungen zurück. Ich sehe es als eine meiner besonderen Leistungen als Theologe an, für Böttcher das Konzept und einen Großteil der Texte für eine seiner CD's (zum Buch Kohelet mit dem Titel »Alles hat seine Zeit«) verfasst zu haben.

Bei einem Seminar mit dem christlichen Komiker und Sänger Arno Backhaus sagte mir dieser zum Thema Leistung:

> »Weißt Du, ich habe ADS und finde das mittlerweile gut: ADS'ler können 180 Prozentpunkte Amplitude entwickeln, während ›Normale‹ eben nur 140 Punkte erzielen. M.a.W.: die Amplitude bei ADS'lern ist größer und damit kann man in der Tat im High Peek mehr Leistung bringen.«[40]

Sein Seminar ADHS (= Auch Du hast Stärken) hat schon manchen ermutigt, seine scheinbaren Schwächen als Talente und Angebote für positive Leistungserfahrung wahrzunehmen.

Leistung und Ermutigungs-/Motivationsparcours können und sollten eigentlich Hand in Hand gehen, nicht nur im Coaching von Spitzensportlern und Profiathleten.

### 4.6 Coach beim Charlotte Soccer Club (North Carolina, USA)

Als Fußballtrainer im Jugendbereich des Charlotte Soccer Club (2005) durfte ich zahlreiche Erfahrungen sammeln, die auch mein Verständnis von Training und Leistung geschärft haben. Eindrücklich bleibt eine Erfahrung kurz vor einem Endspiel der Stadtmeisterschaft, dessen Finale wir nach harten Kampfspielen erreicht hatten. Obgleich die gegnerische Elf schon mehrfach den Pokal gewonnen hatte und von den Statistiken und dem »Spielermaterial« her weit höher eingestuft war, zeichnete sich unser Team durch einen massiven Kampfeswillen und völligen Einsatz aus. Bei der Beobachtung des Gegners hatte ich die Zweikampfhärte und weitgehend sprintschnelle Spieler ausgemacht. Der beste Spieler meines Teams, ein Defensivkünstler mit Offensivqualitäten, war in aller Regel eher verhalten und zurückhaltend auf dem Platz und hatte in der Saison in Zweikämpfen eher zu defensiven statt aggressiven Verhaltensmustern tendiert. In der Pause vor dem Finale nahm ich ihn zur Seite und pushte sein Selbstwertgefühl und ermutigte ihn, während des Spiels die Seitenlinie durchzulaufen und eine Flanke zu versuchen, ohne sich dabei von den sprintschnellen Gegnern beirren zu lassen; stattdessen impfte ich ihm ein, im Zweikampf»tackle« intensiv mit dem Körper dagegenzuhalten und durchzulaufen. Meinem »Center-Forward« (Mittelstürmer) hatte ich die gesamte Saison über »gepredigt«, dass er halbhohe Flanken direkt verarbeiten und nicht erst im Strafraum unter Kontrolle bringen solle. Diese zwei »Trainer-Aktionen« gaben schlussendlich den Ausschlag für den knappen 1:0 Erfolg meines Teams. Der Verteidiger lief mit höchstem Tempo (unter »Beackerung« seines Gegners, was er noch nie zuvor in dem Maße geschafft hatte) bis zur Grundlinie durch und flankte bis vors Tor, wo der Mittelstürmer den Ball volley verarbeitete und zum 1:0 einnetzte. Insofern hat das »long-term«- und »ad-hoc«-»Preaching« Gehör gefunden. Als Trainer muss man häufig bei-

---

[40] Das Seminar mit dem Titel »Kommunikation und emotionale Kompetenz« fand am 05.12.2015 in Bad Homburg statt.

des verbinden: die stete Ansprache über längere Zeiträume – und das vehemente Coachen in einer konkreten Situation.[41]

## 4.7 Helmfried Riecker

Durch seine fokussierte, geerdet-positive Art sehr eindrücklich war für mich auch die Begegnung mit Helmfried Riecker, dem Gründer von »Sportler-ruft-Sportler« und mehrfachen Meister im Motorrad-Geländesport (Motocross und Trial) auf deutscher und europäischer Ebene. Bei Tischtennisfreizeiten der Organisation »Sportler-ruft-Sportler« (heute: SRS e.V.)[42] konnte ich als Teenager erleben, wie ein strenger Bezug zwischen dem Glauben und der Performance als Sportler hergestellt wurde und Themen von Leistung, Ambition und Wettkampf mit der christlichen Lebensauffassung verknüpft wurden.

## 4.8 Opa Georg und Jugendfußball

Hier noch ein abschließender Rückblick auf meine eigene Vita:
In Kindheitstagen wurde ich persönlich stark durch die Sportlervita meines Großvaters mütterlicherseits geprägt, der viele Geschichten von seiner Zeit als einem der besten Ringer Deutschlands zu berichten wusste, bis die Nazis das Sportwesen umkrempelten und er dort keinen Platz mehr für sich sah. Auch als Boxer war Georg »Schorsch« Susemichel (so hieß der Großvater, der später Unternehmer war) erfolgreich, hatte aber doch dem Gewichtheben und Ringen sein Hauptaugenmerk gewidmet. Sein Hof in Worms war voller Hanteln verschiedener Größen, und für mich war es eine Freude, meinen Opa beim Stemmen zu beobachten und später selbst mitzumachen. Dass er als über 80-Jähriger eine 50-Pfund-Hantel noch einhändig durchreißen konnte, steht mir bis heute eindrücklich vor Augen. Mein Opa war für mich Idol und Sportmotivator: für ihn war der Sport ein Momentum von Freiheit und Persönlichkeitsausdruck, aber auch Challenge und Lebenskraft/-ansporn.

---

[41] Der von den Medien häufig eingespielte »Zettel-Trick« von Guardiola, der in einem laufenden Spiel seinem Kapitän Philipp Lahm einen Zettel mit strategischen Kommandos gab, die dieser dann als »stille Post« an die Mitspieler weitergab bzw. diese instruierte, zeigt ein solches »Akutcoaching« in einer konkreten Spielsituation. Guardiola erklärte seine Zettel-Taktik anschließend vor Reportern, s.: https://www.youtube.com/watch?v=mRu1k_V_xco (Zugriff am 23.04.2016). Kurze Zeit später war diese Aktion auch im Sport1 Doppelpass Thema: https://www.youtube.com/watch?v=mfA6mON1lUw (Zugriff am 23.04.2016).

[42] http://www.srsonline.de/home (Zugriff am 23.04.2016). Riecker hatte die Organisation 1971 unter dem Namen »Sportler ruft Sportler« ins Leben gerufen. Es war zunächst eine Abteilung des Missionswerks »Neues Leben« und wurde dann 1986 eigenständig. 2003 übergab Riecker die Leitung des Werks an Hans-Günter Schmidts. SRS bietet eine breite Auswahl an sportaffinen Seminaren (von Volleyball, Fußball, Baseball und Leichtathletik über Golf bis zum Pferdesport) und Events an und unterhält ein eigenes Erlebnis- und Sporthotel (Hotel Glockenspitze).

Später konnte ich dann als erfolgreicher Jugendfußballer bei TUS Weinsheim 1887/1916 viele Tore als Mittelstürmer erzielen. Eins der größten Highlights war gleich im zweiten Spiel, in dem ich erstmals in meiner Lieblingsposition als Sturmführer spielen durfte und beim 6:0-Sieg in Kleinniedesheim fünf Treffer beisteuern konnte, darunter mein erstes Volleytor nach Direktabnahme einer Ecke meines Schulfreundes Klaus Karlin, der für einen D-Jugendlichen schon enorme Schussgewalt besaß. Der Mannschaftssport Fußball hat mich sehr viel gelehrt zum Themenkreis »Leistungserbringung in einem Netzwerk«: Fußball ist zwar auch ein Sport, in dem so mancher Dribbelkünstler und »Ballegomane« vorkommt, aber die eigentliche Leistung besteht im intelligenten Interaktionsmodus zwischen den Mannschaftsteilen Torwart, Abwehr, Mittelfeld und Sturm. Und sich in jedem Spiel neu zu (er-)finden in den Lauf- und Passwegen der Teamkameraden und im Kampf mit stets unterschiedlich agierenden Gegnern, das bringt doch so manche Erkenntnis auch für das alltägliche Leben im Privaten und Beruflichen. Als ich dann später erstmals als gerade mal B-Jugendlicher in einem A-Jugendspiel mitwirkte und beim 3:2-Erfolg ein Kopfballtor sowie eine Torvorlage beisteuerte, war das für mich ebenfalls ein großes Highlight meiner Sportlerkarriere, die durch mehrfache Bänderdehnungen zum Erliegen kam. Vor meiner Zeit als Fußballspieler bot ein geteilter zweiter Platz in der Wormser Hochsprungstadtmeisterschaft und so manche Ehrenurkunde für mich den einen oder anderen Anlass für emotionale Höhenflüge.

## 5. LEISTUNG UND PASSION SIND KONVERGENZPARAMETER

»For me, I'm focused on what I want to do. I know what I need to do to be a champion, so I'm working on it.«[43]
Usain Bolt

»It's just not possible to have that kind of focus if you're not passionate about what you do. Greatness will forever be just out of reach. If you don't absolutely, thoroughly, completely love, love, love what you do, you'll never have what it takes to make it to the top.«[44]
Ivanka Trump

Passion ist der Start von authentisch-echter Leistung(sbereitschaft). Und mit dem fokussierten Eintreten für den konkreten, den übenden und persistenten Einsatz von Talenten/Möglichkeiten beginnt meist auch die Frage nach einem leistungsorientierten Haltungsreflex und -habitus. Leidenschaft für eine Sache kann durchaus auch den Willen zur Veränderung bzw. zum Wechsel mit sich

---

[43] Zit. nach: http://www.brainyquote.com/quotes/authors/u/usain_bolt.html#zymBYAsdaKcTJ8sx.99 (Zugriff am 23.04.2016).

[44] IVANKA TRUMP, The Trump Card. Playing to Win in Work and Life, New York 2009, 91.

führen, ganz nach der englischen Lebensweisheit: »Leave it, love it or change it.« Wobei dieser Wechsel sich oft eher in Etappen und nicht nur in spontanen Entscheidungen zeigt.[45] Und diese Weisheit ist dann stets als eingebettet zu betrachten in die Raum-Zeit-Dimension, in der sich Leistung entfalten muss; diesen Aspekt näher zu betrachten, könnte gewiss an anderer Stelle das hier Gesagte unterfüttern und komplettieren.[46] Viele Begegnungen haben in meinem Leben dazu beigetragen, dass ich mehr und mehr erkannte, wie wichtig die »Flamme«,[47] die Passion für eine Sache, einen Prozess oder eine Optimierungs- bzw. Übungsleistung ist. Die Hingabe von Herzen und das ungetrübte Vertrauen in die aktive Übungspraxis sind wesentlicher Bestandteil dieser Überzeugung, dass Leistung und Leidenschaft häufig als Paar auftreten bzw. konvergieren. Es geht dabei für viele Sportlerinnen und Sportler primär nicht nur um die Frage der Passion im Sinne einer temporären und fokussiert-strategisch eingesetzten Passion, sondern um »ganze Hingabe«, letztlich um die Einübung in die *ars amandi*: die Kunst, sich voller Leidenschaft in die Aufgaben und Anforderungen des Lebens zu begeben und gelassen dem Ziel entgegen zu leben, wie es die Pilger und Heiligen der christlichen Geschichte in vielfacher Weise durch ihr Leben und Schreiben gezeigt und beschrieben, ja *in-szeniert* haben.

College-Basketball in den USA ist gewiss eine Welt, in der *Passion pur* gelebt wird. Davon durfte ich mich live überzeugen, als ich während zweier Jan-Term-Professuren 2003 und 2004 am legendären Saint Mary's College of California an der SEBA (School of Economics and Business Administration) auch einmal das Basketball-Team in Business Ethics unterrichtete. Als ich die Spiele in einer ungemein frenetischen Atmosphäre miterlebte und auch von den Spielern während einer »Game Break« auf den »Court« beordert wurde, um einigen weiteren Akteuren vorgestellt zu werden, war das schon »großes Kino« für einen wie mich, der die oft glanzlose deutsche Hochschulwelt gewohnt

---

[45] Veränderungskompetenz verläuft häufig in diesen vier Stufen: Stufe 1: Unbewusste Inkompetenz (noch ohne Feeling für eine notwendige Veränderung); Stufe 2: Bewusste Inkompetenz (ohne konkrete Idee für die Veränderung); Stufe 3: Bewusste Kompetenz (konkrete Arbeit an der Veränderung); Stufe 4: Unbewusste Kompetenz (souveräner, spontaner und flexibler Umgang mit Veränderung). S. dazu Lothar Seiwert, Lass los und du bist Meister deiner Zeit, München 2013, 114f.

[46] S. zu diesem Themenkomplex auch Arianna Huffington, Thrive. The Third Metric to Redefining Success and Creating a Life of Well-Being, Wisdom, and Wonder, New York 2014; zur Weisheit s. Huffington, a.a.O., 115ff.

[47] Erinnert sei an das Diktum von Friedrich Nietzsche:
»Ja! Ich weiß, woher ich stamme!
Ungesättigt gleich der Flamme
Glühe und verzehr' ich mich.
Licht wird alles, was ich fasse, Kohle alles, was ich lasse:
Flamme bin ich sicherlich.« (aus: Ders., Die Fröhliche Wissenschaft [1882/1887], KSA 3 [Morgenröte, Idyllen aus Messina. Die fröhliche Wissenschaft], 367, zit. nach Walter Nigg, Friedrich Nietzsche, Zürich 1994, 38).

war. Und der Sport spielt an amerikanischen Hochschulen in der Tat eine derart zentrale Rolle, dass dort gewisse Ausfälle und akademische Defizite schnell wieder »in die Spur« gebracht werden, wenn ein hervorragender Sportler für das College die sportlichen Meriten und Matchpoints garantiert. Dieser Eindruck hat sich für mich vor Ort klar verifiziert in meiner Zeit in Kalifornien, dass nämlich hier der sogenannte College Sport (bzw. College Athletics)[48] nicht nur »gelebt« wird, sondern auch als identitätsstiftender Faktor fungiert, der den Gemeinsinn einer Hochschule im kompetitiven Vergleich stärkt und häufig als eine Art »battle for the better« - und damit als »win or lose« - gefahren wird.

Doch zum Siegen und zum Vergleich gehört auch der Umgang mit Niederlagen oder mit Stagnation. Auch Verlieren will gekonnt sein. Und das Erleben und Bewältigen des Verlierens ist ein Terrain, auf dem man sich häufig intensiv bewegt, bevor große Erfolge einsetzen und so etwas wie eine Leistungsexplosion stattfindet. Beispiele dazu sind in der Geschichte des Sports Legion. Eins der Lieblingsbücher von Pep Guardiola[49] ist diesem Thema gewidmet: der Kunst des Umgangs mit Niederlagen und der Erfahrung des Nicht-Gewinnens etc.[50]: Fußball-Helden in einem Kaleidoskop des »wirklichen Lebens«, ein Bestseller à la bonne heure. An einer Stelle des Werkes heißt es: »Ein Match, von dem man träumt, ist immer besser als ein Match, das man spielt.«[51] Ein Traummatch hat meist mehrere Optionen zu gewinnen - und auch eine Niederlage bleibt beim Aufwachen »nur« eine fiktive Wirklichkeit. In der Tat ist das Verlierenkönnen ein wesentlicher Zug eines reifen, gesunden Menschenlebens, und die Umgangskultur mit dem Thema Sterben (*ars moriendi*)/Niederlage/Abschied sagt häufig viel über einen Menschen, eine Gruppe oder eine ganze Kultur(zone) aus.

---

[48] Vgl. https://en.wikipedia.org/wiki/College_athletics (Zugriff am 23.12.2015).

[49] Kurz vor Weihnachten 2015 wurde publik, dass Guardiola Deutschland und den FC Bayern München verlassen wird. Zu seinem Werdegang als Spieler und Trainer bis zum Start in München s. GUILLEM BALAGUÉ, Pep Guardiola. Die Biografie. Mit einem Vorwort von ALEX FERGUSON, München 2013 (Original: Pep Guardiola. Another Way of Winning, London 2012).

[50] DAVID TRUEBA, Die Kunst des Verlierens. Aus dem Spanischen von PETER SCHWAAR, Köln 2011 (Original: Saber perder, 2008).

[51] TRUEBA, Kunst (s. Anm. 50), 317.

## 6. Vom übenden Leben: Eine (nicht nur) ethische und theologische Aufgabe

»An die Jünglinge
Fallen verzeih ich dir gern, nur strebe immer nach oben,
Bist du zum Fluge, du bist nimmer zum Streben zu schwer.«
Xenien von Goethe und Schiller[52]

»Doch erschöpft sich das übende Leben nicht in der einfachen Reproduktion der Handelnden durch ihre Handlungen. Alle Erweiterungen der Könnenskreise, alle Steigerungen bis zu den letzten Höhen der Artistik vollziehen sich auf der Basis von Selbstformung durch Übung.«[53]
Peter Sloterdijk

Mutatis mutandis könnte man Gott durchaus als einen Athleten-/Meistertrainer[54] begreifen, der uns dabei begleitet, »im Limit« zu bleiben und dennoch die (realweltlichen wie kognitiv-mentalen) Grenzen/Grenzbereiche weiterzustecken: als eine Art göttlicher »Pep Guardiola«, der zu innovativen Grenz(erfahrung)en führt – durchaus auch an »points of no return« – und Neues zu denken und zu wagen heißt; ganz nach dem Motto: »The road of excess leads to the palace of wisdom ...You never know what is enough until you know what is more than enough.« (William Blake, Proverbs of Hell)[55]

Inwieweit von einer ethischen Warte aus beurteilt das Ganze dann der Gesundheit dient oder nur einem gewissen (geforderten oder erwünschten) Leistungsethos entspringt, ist gewiss als Frage erlaubt und wichtig[56]: denn das *übende Leben* kann durchaus im Sinne einer *via negativa* auch ein krankmachendes Colorit im Schlepptau haben, wie viele ehemalige Berufssportler zu berichten wissen (ohne jetzt nur auf »Klassiker« wie Skirennfahrer mit Knieschäden, Volleyballer mit Fingergelenkproblemen und Fußballer mit Knochenbrüchen zu verweisen). Auch die »unterstützenden Präparate« (von Soft-Doping über chirurgische Manipulationen bis hin zur Einnahme von Anabolika) haben leider eine unschöne Historie, die immer wieder Blüten treibt und zu immer neuen, filigraneren Täuschungsmanövern führt (nicht nur die Tour de France Ex-Helden Jan Ullrich und Lance Armstrong wären hier zu nennen).[57]

---

[52] Johann Wolfgang Goethe, Sämtliche Gedichte. Mit einem Nachwort von Karl Eibl, Frankfurt a.M./Leipzig 2007, 718 (Nr. 302).

[53] Peter Sloterdijk, Du mußt dein Leben ändern. Über Anthropotechnik, Frankfurt a.M. 2009, 503.

[54] Vgl. Sloterdijk, Du mußt dein Leben ändern (s. Anm. 53), 456.

[55] S. dazu: Jeffrey J. Kripal, Roads of Excess, Palaces of Wisdom. Eroticism and Reflexivity in the Study of Mysticism, Chicago 2001.

[56] Erich Geldbach, Ist Sport gesund?, in: Rudolf Mohr (Hrsg.), »Alles ist euer, ihr aber seid Christi«. Festschrift für Dietrich Meyer, Köln 2000, 111–118.

[57] S. dazu etwa: Swen Körner, Doping im Spitzensport, in: Christoph Asmuth/Susanne Illmer/Hans-Georg Lambertz (Hrsg.), Saubere Leistung – Doping in

Für die Theologie bleibt die Aufgabe, als Impulsgeberin, aufmerksame Begleiterin und »Wächterin« in den nationalen und internationalen Sportkomitees etc. mitzuwirken und Skandalen entgegenzusteuern, aber auch bei der Klärung der Frage, wie ein Ethos im (Breiten- und Spitzen-)Sport entwickelt werden kann, das dem Menschen und nicht dem »System Sport« dient, die Stimme zu erheben und im Kleinen wie im Großen Position zu beziehen. Denn gerade in einem Zeitalter sich schnell wandelnder Maßstäbe, Benchmarks und Leistungsideen braucht es eine kritische, wertestarke und wahrhaftige Debatte und Menschen, die sich engagiert für ehrliche Sportlichkeit einsetzen.

> »Worin liegt nun die Aufgabe der Theologie in dieser Situation? Zum einen muss es der Theologie darum gehen, eine kritische Sensibilität wachzuhalten für diese Wandelbarkeit und letztlich für die Relativität aller ökonomischen, sportlichen, gesellschaftlichen Ziele und Maßstäbe. Je schneller die Maßstäbe wechseln, je weiter sie hinausschießen, desto höher wird ja auch die Möglichkeit, an den Leistungsansprüchen zu scheitern. Gerade weil die Bewertungsmaßstäbe von Leistung in der Gesellschaft heute immer weniger einsichtig sind und das Scheitern somit wahrscheinlicher wird, darum ist die theologische Botschaft, dass das eigene Sein nicht von der Leistung abhängt so bleibend wichtig. Eine Aufgabe der Theologie liegt in der kritischen Reflexion und in der Relativierung (nicht der Aufhebung!) solcher innerweltlichen Leistungsansprüche, die den meisten Menschen nur noch mit Scheitern drohen. Dagegen klingt die Rechtfertigungsbotschaft frisch und wohltuend.«[58]

Die Nachricht von der *sola fide* gewährten Gerechtigkeit ist durchaus zu verbinden mit einer frei aufspielenden und von Vorgaben befreiten Leistungsbegrifflichkeit, die sich auch als eine Orientierungsmatrix begreifen kann: denn erlebte Leistung ist für viele Menschen ein sinnstiftendes Momentum und führt nicht selten eine deutlich sinnliche Dimension im Schlepptau mit sich. Die Erweiterung der Wahrnehmungs- und Erlebnisgrenzen sind dabei eine Förderung der ästhetischen Stärke und u.U. auch der ethischen Gewissheits-

---

Sport und Gesellschaft, Brennpunkt Doping. Die Macht des Machbaren und der moderne Mensch, Bielefeld 2014; ders., Zwischen Höchstleistung und Moral. Doping und Spitzensport, in: Doping. Zeitschrift für Sport, Recht und Medizin 4/2 (2011), 209–213; Michael Segets, Doping und die Sinnstrukturen des Sports, in: Bundesinstitut für Sportwissenschaft/Bundeszentrale für politische Bildung/Nationale Anti Doping Agentur Deutschland/Translating Doping (Hrsg.), Saubere Leistung? – Grenzen akzeptieren!, Bonn 2012, 103–126.

[58] Stefanie Schardien, Von Letzten und Ersten. Leistung aus theologischer Perspektive, (Manuskript des Vortrags beim 39. Studienkurs des Arbeitskreises Kirche und Sport der Evangelischen Kirche in Deutschland (EKD) vom 5. bis 13. Februar 2009 in Sils-Maria unter dem Titel »Ohne Fleiß kein Preis. Leistung in Kirche, Sport und Gesellschaft«; Download unter: https://www.ekd.de/kirche-und-sport/studienkurse/2009_leistung.html [Zugriff am 23.04.2016]), 8.

kultur unseres Denkens; und im Idealfall stabilisiert sich hierbei zudem der Mut, die Zuversicht und das Selbstwertgefühl eines Menschen.

Der Marathondenker Peter Sloterdijk notiert in seinem Anthropotechnik-Œuvre: »Was seit der Renaissance permanent entsteht, ist eine multidisziplinäre und multivirtuose Welt mit expandierenden Könnensgrenzen.«[59] Diese Könnens- und Leistungsgrenzen auszuloten, ihnen eine adäquate, der aktuellen Situation und den Menschen angemessene Form zu verleihen, scheint mir ein durchaus theologisch relevantes Unterfangen zu sein. Dabei die limitativen und figurativen Regeln (Greimas) nicht auszulassen, sondern vielmehr dem Duktus der Leistungskapazitäten zu lauschen und ihr quasi ein »Ohr zu leihen«, scheint mir eine veritable Form theologischer Praxisarbeit zu sein. In sein gerade zitiertes Opus schrieb mir Peter Sloterdijk nach einer eindrücklichen Gesprächsrunde zur Frage, was Theologie heute zu leisten hätte und wie sie als verändernde Dynamik eine schlagartig andere Kraft und Dimension vor Augen führen müsste: »[...] auf der Suche nach meteorischem Denken«.

Das übende Leben bleibt zwar in Konsistenz- und Kreativitätsschlaufen beheimatet, aber die für einen Theologen, der Sport und Glauben verbindet, gewichtige Frage besteht bleibend darin, wie wohl eine Welt aussähe, in die der göttliche Meteorit (der Geist? ... die Freiheit? ... die Liebe?) explosiv in die Lebenswirklichkeit eindringt und sich als das »ganz Andere« (Paul Tillich)[60] bemerkbar macht. Das Menetekel an den Wänden Sepp Blatters (geb. 1936), des geschassten Langzeitspitzensportfunktionärs und FIFA-Präsidenten (1998–2015), könnte wohl lauten: »Leistung soll dem Leben dienen, nicht umgekehrt«[61] – und dies wäre wohl solch eine meteoritische Gewalt, die dem Wirrwarr ein Ende und der Täuschung eine Grenze setzt.

Die Theologie kann sich immer wieder intervenierend und mit klaren Aussagen gegen einen menschenfeindlichen und aggressiven Leistungsterminus und -fetischismus wenden, der häufig in der Öffentlichkeit die Oberhand behält und medial als begehrenswertes Ziel beschrieben wird. Es geht hierbei vor allem um die Frage, wie sich Christen trotz aller Leistungsvorgaben/-imperative den Werten eines christlichen Lebens – allen voran: Glaube, Hoffnung, Liebe (1 Kor 13,13) – verschreiben können, die in allen ***kompetitiven Verhältnissen und Vergleichsloops*** so etwas wie den göttlichen Atem einbringen, der jenseits der raumzeitlichen Druckverhältnisse eine übertemporäre Spur der Freiheit entfalten kann.

Schlussendlich bleibt zum Thema Leistung aus theologischer Warte festzuhalten:

---

[59] SLOTERDIJK, Du mußt dein Leben ändern (s. Anm. 53), 246.

[60] PAUL TILLICH, Systematische Theologie Bd. 1, Stuttgart 1956, 303.

[61] Theologisch ausführlicher behandelt bei: DIETMAR MIETH, Leib und Leistung. Theologisch-ethische Bemerkungen zum Phänomen des Sports in der Leistungsgesellschaft, in: Lebendiges Zeugnis 38 (1983), 25–42; WOLFGANG HUBER, Art. Leistung, in: TRE 20, Berlin/New York 1990, 729–733.

»Es bleibt also eine theologische Gratwanderung, menschlichen Leistungen nicht zuviel zuzutrauen und sie gleichzeitig nicht gleichgültig werden zu lassen. Es widerspräche vielem, was wir sonst von Gott wissen, wenn er die Welt einfach Welt sein ließe und es seiner Wahrnehmung entweder entzogen oder gleichgültig bliebe, dass Menschen mit ihrem Tun entweder auf Gottes Spuren wandeln oder sie aber zertreten. Die theologische Beackerung dieses ›Leistungsfeldes‹ liegt noch zu großen Teilen brach. [...] In seinen Überlegungen zu den Arbeitern im Weinberg hat Jürgen Ebach dazu einen theologisch bedenkenswerten Weg gewiesen. Den Vers von den Letzten und Ersten deutet er in dem Sinn aus, dass aus der Sorge füreinander niemand herausfallen soll, weder diejenigen, die viel geleistet haben, noch diejenigen, die wenig geleistet haben. Denn wenn die Letzten die Ersten und die Ersten die Letzten geworden sind, dann werden daraufhin aus den neuen Ersten ja wieder die Letzten und aus den neuen Letzten die Ersten. ›Nimmt man den Satz ernst, kommt alles in Bewegung – immer wieder.‹«[62]

## 7. ABSCHLIESSENDE THESEN ZUM LEISTUNGSTOPOS

*These 1*: Den Luxus als Leistungshorizont konterkarieren, ist eine theologische Herausforderung. Die *consumo-ergo-sum-Gesellschaft* hat den Kunden als Jäger nach optimaler Ausstattung an Accessoires, Fashion und Luxus im weiteren Sinne codiert. Sei es via Werbung, Shoppingmeilenangeboten oder Verbilligungsinitiativen, die lockend im »echten« oder digitalen Briefkasten als seduktive Mentalbomben eintreffen. In diesem Tempodrom des Mithaltensollens kann die theologische Stimme zur innehaltenden Einkehr und zum Verzicht, ja zur Reduktion[63] auf die wesentlichen Aspekte einer menschlichen und von anderen Leistungswerten als dem der konsumistischen Kultur vorgegebenen einladen. Es geht um Entschleunigung, basales Vereinfachen und Fokussierung angesichts der Zerstreuungsunkultur des aktuellen Zeitalters. Eine *provokative Theologie*[64] könnte so als attraktiver Gegenentwurf zum Glanzfoliencharakter der leistungsaffinen Zuchtkulturen des Luxus firmieren.

*These 2*: Dem Lifestyle als Leistungskontext ist eine Semantik der Nachfolge entgegenzusetzen. Der christliche Stil des Lebens ist als Kontrast zu den

---

[62] SCHARDIEN, Von Letzten und Ersten (s. Anm. 58), 11.

[63] Die *Leere als Organisationsgrund* für eine anthropologisch relevante (und nicht allein literarische und auditive) Ästhetik, die den Menschen als wahrnehmendes Wesen zum hermeneutischen Künstler und Drahtseiltänzer avancieren lässt, könnte auch gerade für das christliche Ethos künftig eine zunehmend gewichtige Rolle spielen. Zum auditiven Terrain als Organisationsgrund menschlicher Leistungshorizonte s. THOMAS NISSLMÜLLER, *Homo audiens*. Der Hör-Akt des Glaubens und die akustische Rezeption im Predigtgeschehen, Göttingen 2008 (darin vor allem: »Hörmodalitäten, Hörszenen, Hörqualitäten: Ein auditiver Catwalk«, NISSLMÜLLER, a.a.O., 233–379).

[64] S. demnächst auch THOMAS NISSLMÜLLER, Provokative Theologie (erscheint voraussichtlich 2016).

mondänen Luxusversprechen/-diktaten markierbar: der Mensch vor allem der westlichen Hemisphäre wird generisch dazu angehalten, sich einen konkreten Lebenskontext und Lifestyle zu (er)schaffen. Wobei hier auch die Präferenzmuster von Durchsetzungsstärke, Gewalt, Neid, Hasskulturen als »Gegenstile« zum christlichen Ethos zu nennen wären. Theologische Einsichten legen es nahe, das ganze Leben *a limine* als ein Offensein für die Führung und das Reden Gottes (»Nachfolge«, »Gehorsam«) zu begreifen und sich nicht primär von kulturellen, medialen oder generell ***hedonistischen Lifestyleimperativen*** beeindrucken zu lassen.

*These 3*: Die Liebe als Lebensleistung ist gegenüber dem »Leistungsdenken der Welt« hervorzukehren. »Liebe kann so viel bewegen. Uns so tief verletzen. Erfüllte Liebe kann wahrhaftig Berge versetzen; sie kann Menschen verändern, ermutigen, zum Strahlen bringen.«[65] Die göttliche ***Agape inmitten der Leistungskulturen*** dieser Welt spürbar, sichtbar, verstehbar zu machen und sie als Kraft jenseits der Konsum- und Kreativimperative der Gesellschaft in den Blick zu rücken, kann wertvolle Fragen stellen und zum Nachdenken über Lebens- und dem Menschen dienende Werte anregen. Die »Eigenzeit« des Glaubens und die Güte des Augenblicks inmitten kompetitiv gestrickter Alltäglichkeiten einzubringen, könnte eine positiv-provokative Form gelebter Christlichkeit sein, die die »Basics des Glaubens« inszeniert bzw. in den Blick rückt: »Nun aber bleiben Glaube, Hoffnung, Liebe, diese drei; aber die Liebe ist die Größte unter ihnen.« (1 Kor 13,13 Luther 84).

---

[65] MARGOT KÄSSMANN, Sehnsucht nach Leben. Mit Bildern von Eberhard Münch, Asslar 2011, 157f.

# Sport als Ästhetisches Erlebnis?

## Sportphilosophische Grundlagen und sportpraktische Einblicke in Bezug auf Leistung und Erfolg

*Tim Nebelung*

Im Zusammenhang mit der Thematik von »Leistung und Erfolg« tauchen explizit drei Leitfragen auf, die aus verschiedenen wissenschaftlichen Gebieten beleuchtet werden sollten: 1. Die Frage nach Leistung und Erfolg in Sport und Gesellschaft und nach damit zusammenhängenden problematischen Tendenzen. 2. Ideale oder Systeme im Sport als heilsame Gegenentwürfe der Gesellschaft, und 3. kritische Reflexionen über Leistung und Erfolg im Sport. Dies sind klassische Fragen der Sportphilosophie. Deshalb gilt es im Folgenden, diese Aspekte zunächst aus der Perspektive der Sportphilosophie zu beleuchten und zudem sportpraktische Beispiele dafür zu überlegen, wie Sportler diese Punkte erleben bzw. wie diese das Sportlerdasein bestimmen.

Die Sportphilosophie als Wissenschaftsdisziplin der (deutschsprachigen) Sportwissenschaft ist etwa 50 Jahre alt. Bei den Olympischen Spielen 1972 hat der Karlsruher Philosoph Hans Lenk noch von einem »weißen Fleck auf der Karte des Geistes«[1] gesprochen und fortan die Sportphilosophie federführend durch zahlreiche Veröffentlichungen vorangetrieben. So spricht man von Lenk auch als dem »Urvater der Sportphilosophie«.[2] Im Rahmen jener Entfaltung und Explikation der Sportphilosophie entstanden im Kontext dieser Standortbestimmungen die sogenannten »Eigenwelttheorien«. Sie schreiben dem Sport eine eigenständige, ganz eigene Welt zu, die sonst nicht als Phänomen auffindbar ist. Diese Eigenwelttheorien formulieren damit einen Widerspruch zur Theorie der »Mimesis des Sports«. Insbesondere der Berliner Philosoph Gunter Gebauer[3] identifizierte den Sport als Abbild und Spiegel der Gesellschaft, wäh-

---

[1] Hans Lenk, Sport in philosophischer Sicht, in: Helmut Baitsch u.a. (Hrsg.), Sport im Blickpunkt der Wissenschaften. Perspektiven, Aspekte, Ergebnisse, Berlin/Heidelberg/New York 1972, 13–40, 14.

[2] So etwa Michael Roth, Ethische Überlegungen zum Leistungsprinzip. Sport und Alltag, in: DtPfrB 111 (8/2011) 424–426, 426.

[3] U.a. nachzulesen bei Gunter Gebauer, Ästhetische Erfahrungen der Praxis. Das Mimetische im Sport, in: Arbeitskreis Berlin (Hrsg.), Aspekte einer zukünftigen Anthropologie des Sports, Clausthal-Zellerfeld 1992, 48–60.

rend etwa Sven Güldenpfennig[4] den Sport als Eigenwelt markierte und im Rahmen einer Definition des Sports, den Sport an klassische Spieltheorien wie etwa die von Johan Huizinga[5] anlehnte. Diese Orientierung und der Verweis auf Huizinga verweisen bewusst auf den anthropologischen und kulturphilosophischen Aspekt des Sports. So wie das Spiel bei Huizinga ein kulturschaffendes Element ist, gilt dies für Güldenpfennig auch für den Sport. Während Huizinga zeigen konnte, dass die Menschen im Kult auf spielerische Weise Kultur ent- und weiterentwickelt haben, so geschieht dies nach Güldenpfennig heutzutage mit dem Sport als kulturproduzierendes und -konstituierendes Phänomen. Sport ist bei ihm ungleich Arbeit, sondern vielmehr eine Weiterentwicklung des Spiels und der klassischen Spielsphäre. Zweierlei ist zu diesem Streit zwischen »Eigenwelttheorien« und »Mimesis des Sports« zu betonen: Zum einen ist die zu einseitige Festlegung auf einer dieser Positionen problematisch: Sport ist ein gesellschaftlich-kulturelles Phänomen, das zweifelsohne in Wechselbeziehung zu Gesellschaft und Kultur steht. Nur so sind sportorientierte Verhaltensmuster in der Ökonomie und auch im alltäglichen Leben zu verstehen. Umgekehrt gilt das gleiche. Aber Sport ist insofern von Gesellschaft und Kultur abgegrenzt, als das Phänomen Sport keine »spiegelbildliche Mimesis« darstellt. Denn im Sport kann etwas entstehen und aufleuchten, was in Gesellschaft und Kultur noch nicht zugegen ist oder war. Die These soll dabei lauten: Die Sonder- und Eigenwelt des Sports liegt in seinem Erleben. Dies soll im Fortgang weiter erläutert werden.

Zum anderen tritt der Streit zwischen Eigenwelt und Mimesis heutzutage in der Sportphilosophie weniger in Definitionsversuchen des Sports auf als vielmehr im Rahmen sportpraktischer Themen wie Doping, Leistung und Konkurrenz, Erfolgssuche und Erfolgssucht usw. Diese Punkte sind sportethisch zu verhandeln, wobei es auffallend ist, dass die Sportethik zwar aufklärt, aber bis auf ganz wenige Ausnahmen keine anwendbaren und handhabbaren Lösungsvorschläge bietet, die Sportlern anheim gestellt werden können. Diese Theorien greifen also nicht praktisch bzw. sind dem Sportler praktisch keine Hilfe. Die Sportphilosophie soll aber lehrbuchgemäß eine »praxisgeleitete Theorie« sein mit dem Anspruch, Aussagen für eine »theoriegeleitete Praxis« zu geben, die an Sportler kommuniziert und vermittelt werden.[6] Hier gilt aber das Gleiche wie beim ersten Punkt, nämlich dass in der Kernfrage der Eigenweltlichkeit des Sports die Betrachtung des Erlebens elementar ist.

Nimmt man den Sport als ästhetisches Erlebnis in den Blick, kann versucht werden, ein sportphilosophisches Konzept zu explizieren, das dem

[4] U.a. nachzulesen bei Sven Güldenpfennig, Sport: Kritik und Eigensinn. Der Sport der Gesellschaft, Sankt Augustin 2001.

[5] Johan Huizinga, *Homo ludens*. Vom Ursprung der Kultur im Spiel, hrsg. v. Andreas Flitner, Reinbek 2009 (Erstausgabe als *Homo ludens*, proeve eener bepaling van het spel-element der cultuur, Haarlem 1938).

[6] Herbert Haag (Hrsg.), Sportphilosophie. Ein Handbuch, Schorndorf 1996.

Sportler im Sinne der »praxisgeleiteten Theorie« eine Hilfe und Orientierung bietet und die oben genannten wissenschaftsimmanenten Probleme auf eine neue Fährte führt. Die folgenden Thesen[7] sollen zu *einer* sportphilosophischen Antwort auf die eingangs genannten drei Leitfragen führen:

1. *These: Sport und Kunst sind kompatibel.*
2. *These: Sport ist ein ästhetisches Phänomen bzw. Erlebnis.*
3. *These: Das Pathische ist der Ermöglichungsgrund, Spiel und Sport ästhetisch zu erleben.*
4. *These: Sport ist als ein Medium der Selbst- und Existenzvollendung zu begreifen.*
5. *These: Die Reflexion des Erlebens ist eine Herausforderung für die Sportphilosophie.*

## 1. These: Sport und Kunst sind kompatibel. Das problematische Verhältnis von Sport und Kunst/Ästhetik

Die Ästhetik galt und gilt als ein »Stiefkind« der Sportphilosophie. So spricht Peter Röthig 1996 noch vom »Randphänomen Sportästhetik«.[8] Problematisch an einer ästhetischen Betrachtung des Sports erscheint insbesondere, dass es unbestritten *»unschöne«, »hässliche« Momente im Sport gibt.* Das »Hässliche« als Kategorie der Ästhetik hat freilich bereits 1750 Alexander Gottlieb Baumgarten in seiner *Aesthetica* entfaltet:[9] Ziel der Ästhetik ist hier die Vollkommenheit der sinnlichen Erkenntnis. Unvollkommenheit, also Hässlichkeit, gilt nicht als ästhetisch und ist zu meiden. Karl Rosenkranz hingegen skizziert als erster 1853 eine »Ästhetik des Häßlichen« und koppelt das Hässliche an das Schöne.[10] Seit dem 18. Jahrhundert besteht nach Barbara Ränsch-Trill so eine »doppelte Schönheit«.[11] Neben dem Schönen und Erhabenen ist das Hässliche nun eine weitere Kategorie der Ästhetik. Aber was bedeutet das für das Phä-

---

[7] Eine ausführliche Analyse der Thesenbildung und des gesamten folgenden Kontextes ist nachzulesen bei Tim Nebelung, Sportästhetik. Sport als ästhetisches Erlebnis, Sankt Augustin 2008.

[8] Peter Röthig, Sport und Ästhetik, in: Haag, Sportphilosophie (s. Anm. 6), 209–228, 210.

[9] Alexander Gottlieb Baumgarten, *Aesthetica*, 2 Bde., Frankfurt/Oder 1750–1758 (= ders., Ästhetik. Lateinisch-deutsch. Übersetzt, mit einer Einführung, Anmerkungen und Registern, hrsg. v. Dagmar Mirbach, 2 Bde., Hamburg 2007).

[10] Karl Rosenkranz, Ästhetik des Häßlichen, Königsberg 1853 (= ders., Aesthetics of ugliness. A critical edition, edited and translated by Andrei Pop/Mechtild Widrich, London 2015).

[11] Barbara Ränsch-Trill, Energisch und anmutig. Zur Ästhetik menschlicher Bewegungen, in: F.I.T. Wissenschaftsmagazin der Deutschen Sporthochschule Köln (1996) 2, 10–17.

nomen Sport? Rosenkranz' weite und differenzierte Ästhetikbestimmung lässt sich auf das Phänomen Sport anwenden, um die vielseitigen Facetten des Sports (Turmspringen oder Bodenturnen im Kontrast zum Boxen oder einem hart umkämpften Fußballspiel) in den Blick nehmen zu können. Denn *was als »schön« empfunden wird, ist äußerst subjektiv und kulturell-geschichtlich unterschiedlich.* In der Kunst besteht seit 100 Jahren ein erweiterter »moderner« Kunstbegriff, der beispielsweise bei Marcel Duchamps mit seinen »Readymades«[12] oder bei Andy Warhols »Brillo-Boxes«[13] deutlich wird. Dies waren notwendige kunsthistorische Vorläufer für Joseph Beuys, der darüber hinaus einen gewissermaßen anthropologischen Kunstbegriff entfaltet hat: Mit seinem Ausspruch »Jeder Mensch ist ein Künstler!«[14] fordert Beuys gleichsam dazu auf, seine eigenen schöpferischen Potentiale zu ergreifen. Ob damit ein »Ende der Kunst?« erreicht sei, fragt Wolfgang Ullrich 2001 und antwortet mit einem entschiedenem »Nein«, vielmehr werde damit eine »reiche« und »blühende Zukunft«[15] grundgelegt, denn es handele sich um einen Appell, Handlungen einen künstlerischen Ausdruck zu verleihen, so wie es Arthur Danto mit seinem Begriff des »Über-etwas-Sein« (»Aboutness«)[16] zu erklären versucht: Handlungen oder Gegenstände, die keine Interpretation provozieren, können keine Kunstwerke sein.

Was aber bedeutet dies für das Phänomen Sport? Bestehen mögliche Anknüpfungen des Phänomens Sport zu Kunstbegriffen oder ästhetischen Ansätzen, die das vielfältige Phänomen Sport in der Gänze erfassen können? In jedem Fall ermöglicht dieses Denken der Sportlerin oder dem Sportler eine Perspektive, in Form (s)einer Handlung seinen ganz eigenen Ausdruck zu verleihen. In dieser angrenzenden und sich anschließenden Frage, ob Sport und Kunst kompatibel sind, ist ein Blick auf zwei Entwürfe wertvoll. Zum einen zeigt John Dewey bereits 1934 mit seiner Theorie »Art as Experience«, dass sich Kunst ausschließlich in Museen präsentiert und »in parareligiöse Höhen entrückt« ist. »Kunst« ist aus einem Erfahrungskontext herausgelöst, obwohl gerade die Erfahrung (produktiv wie rezeptiv) etwas zur Kunst macht. So ist bei Dewey der »Kern der ästhetischen Erfahrung also Vollzug, nicht

---

[12] Vgl. z.B. Marcel Duchamp, »In Advance of the Broken Arm« 1915.

[13] Vgl. dazu Michael J. Golec, The Brillo Box Archive. Aesthetics, Design, and Art, Dartmouth 2008.

[14] Erstmalig 1967 geäußert, vgl. dazu etwa Wolfgang Zumdick, PAN XXX ttt. Joseph Beuys als Denker. Sozialphilosophie – Kunsttheorie – Anthroposophie, Stuttgart/Berlin 2002, 12.

[15] Wolfgang Ullrich, Art. »Kunst/Künste/System der Künste«, in: Karlheinz Barck/Friedrich Wolfzettel (Hrsg.), Ästhetische Grundbegriffe 3, Stuttgart/Weimar 2001, 556–616.

[16] Arthur C. Danto, Die Verklärung des Gewöhnlichen. Eine Philosophie der Kunst, Frankfurt a.M. [3]1996, 207. Vgl. dazu etwa Michael Hauskeller, Was ist Kunst? Positionen der Ästhetik von Platon bis Danto, München 1998, 100.

primär der Inhalt oder das Ergebnis der Erfahrung.«[17] Mit diesem Kunstbegriff lassen sich demnach Vollzug und Erleben als ästhetische Kategorien ausweisen, die für das Phänomen Sport elementar sind. Zum anderen hat Wolfgang Welsch in einer systematischen Gegenüberstellung von Sport und Kunst die »klassischen« Aspekte analysiert, die etwas zur Kunst machen. So setzt er Bedingungen für einen Kunst-Status wie beispielsweise den symbolischen Status oder die Selbstzwecklichkeit dem Phänomen Sport gegenüber und arbeitet so heraus, dass Sport durchaus als Kunst »durchgehen kann.«[18]

Als ein erstes Fazit kann festgehalten werden: Von der »formalen« Bestimmung dessen, was als Kunst gilt, besteht offenbar eine Kompatibilität von Sport und Kunst. Dies zeigt nicht nur Welschs formale, systematische Gegenüberstellung, sondern auch das Ende der klassischen Kunst bzw. Regelästhetik, bei der nach Duchamp, Warhol oder Beuys die Kunst(bestimmung) zu einem offenen Phänomen mutiert. Ebenso verhält es sich mit den klassischen »unschönen« Elementen im Sport, zu denen man formal mit Rosenkranz oder Ränsch-Trill von dem »Hässlichen« als ästhetische Kategorie neben dem Schönen sprechen kann. Das »Hässliche [ist demnach] ein notwendiges Moment, das mit dem Schönen kollidiert«.[19]

Auf der »inhaltlichen« Ebene lässt sich bereits hier ebenfalls festhalten, dass mit Verweis auf Dewey oder Jörg Thiele[20] der (Bewegungs-)Vollzug als ästhetische Kategorie betrachtet werden kann. Um diese inhaltliche Ebene – also die Erlebensdimensionen im Sport – weiter in den Blick zu nehmen, ist es notwendig, ästhetische Konzepte des Sports zu beleuchten.

## 2. These: Sport ist ein ästhetisches Phänomen bzw. Erlebnis – Ästhetische Konzepte des Sports und ihre Dimensionen des Erlebens

Wenn man diejenigen bestehenden Theorien oder theoretischen Ansätze betrachtet, die das Erleben im Sport thematisieren und fokussieren, erwächst daraus eine besondere Perspektive auf die Phänomene Leistung und Erfolg.

So beschreibt Hans Lenk den Sport als achte freie Lebenskunst durch die »Eigenleistung«:

---

[17] John Dewey, Art as Experience, London 1934, 216.

[18] Wolfgang Welsch, Sport: Ästhetisch betrachtet – und sogar als Kunst?, in: Dieter Bechtloff (Hrsg.), Kunst und Sport, Kunstforum International 169, Köln 2004, 64–81.

[19] Umberto Eco (Hrsg.), Die Geschichte der Hässlichkeit, München 2007, 279, zu Friedrich Bassenge (Hrsg), Georg Wilhelm Friedrich Hegel, Ästhetik 1, Berlin ³1976.

[20] Jörg Thiele, Körpererfahrungen – Bewegungserfahrungen – Leibliche Erfahrungen. Sportpädagogische Leitideen der Zukunft?, Schriften der Deutschen Sporthochschule Köln 35, Sankt Augustin 1996.

»In diesem Sinne ist Leistung die persönlich erbrachte, als nützlich oder beachtlich bewertete eigene Handlung (bzw. das entsprechende Handlungsergebnis), mit der (bzw. mit dem) man sich selbst identifiziert, in der man seine Persönlichkeit ausdrückt, spiegelt, die man unverwechselbar als sein eigenes Tun oder Werk deutet.«[21]

Diese Eigenleistung erkennt Lenk, der selbst früherer Olympiateilnehmer im Ruder-Achter war, insbesondere im sportlichen Leistungshandeln, die ein reines Zeichen menschlicher Aktivität und Individualität ist, sofern sie selbst gewollt, selbst bestimmt und selbst erbracht wird. In diesem Kontext erfasst Lenk den Sport als Lebenskunst, da es eine Leistungs- und Handlungskunst ist, die vom eigenleistenden Sportler seinen Ausgang nimmt.[22] Ebenso erkennt der sportbegeisterte Professor für Komparatistik Hans Ulrich Gumbrecht die Faszination des Sports im Erleben. Dies gilt für ihn sowohl für den aktiven Sportler als auch für den Rezipienten. In Immanuel Kants ästhetischer Bestimmung des »interesselosen Wohlgefallens« erkennt Gumbrecht *die* Erklärung und *den* Auslöser für das besondere ästhetische Angesprochensein (für Sportler und Zuschauer). Er nennt es ein »Gefühl der Versunkenheit in fokussierter Intensität«,[23] welches er sowohl bei einem Profisportler als auch bei einem Amateur erkennt, ohne diese Versunkenheit können keine technischen Elemente, einstudierten Spielzüge, Improvisationen o.Ä. gelingen. Der amerikanische Psychologe Mihalyi Csikszentmihalyi nennt dieses von Gumrecht skizzierte Gefühl das »Flow-Erlebnis«.[24] Dieses Gefühl ist aber nicht nur auf Sportler bezogen, sondern kann in allen Lebenslagen aufleuchten: beim Lesen eines Buches, bei dem man nicht wahrnimmt, dass jemand zum Essen ruft, beim Musizieren, beim stundenlangen Operieren des Arztes etc. Csikszentmihalyi benennt neun Komponenten, die ein Erlebnis zu einem »Flow-Erlebnis« machen: eine Balance zwischen Herausforderung und Können, ein Verschmelzen von Handlung und Bewusstsein, das Setzen von klaren Zielen, die unmittelbare Rückmeldung während der Handlung, die totale Konzentration, das Gefühl der Kontrolle und Kompetenz, die Selbstvergessenheit, eine subjektive Wahrnehmung der Zeit und das autotelische Erlebnis.

Bei diesen Konzepten eröffnet sich die Perspektive, dass Leistung und Erfolg insofern eine ästhetische Qualität haben, als sie zum einen als ästhetisch wahrgenommen werden können. Zum anderen leuchten Leistung und Erfolg darüber hinaus sogar dann besonders auf, sofern sie ästhetisch sind. Denn Csikszentmihalyi zeigt in seinen Untersuchungen, dass »Flow-Erlebnisse«

---

[21] HANS LENK, Eigenleistung. Plädoyer für eine positive Leistungskultur, Zürich/Osnabrück 1983, 14.

[22] Vgl. HANS LENK, Die achte Kunst. Leistungssport – Breitensport, Zürich 1985.

[23] HANS U. GUMBRECHT, Lob des Sports, Frankfurt a.M. 2005.

[24] MIHALYI CSIKSZENTMIHALYI, Das Flow-Erlebnis. Jenseits von Angst und Langeweile. Im Tun aufgehen, Stuttgart 1981; DERS., Flow. Das Geheimnis des Glücks, Stuttgart 2004.

Höchstleisstungen kreieren. Dies gelingt aber faszinierenderweise nicht nur durch ein ständiges inneres »Ich muss« oder »Ich soll«, sondern durch eine Art Hingabe in die sportlichen Aktionen.

## 3. These: Das Pathische ist der Ermöglichungsgrund, Spiel und Sport ästhetisch zu erleben.

Was soeben anklingt, haben bereits verschiedene Spieltheoretiker Anfang des vergangenen Jahrhunderts festgestellt. Es ist die Rede von der selbstzweckhaften Spielsphäre, die zum einen ein Spiel erst zum Spiel werden lässt und zum anderem nur dem menschlichen Spiel vorbehalten ist, da dort die exzentrische Positionalität[25] und damit die Sonderstellung des Menschen aufleuchtet. Um die Frage nach der Vergleichbarkeit von Spiel und Sport nicht ganz auszuklammern, sei auf die 1933 erstmals veröffentlichte Spieltheorie von Frederik Jacobus Johannes Buytendijk verwiesen,[26] der gleichzeitig sportkritisch und Kind seiner Zeit war. Dennoch weist sein Ansatz bereits auf die genannten Gefühlssphären der Versunkenheit bzw. den Flow im Sport hin. Buytendijk nennt die Ermöglichung der Spielsphäre und den dazugehörigen Gefühlen das »Pathische«; dabei bedeutet eine pathische Einstellung eine Bereitschaft, sich von sinnlichen Eindrücken ergreifen und ansprechen zu lassen. Das Pathische ist für ihn *der* ästhetische Zugang zum Spiel (und Sport). Notwendig erscheint demnach eine pathische oder sich hingebende Haltung zum Sport zu sein, soll sie von Erfolg gekrönt wird und sich ein momentanes und erfüllendes Glücksgefühl einstellen. Kritische Reflexionen einer Leistungshandlung während der sportlichen Aktivitäten verbieten sich theoretisch, da in diesem Fall zum einen die Aktionen nicht gelingen würden, da der notwendige Fokus fehlt, und zum anderen sich der Genuss und das Glücksgefühl dann nicht einstellten. Damit kann Sport in der Tat als ein »heilsamer Gegenentwurf« zu den sonstigen gesellschaftlichen – insbesondere ökonomischen – Strömungen begriffen werden, da er ganz bewusst einen

---

[25] Vgl. den entsprechenden Begriff bei Helmuth Plessner, Die Stufen des Organischen und der Mensch. Einleitung in die philosophische Anthropologie, Frankfurt a.M. 1928 = SG 2200, Berlin/New York 1975, 288–292. Vgl. dazu Wolfgang Essbach, Der Mittelpunkt außerhalb. Helmuth Plessners philosophische Anthropologie, in: Ulrich Wenzel/Günter Dux (Hrsg.), Der Prozeß der Geistesgeschichte. Studien zur ontogenetischen und historischen Entwicklung des Geistes, Frankfurt a.M. 1994, 15–44.

[26] Frederik Jacobus Johannes Buytendijk, Wesen und Sinn des Spiels. Das Spielen der Menschen und der Tiere als Erscheinungsformen der Lebenstriebe, Berlin 1933. Vgl. dazu auch Volker Schürmann, der davon spricht, dass das »Worumwegen« des Spielens nicht gewollt werden kann, man muss sich der Sphäre hingeben. Ders., Die eigentümliche Logik des eigentümlichen Gegenstandes Sport. Vorüberlegungen, in: ders. (Hrsg.), Menschliche Körper in Bewegung. Philosophische Modelle und Konzepte der Sportwissenschaft, Frankfurt a.M. 2001, 262–287.

Rückzug auf Hingabe und Gelassenheit provoziert. Der Phänomenologe und Schüler Edmund Husserls, Eugen Fink, hat deshalb Spiel (und Sport) als »Oase des Glücks« bezeichnet, da die Spielsphäre auf ihre ganz eigene Weise den Weg zur Daseinsverwirklichung der menschlichen Existenz weist. Das Spiel bzw. die Spielsphäre gleicht damit einer Oase ankommenden Glücks in der Wüste des sonstigen Strebens und Suchens.[27] Fink weiß dabei auch um das eigentümliche Problem der Reflexion: »Je mehr man sich auf das Spiel zu besinnen versucht, desto rätselhafter und fragwürdiger scheint es zu werden.«[28] Das heißt: eine gleichzeitige Hingabe und Reflexion im Spiel widersprechen sich. Für den Sport gilt das Gleiche, wie Csikszentmihalyi gezeigt hat.

## 4. These: Sport ist als ein Medium der Selbst- und Existenzvollendung zu begreifen.

Der amerikanische Sportwissenschaftler Howard S. Slusher hat dieses Problemfeld meines Erachtens am deutlichsten auf den Punkt gebracht, indem er einen existentiellen Zugang zum Sport skizziert und so praxisnah auf den Sport eingeht. Für Slusher ist Sport *das* Medium der Selbst- und Existenzvollendung. Sport ist für Slusher ein »universal phenomenon« und bietet symbolisch alle Sphären und Ebenen menschlichen Lebens.[29] So kann im Sport die »Totalität des Seins« erfahren werden, sofern – und dies ist entscheidend – ein bewusster und reflektierter Umgang mit dem Sport stattfindet. Dies ist Slushers Voraussetzung. »If it is personal, it may be meaningful. If it is not – it cannot.«[30] Sport vermittelt eine personale, am Leib erlebte Gefühlsebene (»Man is his being and his body!«)[31], die existentiell gedeutet werden kann. So kann Sport ein Medium der Selbst- und Existenzvollendung sein. Aber wie soll dies praktikabel und damit realisierbar sein? Um diese Frage beantworten zu können, muss nochmals der Fokus auf die beschriebene »theoriegeleitete Praxis« gelegt werden.

---

27 Eugen Fink, Oase des Glücks. Gedanken zu einer Ontologie des Spiels, Freiburg/München 1957.

28 Fink, Oase des Glücks (s. Anm. 27), 37f.

29 Howard S. Slusher, Man, Sport and Existence. A critical Analysis, Philadelphia 1967, 3.

30 Slusher, Man (s. Anm. 29), 83.

31 Slusher, Man (s. Anm.29), 7.

## 5. These: Die Reflexion des Erlebens ist eine Herausforderung für die Sportphilosophie.

Bezüglich der beschriebenen problematischen Punkte, die mit dem Oberbegriff »Reflexion« subsumierbar sind, fällt bei den unterschiedlichen theoretischen Ansatzpunkten (Fink, Buytendijk, Csikszentmihalyi, Gumbrecht) auf, dass Reflexion dem unmittelbaren Genuss des Sports bzw. des sportlichen Erlebens und dem sportlichen Erfolg im Wege steht, aber ein existenzerhellendes Moment sich so verwehren würde. Sport als ästhetisches Erlebnis betrachten heißt aber, wie oben bereits expliziert, auch, seiner Handlung einen Ausdruck zu verleihen (»Aboutness«). Dort knüpft auch Slusher an, für den ein kritisches Bewusstsein notwendig ist. Der alleinige Gegenwartsgenuss eines Flow-Erlebnisses ist zwar ein momentanes Glückserlebnis, macht jedoch kein gelingendes Leben aus.[32] Durch Reflexion und Kontemplation kann aber aus dem Wettkampf oder dem spielerisch-leidenschaftlichen Sport etwas Existenzerhellendes entstehen. Dies gleicht einem Angebot, *mehr* aus dem meist im Diffusen verbleibenden sportlichen Erlebnis zu ziehen – nämlich eine reflektierte Erfahrung, die im besten Fall den Menschen auf der Suche und bei dem Streben nach Glück und Sinn weiterbringt, und so das »metaphysische Bedürfnis«[33] des Menschen in Betracht des allmählichen Verlustes von Sinn und der Entzauberung der Welt (mit)stillen kann. Da Sport für jedermann offen steht, leicht zugänglich und vielfältig ist, ist Sport in der Lage, eine Art Anknüpfungspunkt für Sinn- und Existenzschwere zu bieten, um Sportlern zu verdeutlichen, *was* sie da gerade tun und *wie* dies über ihr eigentliches sportliches Tun hinausweist. Es geht hier also keineswegs darum, den Sport als neue Religion zu formen, sondern – ganz im Sinne Slushers – den Sport als Medium der Selbst- und Existenzvollendung zu verwenden. Voraussetzung dafür ist eine nachträgliche Reflexion, da sonst die besondere gegenwartsbezogene Sphäre zerstört werden würde. Der Vollzug der Unmittelbarkeit der besonderen sportlichen Sphäre ist notwendig, ebenso aber auch ein »Nachvollzug« dessen. Plessner nennt dies die »vermittelte Unmittelbarkeit«[34] und auch Thiele hält fest, dass eine »Reflexion über Unmittelbarkeit« nicht mehr »Vollzug von Unmittelbarkeit [ist], sondern Nachvollzug dessen.«[35]

Eine solche Reflexion der sportlichen Handlungen ist noch ein Desiderat und deshalb eine Herausforderung für die Sportphilosophie. Sie müsste aus

---

[32] Vgl. dazu Martin Seel, der diese spielerisch erfahrbaren Glücksmomente als wesentlich erachtet, um ein gelingendes Leben zu führen. Aber für ein gelingendes Leben sind auch noch weitere Aspekte notwendig (Arbeit, Betrachtung und Interaktion). Das Spiel »lehrt« nach Seel den Menschen gleichsam, wie Glück im Leben erleb- und erfahrbar ist. (Ders., Versuch über die Form des Glücks, Frankfurt a.M. 1995.)

[33] Arthur Schopenhauer, Welt als Wille und Vorstellung 2, GA hrsg. v. Arthur Hübscher, Stuttgart 1987, 177.

[34] Plessner, Stufen (s. Anm. 25), 321.

[35] Thiele, Körpererfahrungen (s. Anm. 20), 176.

einer ästhetischen Betrachtung des Sports ethische Rückschlüsse für das Leben und die sportliche Praxis zu gewinnen versuchen. Innerhalb der Sportpsychologie werden seit Ende der neunziger Jahre Konzepte zum mentalen Training ausgearbeitet und bei Sportlern angewendet. Während es hier Ziel ist, sportliche Leistung zu optimieren und Erfolge zu kreieren, können meines Erachtens die Methoden des mentalen Trainings durchaus auch für die Reflektion des sportlichen Erlebens angewendet werden, zumal die Basis des mentalen Trainings ebenso auf Reflexion im weitesten Sinne beruht.[36] Ein weiterer praktikabler Ansatzpunkt findet sich bei dem Sportpädagogen Thiele, der einen »transdisziplinären Zugriff« (der sportwissenschaftlichen Teildisziplinen) wagt, um eine »Thematisierung der reflektierenden Selbstbezüglichkeit«[37] zu realisieren. Es geht für Thiele um ein Angebot und eine Alternative zum sonstigen Sporttreiben, um innerhalb der bestehenden Erlebensvielfalt etwas Bedeutsames herauszustellen bzw. mit Abstand zum schlichten Konsumieren, leiblich-ästhetisches Erleben reflektieren zu können – und damit zu einer Erfahrung zu machen –, um es so für einen existentiellen Horizont fruchtbar zu machen. Die Philosophie kann hier eine Hilfestellungsfunktion einnehmen, wie Wilhelm Schmid es eher populärwissenschaftlich mit seinem Entwurf umsetzt. Er erkennt in Anlehnung an Michel Foucault in der Selbstreflexion gewissermaßen den ersten Schritt oder die »Methode« zum Glück. Mit seinem Entwurf einer »Philosophie der Lebenskunst« versteht Schmid die Möglichkeit und Anstrengung, das Leben auf reflektierte Weise zu führen und es nicht unbewusst einfach nur dahin gehen zu lassen. Schmid spricht neben der Philosophie auch der Theologie einen »geistigen Raum« zu, »in dem die eigenständige Urteilskraft zu gewinnen ist, mit deren Hilfe das Leben neu orientiert werden kann.«[38] Schmid versteht die Philosophie dabei als Lebenshilfe und nicht als Therapieform.[39] In einem »Prozess der Beratung«[40] kann seiner Ansicht nach ganz im mäeutischen Sinne Sokrates' mit Hilfe der Philosophie ein reales oder imaginäres (Lebens-)Gespräch angeregt werden, in denen Lebensfragen »behandelt« werden. Ziel ist es nach Schmid, eine »reflektierte Lebenskunst«[41] anzuregen und zu entfalten, die dem Menschen hilft, sich selbst wahrzunehmen, zu orientieren und zu entwickeln. »Die Selbstreflexion [...] bildet in der modernen Philosophie das fundamentale Prinzip, den

[36] Vgl. u.a. Hans Eberspächer, Sportpsychologie, Hamburg 2005.

[37] Thiele, Körpererfahrungen (s. Anm. 20), 293.

[38] Wilhelm Schmid, Philosophie der Lebenskunst. Eine Grundlegung, Frankfurt a.M. 1998, 8.

[39] Schmid denkt dabei an Formen wie »Philosophische Lebensberatungen« oder an seine Arbeit als »philosophischer Seelsorger«, der er seit 1998 jeweils im September im Spital Affoltern am Albis (bei Zürich) nachgeht.

[40] Schmid, Philosophie der Lebenskunst (s. Anm. 38), 9.

[41] Schmid, Philosophie der Lebenskunst (s. Anm. 38), 51.

Grund und die Grenze möglicher Erkenntnis.«[42] Schmid erkennt eine ästhetische Welt- und Lebenserschließung und sieht eine Möglichkeit

> »für die Gestaltung des Lebens als Kunstwerk. Sie umfassen zunächst die Aufnahme der Künste ins Leben, um sie zum Bestandteil der individuellen Ästhetik der Existenz zu machen und mit ihrer Hilfe das Leben zu gestalten, das Selbst zu formen und zu sensibilisieren, dem Anderen in ihm Raum zu geben und ein Andersleben zu erproben. Die Erfahrung, die das rezipierende Subjekt im Raum der Kunst macht, ist die Erfahrung der Freiheit und des Freiraums, in dem sich die Kreativität entfaltet, die keine Grenzen kennt; Erfahrung eines zweckfreien Raums, in dem niemand vorgegebenen Zwecken zu dienen hat, sodass eine Kultur der Gelassenheit sich ausbreiten kann inmitten der vorwärtsstürmenden Zeit, die von allen Seiten anbrandet, an diesem Felsen jedoch sich bricht. Die Zeit bleibt an der Schwelle zu diesem Raum zurück, sodass nunmehr der Raum existiert, den allein die Kunst, das heißt die Praxis der Freiheit dominiert.«[43]

Zwar wird bei Schmid der Sport nicht in gleicher Weise bedacht und genannt, doch gilt dies nach den hier vorgestellten Überlegungen für den Sport in gleichem Maße.

Die Sportphilosophie wäre gut beraten, das genuin philosophische Feld auch als Beratungs- und Reflexionsdisziplin zu verstehen und Konzepte zu entwickeln, die auch an der Praxis ansetzen, um so Antworten für die Praxis zu liefern. Es ist eine bleibende Herausforderung für die Sportphilosophie, Theorien zu entwickeln und anzubieten, um sportliches Handeln zu reflektieren und von einem diffusen Erlebnis zu einer reflektierten, erfüllten und erfolgreichen Erfahrung zu gelangen.

---

[42] Wilhelm Schmid, Auf der Suche nach einer neuen Lebenskunst. Die Frage nach dem Grund und die Neubegründung der Ethik bei Foucault, Frankfurt a.M. 2000

[43] Wilhelm Schmid, Das Leben als Kunstwerk. Versuch über Kunst und Lebenskunst und ihre Geschichte von der antiken Philosophie bis zur Performance Art, in: Dieter Bechtloff (Hrsg.), Lebenskunstwerke, Kunstforum International 142, Ruppichterroth 1998, 72–79, 75.

# Verlierermilieu contra Siegertypen?

## Kirchliche und theologische Kritik am sportlichen Leistungsprinzip

*Michael Roth*

## 1. Vorbemerkung

Im Jahr 2007 veranstaltete die Evangelische Akademie Loccum eine Tagung zum Thema »Sprachlos gegenüber Leistung und Erfolg?«. Die Tagung hatte es sich zur Aufgabe gemacht, den Umgang der Kirche mit Leistung und Erfolg kritisch zu beschreiben. Ich zitiere aus dem Tagungsprogramm:

> »Es wird [in der kirchlichen Verkündigung] zu sehr das Versagen des Menschen betont, seine Gebrochenheit, Schwachheit und Erlösungsbedürftigkeit. Für die Würdigung der anderen Seite des Menschen – seine Kraft und sein Können, sein Selbstvertrauen und seine Erfolge – stehen jedoch kaum kirchliche Sprach- und Deutungsmuster zur Verfügung. Stattdessen gerät das Thema ›Leistung und Erfolg‹ allzu oft unter das grobschlächtige Verdikt illegitimer Werkgerechtigkeit und unsolidarischer Selbstdurchsetzung«.

So macht Martin Laube darauf aufmerksam, dass die Kirche weithin als »Ort sozialer ›Verlierer‹ und lebensferner ›Gutmenschen‹« gilt und eine »sozialstrukturelle Milieuverengung«[1] zu beobachten sei. In diese Richtung urteilt auch ein Referent der Tagung, Andreas Bauer von der Marketingberatung »Geyer&Bauer«. Bauer spricht gar von einem heimlichen Ressentiment der Kirche gegen Leistung und von Neidfaktoren innerhalb kirchlicher Kreise, die sich gerne dem »wohligen Gefühl der Schwäche«[2] hingeben. Und Johan Schloemann, der im Feuilleton der Süddeutschen Zeitung für Sachbücher,

---

[1] Vgl. Martin Laube, Vorwort, in: ders., (Hrsg.), Sprachlos gegenüber Leistung und Erfolg? Das ambivalente Profil der Kirche in der Gesellschaft, Loccumer Protokolle 64/07, Rehburg-Loccum 2008, 5–8, 6.

[2] Andreas Bauer, Zwischen Bewunderung und Ressentiment. Das schwere Verhältnis zwischen Kirche und kapitalistischer Wirtschaft. Subjektive Eindrücke und mögliche Wahrheiten eines Marketingberaters, in: Laube, Sprachlos gegenüber Leistung und Erfolg? (s. Anm. 1), 167–172, 169.

Geisteswissenschaft und Bildungsfragen zuständig ist, fragt auf derselben Tagung, ob es sich bei der Kirche gar um ein »Verlierermilieu« handle.[3]

Ob das Thema »Leistung und Erfolg« in Theologie und Kirche tatsächlich (und vor allem: flächendeckend) »unter das grobschlächtige Verdikt illegitimer Werkgerechtigkeit und unsolidarischer Selbstdurchsetzung« geraten ist, bedürfte genauerer Untersuchungen, die auch zwischen unterschiedlichen Verständnissen von Leistung und Erfolg differenzieren.[4] Ich werde mich im Folgenden auf die kirchliche und theologische Kritik am *sportlichen* Leistungsprinzip konzentrieren. Es dürfte kein Zweifel daran bestehen, dass im Sport die Leistung eine besondere Stellung einnimmt,[5] insofern bei jeder Form des Sporttreibens Leistungen erbracht werden und ganz offen Leistungen miteinander verglichen werden.[6] In welcher Weise kommen in Kirche und Theologie sportliche Leistungen in den Blick?

---

[3] Vgl. JOHAN SCHLOEMANN, Die Kirche – ein Verlierermilieu?, in: LAUBE, Sprachlos gegenüber Leistung und Erfolg? (s. Anm. 1), 9–20.

[4] Vgl. hierzu etwa die Überlegungen von FRIEDERIKE BENTHAUS-APEL, »Leistungs-« und »Erfolgsorientierung« in sechs Lebensstilgruppen evangelischer Kirchenmitglieder, in: LAUBE, Sprachlos gegenüber Leistung und Erfolg? (s. Anm. 1), 73–110. Benthaus-Apel greift in ihrem Beitrag auf das Datenmaterial der vierten EKD-Erhebung über Kirchenmitgliedschaft »Kirche in der Vielfalt der Lebensbezüge« (vgl. WOLFGANG HUBER/JOHANNES FRIEDRICH/PETER STEINACKER [Hrsg.], Kirche in der Vielfalt der Lebensbezüge. Die vierte EKD-Erhebung über Kirchenmitgliedschaft, Gütersloh 2006) zurück und untersucht Einstellungen zu Leistung und Erfolg als Teilaspekte unterschiedlicher Weltsichten evangelischer Christen und Christinnen. Benthaus-Apel kommt zu dem Ergebnis, dass die Frage, ob Kirche als Ort sozialer Verlierer oder Gutmenschen anzusehen ist, erhebliche Differenzierungen erfordert. »Vielmehr lassen sich vielfältige Formen des Umgangs mit den normativen Forderungen eines klassischen Leistungsbegriffes ausmachen, die von der ausgeprägten Distanz unauffällig-traditionsorientierten Evangelischer zu ›Leistung‹ bis hin zu jenen kirchlich eng verbundenen hochkulturell-traditionsorientierten Evangelischen reicht, die verschiedenen Merkmalen eines klassischen Leistungsbegriffs über fast alle Lebensbereiche hinweg zustimmen. Da nicht alle Lebensstilgruppen in gleicher Weise das kirchengemeindliche Leben aktiv gestalten, unterliegt die Frage, welcher Begriff von ›Leistung‹ Kirche kennzeichne, entsprechenden innerkirchlichen Aushandlungs- und Machtprozessen« (BENTHAUS-APEL, a.a.O., 106f.).

[5] Vgl. SVEN GÜLDENPFENNIG, Das »NEIN« zur Leistung ist ein Popanz, in: Olympische Jugend 20 (1975), 12–15.

[6] Zwar wird die Leistung häufig nur mit dem Spitzensport in Verbindung gebracht, doch gehört die Leistung ebenso zum Breitensport (vgl. hierzu HERBERT HAAG, Sportphilosophie, Frankfurt a.M. 1995, 83). »Leistung und Leistungsvergleich [bilden] kein grundsätzliches Hindernis gegen den Sport für alle« (JUERGEN PALM, Leistungsmotivation im Nahfeld persönlicher Leistungserwartungen. Zur Rolle des Wettbewerbs im Breiten- und Freizeitsport, in: Sportwissenschaften 23 [1993], 142–158, 147).

## 2. KIRCHLICHE UND THEOLOGISCHE KRITIK AM SPORTLICHEN LEISTUNGSPRINZIP

Kein Zweifel kann daran bestehen, dass die Kirche um den Sport bemüht ist. Mit dem am 20. November 1964 in Mosbach konstituierten »Arbeitskreis Kirche und Sport« der Evangelischen Kirche Deutschlands beginnt eine Zeit der intensiven Partnerschaft zwischen Volkskirche und dem organisierten Sport. Es folgt die Gründung von Landesarbeitskreisen und die Berufung von Sportbeauftragten in den Landeskirchen. Seit 1970 veranstaltet der »Arbeitskreis Kirche und Sport« regelmäßig Studienkurse in Sils Maria im Engadin.[7] Auch die kirchlichen Erklärungen sind durchaus um eine positive Würdigung des Sports bemüht. So erkennt die gemeinsame Erklärung der Kirchen zum Sport aus dem Jahr 1990 »Sport und christliches Ethos« die Bedeutung des Sports an. Kritisch gesehen werden der hohe Erwartungsdruck, der auf dem Sportler laste, sowie die Gefährdung der Gesundheit durch das Streben nach Siegen.[8] In diese Richtung verweist auch die Denkschrift »Gestaltung und Kritik. Protestantismus und Kultur«, die sich unter dem Abschnitt »Begegnungsfelder« auf knapp drei Seiten dem Sport und dem Spiel widmet: der unbedingte Siegeswille und die extreme Steigerung der Leistungsfähigkeit werden beargwöhnt.[9]

Auch die theologischen Überlegungen zum Sport schießen sich auf den Leistungsaspekt des Sports ein, um diesen der Kritik zu unterziehen. So sieht Wolfgang Huber die Gefahr, dass aus einer Leistungsgesellschaft eine Erfolgsgesellschaft werde. In einer solchen Erfolgsgesellschaft genüge es nicht mehr gut zu sein, vielmehr werde gefordert, besser als der andere zu sein. Auch der Sport laufe Gefahr, von einem Leistungssport zu einem Erfolgssport zu werden.[10] So zähle vor allem der Erfolg, weniger die Leistung. Nach Huber führt dies im Sport dazu, dass der Zweite oder der Dritte eines sportlichen Wettkampfes von den Reportern nur noch gefragt werde, wie er sich die Niederlage erklären könne.[11] Seine individuelle Leistung bleibe dabei unbeachtet. Huber

---

[7] MICHAEL ROTH, Art. Sport III, in: TRE 31, Berlin/New York 2000, 726–730, 727f. Zur Geschichte der Beziehung zwischen Kirche und Sport vgl. ausführlich: ERICH GELDBACH, Sport und Protestantismus. Geschichte einer Begegnung, Wuppertal 1975; TORSTEN STERNBERG, Sport mit Leib und Seele. Bestandsaufnahme und Perspektiven evangelischer Sportarbeit, Stuttgart 1993.

[8] KIRCHENAMT DER EKD (Hrsg.), Sport und christliches Ethos. Gemeinsame Erklärung der Kirchen zum Sport, EKD-Texte 32, Hannover 1990, bes. 9.

[9] KIRCHENAMT DER EKD (Hrsg.), Gestaltung und Kritik. Zum Verhältnis von Christentum und Kultur im neuen Jahrhundert, EKD-Texte Nr. 64, Hannover 1999, 56.

[10] WOLFGANG HUBER, Die drei Dimensionen des Sports und die Würde des Menschen, in: Olympisches Feuer. Zeitschrift der Deutschen Olympischen Gesellschaft. Offizielles Organ des Nationalen Olympischen Komitees für Deutschland (1995) 2, 9–10, bes. 9.

[11] WOLFGANG HUBER, Gewinner mit Gewissen. Erwartungen der Kirche an den Sport, in: Zeitzeichen (2001) 4, 32–33, 33.

hält es daher für angebracht, Kritik zu üben, wenn bei einem sportlichen Wettkampf die Auseinandersetzung mit dem Gegner, die Konkurrenz der Athleten, im Vordergrund steht.

> »In christlicher Sicht dürfen die Freude am Wettkampf und der Wille zur Leistung nicht dazu führen, dass sich der Gewinn oder der Verlust der Menschenwürde an Sieg oder Niederlage knüpft; die Unantastbarkeit der menschlichen Würde ist vielmehr auch für den Sport eine elementare Voraussetzung, ohne die er seine Humanität verliert«.[12]

Es bestehe die Gefahr, dass gerade der sportliche Wettkampf um den Erfolg dazu führe, dass die Beteiligten dem Unterlegenen seine Würde absprechen, dies sei aber mit dem christlichen Menschenbild unvereinbar. Offensichtlich sieht Huber immer dann die Würde des Menschen in Gefahr, wenn es um das Erzielen von sportlichen Erfolgen geht. Gerade wenn der gesunde, starke und leistende Körper innerhalb der Gesellschaft verherrlicht werde, sei die Gefahr groß, den kranken und schwachen Körper zu verachten. Im Gegensatz zu solchen Bestrebungen des Sports – so weiß Huber zu berichten – habe Jesus Kranke und Behinderte nicht zu Menschen zweiter Klasse abgewertet, so dass Huber für das jesuanische Modell im Unterschied zum olympischen Modell des Menschen plädiert. »Natürlich« – so gesteht Huber ein – »findet auch bei den meisten Christen ein leistungsstarker Tennisprofi mehr Aufmerksamkeit als ein Spastiker, der in einer Werkstatt für Behinderte mühsam seinen Weg in die Selbständigkeit sucht«, doch versetze das jesuanische Modell den Menschen in die Lage, sein Interesse an dem Profisportler zu unterbrechen und die Arbeit eines Behinderten zu würdigen.[13]

Auch Heinrich Bedford-Strohm hält es für angebracht, den Leistungsbegriff im Sport zu korrigieren. Weil Leistung aus theologischer Sicht »nicht die Überrundung der Schwächeren im Wettbewerb« sei, sondern »die Förderung sozialer Beziehungen, die Stiftung von Gemeinschaft, in der alle einen Platz haben, gerade auch die Schwächeren«,[14] habe die Theologie den Sport daran zu erinnern, dass Leistung »nur in zweiter Linie die schnellste Zeit, die meiste Punktzahl, die meisten Tore« ist, und dass die eigentliche Leistung vielmehr der »gemeinschaftsstiftende Sinn des Sports« ist, dem auch die »Siegesaspirationen« nachzuordnen sind. Ein solches christliches Leistungsverständnis, das

---

[12] WOLFGANG HUBER, Kirche und der Sport oder der Umgang mit der Würde des Menschen, in: Olympisches Feuer. Zeitschrift der Deutschen Olympischen Gesellschaft. Offizielles Organ des Nationalen Olympischen Komitees für Deutschland (2005) 3, 6–7.

[13] WOLFGANG HUBER, Die Würde des Menschen ist antastbar. Der Sport als Beispiel, in: DERS./OMMO GRUPE (Hrsg.), Zwischen Kirchturm und Arena. Evangelische Kirche und Sport, Stuttgart 2000, 133–150, 145f.

[14] HEINRICH BEDFORD-STROHM, Leistung aus theologischer Sicht, in: Leistung zwischen Selbstentfaltung und Weltgestaltung. Menschen im Sport im Blick von Theologie und Sportwissenschaft. 25. Studienkurs des Arbeitskreises Kirche und Sport in der EKD vom 30. Januar bis 09. Februar 1995 in Sils Baseliga, o.O. o.J., 57–74, 74.

die eigentliche Leistung in der »Stiftung von Gemeinschaft, in der alle einen Platz haben, gerade auch die Schwächeren«,[15] sieht, sei auch im Sport zu etablieren.

Eine ähnliche Haltung gegenüber dem Leistungsprinzip im Sport findet sich auch bei Sigurd Martin Daecke: Der sportliche Wettkampf sei aus Sicht des Glaubens höchst problematisch, gehe es im sportlichen Wettkampf doch darum, die Gegner zu bekämpfen und zu besiegen, so dass der sportliche Wettkampf die Teilnehmer in Gewinner und Verlierer spalte. Diese Tatsache sei mit einem »Glauben, der Liebe und Demut, Frieden und Versöhnung verkündet«,[16] nur schwer zu vereinbaren. Es müsse im Sport mehr um das Miteinander und Füreinander gehen als um das Gegeneinander.

Nun fällt auf, dass kirchliche und theologische Bezugnahmen zum Sport zwar einerseits darum bemüht sind – fast bekenntnishaft – zu betonen, dass die Bedeutung des Sports für den Einzelnen und die Gesellschaft anerkannt wird, andererseits aber dem Leistungsprinzip des Sports misstrauisch begegnen.[17] Sind die in Kirche und Theologie vorgetragenen Mahnungen, Warnungen und Einwände sinnvoll oder verkennen sie das Wesen der sportlichen Leistung und können deshalb in der sportlichen Praxis nicht aufgenommen und verarbeitet werden?

## 3. LEISTUNG IM SPORT

Unstrittig ist, dass der Sport ein sehr komplexes und vielfältiges Phänomen ist.[18] Fällt daher eine Definition des Sports schwer,[19] so wird man sich doch darauf einigen können, dass der Sport wesentlich durch drei Elemente geprägt ist: durch Leistung, Spiel und Körper bzw. Leib.[20] Im Folgenden gilt es, diese drei Elemente aufeinander zu beziehen, um sich dadurch dem Erleben des Sports und seiner Bedeutung zu nähern.

(1) Blickt man auf die Leistungen im Sport, so fällt zunächst auf, dass es im Sport nicht bloß um *Leistungen* geht, sondern der *Vergleich von Leistungen*

---

[15] BEDFORD-STROHM, Leistung (s. Anm. 14), 71.

[16] SIGURD M. DAECKE, Für Leibeslust statt Leistungsdruck. Sport als Ausdruck christlichen Schöpfungsglaubens, in: Evangelische Kommentare (1996) 7, 392–394, 393.

[17] So urteilt auch SIMON JOHNEN, Kritische Beurteilung der Sicht der Evangelischen Kirche auf den Sport [Schriftliche Hausarbeit im Rahmen der Ersten Staatsprüfung], Köln 2011, 58.

[18] Vgl. ROBERT PROHL/PETER RÖTHIG, Art. Sport, in: DIES. (Hrsg.), Sportwissenschaftliches Lexikon, Schorndorf $^{7}$2003, 493–495, bes. 493.

[19] Dies zeigt bspw. auch der Definitionsversuch von HERBERT HAAG, Bewegungskultur und Freizeit. Vom Grundbedürfnis nach Sport und Spiel, Osnabrück 1986, 30f.

[20] So u.a. OMMO GRUPE/MICHAEL KRÜGER, Art. Sport, in: Lexikon der Ethik im Sport, hrsg. im Auftrag des Bundesinstituts für Sportwissenschaft v. OMMO GRUPE und DIETMAR MIETH, Schorndorf 1998, 478–485, 483.

im Mittelpunkt des sportlichen Geschehens steht.[21] Es geht nicht um »hoch«, »schnell« oder »weit«, sondern um »höher, schneller, weiter«, kurz: um die *Konkurrenz hinsichtlich der Leistungen*. Der Leistungsvergleich im Sport kann darin bestehen, dass Leistungen von Einzelnen miteinander verglichen werden (sog. Einzelsportarten) oder Leistungen von Gruppen (sog. Mannschaftssportarten). Er kann darin bestehen, dass sich der Sportler mit seinen eigenen Leistungen vergleicht (er ist besser bzw. schlechter als zuvor) oder mit den Leistungen seiner Kontrahenten (er ist besser bzw. schwächer als der Kontrahent). Jede Kritik am Leistungsprinzip im Sport und jeder Versuch, diese Konkurrenz hinsichtlich der Leistungen im Sport durch einen »Sport ohne Leistungen« oder auch »Sport ohne Leistungsvergleich« (Stichwort: »Sport ohne Stoppuhr«[22]) zu korrigieren, übersieht, dass ganz offensichtlich die Konkurrenz hinsichtlich der Leistung wesentliches Element des Sports ist.[23]

Um den Leistungsvergleich im Sport zu ermöglichen, sind sowohl die *Chancengleichheit* als auch die *Nachprüfbarkeit* von Leistungen wesentliche Voraussetzungen des Sports. Chancengleichheit und die Nachprüfbarkeit von Leistungen haben die Funktion, die notwendigen Bedingungen zu schaffen, die einen möglichst exakten Vergleich von Leistungen ermöglichen. So wird man Christian Graf von Krockow zustimmen können, wenn er in seinem bekannten Werk »Sport und Industriegesellschaft« formuliert: »Leistung, Konkurrenz, Gleichheit sind das, was dem Sport seine besondere Faszination verleiht, vor allem die Exaktheit, mit der diese Grundprinzipien [...] verwirklicht werden«.[24]

Der Versuch, gleiche Chancen zu schaffen und Leistungen nachprüfbar zu machen, führt zu dem typischen Erscheinungsbild des Sports. Im Sport wird ein künstliches Setting geschaffen (es spielt sich weder innerhalb des alltäglichen Geschehens ab, noch entwickelt es sich direkt aus dem Alltagsgeschehen heraus), das durch ein Regelwerk etabliert und am Leben gehalten wird. Ziel dieses Regelwerkes ist es, eine Situation genau zu beschreiben, in der eine Leistung erbracht werden kann, die möglichst unter gleichen Bedingungen und Chancen abläuft und dazu möglichst exakt messbar ist. Das strenge Regelwerk des Sportes dient also dazu, einen Bereich exakt abzugrenzen und ihn vor Übergriffen aus dem Alltag zu bewahren. Wir können auch sagen: Der Sport etabliert seine eigene Welt.[25]

---

[21] Vgl. MICHAEL ROTH, Sport und Alltag. Ethische Überlegungen zum Leistungsprinzip, in: Deutsches Pfarrerblatt 111 (2011), 424-426.

[22] GÜNTER GRASS, Sport ohne Stoppuhr, in: Deutscher Sportbund (Hrsg.), Deutscher Sport Bd. 2, München 1971, 18-25.

[23] So zu Recht PALM, Leistungsmotivation im Nahfeld persönlicher Leistungsfähigkeit (s. Anm. 6), 143.

[24] CHRISTIAN GRAF VON KROCKOW, Sport und Industriegesellschaft, München 1972, 135f.

[25] Von daher spricht SVEN GÜLDENPFENNIG zu Recht von der »Eigen-Welt« des Sports (DERS., Kritik und Eigensinn. Der Sport der Gesellschaft, Sankt Augustin 2000, 51).

(2) Diese eigene Welt, die durch den Sport etabliert wird, lässt sich dann genauer in den Blick bekommen, wenn man den Sport als *Spiel* versteht. Das wohl hervorstechendste Merkmal des Spiels,[26] das von fast allen Spieltheoretikern gesehen wurde, ist zunächst rein negativer Natur: »*Das Spiel verfolgt keinen außerhalb seiner selbst liegenden Zweck*«.[27] Bereits Immanuel Kant erkannte, dass man im Gegensatz zur Arbeit, die man »einer anderen Absicht wegen« unternimmt, sich beim Spiel beschäftigt, »ohne irgendeinen Zweck dabei zu berücksichtigen«.[28] Das Spiel ist reiner Selbstzweck, es ist frei von Zwecksetzungen, die außerhalb des Spielgeschehens selbst liegen. In diesem Punkt ist das Spiel unterschieden von der Arbeit und dem Ernst des Lebens;[29] das Spiel dispensiert von diesem Kampf ums Dasein.[30] Der spielende Mensch muss sich – soll das Spiel gelingen – »ihm widmen können, als gäbe es nichts außer diesem Spiel in der Welt«.[31] Damit verlangt das Spiel eine »selbst- und weltvergessene Hingabe«[32]: Während des Spiels ist der Spielende an allen Belangen der Wirklichkeit »uninteressiert«.[33]

Im Blick auf diese Wesensbestimmung des Spiels ist der Sport als eine Form des Spiels zu verstehen. Zwar mag man etwas zögern, den Sport als Spiel zu bezeichnen, weil er mit Anstrengung, Schweiß und kämpferischer Absicht verbunden ist, doch ist der Sport weder Arbeit noch Existenzkampf; es geht nicht um Existenzerhaltung, sondern um die Freude an der unmittelbaren Auslassung der eigenen Kräfte.[34] Das »Höher, Stärker, Weiter« im Sport ist ja reiner Selbstzweck und an die Situation des Sporttreibens gebunden.

---

[26] Zu einer Definition des Spiels vgl. ausführlich MICHAEL ROTH, Sinn und Geschmack fürs Endliche. Überlegungen zur Lust an der Schöpfung und der Freude am Spiel, Leipzig 2002, 12ff.

[27] HANS SCHEUERL, Das Spiel. Untersuchungen über das Wesen des Spiels, seine pädagogischen Möglichkeiten und Grenzen, Weinheim/Basel 1979, 69.

[28] IMMANUEL KANT, Über Pädagogik, Akademie-Ausgabe Bd. 9, Berlin/Leipzig 1923, 470.

[29] Gerade weil das Spiel dem Ernst entgegengesetzt ist, betont ARNOLD GEHLEN, dass nur ein »Wesen, das in gesicherter und müheloser Lage lebt, dessen Lebensbedürfnisse von außen gedeckt werden, [...] in dieser Ausschließlichkeit so leben [kann]« (DERS., Der Mensch. Seine Natur und seine Stellung im Kosmos, Wiesbaden [13]1986, 205).

[30] Dies stellt GEORG W. F. HEGEL auch zu Recht im Blick auf die Spiele der Griechen heraus: »Betrachten wir nun zuerst die innere Natur dieser Spiele, so ist zuvörderst das Spiel dem Ernste, der Abhängigkeit und Noth entgegengesetzt. Mit solchem Ringen, Laufen, Kämpfen war es kein Ernst; es lag darin keine Noth des sich Wehrens, kein Bedürfniß des Kampfes« (DERS., Sämtliche Werke. Jubiläumsausgabe Bd. 11, Stuttgart 1928, 318).

[31] SCHEUERL, Das Spiel (s. Anm. 27), 70.

[32] SCHEUERL, Das Spiel (s. Anm. 27), 70.

[33] SCHEUERL, Das Spiel (s. Anm. 27), 79.

[34] Gerade aufgrund der Verbindung von Sport und Spiel sieht CARL DIEM, Wesen und Lehre des Sports, Berlin 1960, 10, im Amateurstatus eine zwingende Bedingung für den Sport überhaupt.

Sieg oder Niederlage bleiben auf das Sportgeschehen begrenzt, sie haben keine Bedeutung über das Sportgeschehen hinaus: Derjenige, der auf einer 400-Meter-Bahn an einem 400-Meter-Lauf teilnimmt, kommt da an, wo er losgelaufen ist. Die »folgenlose Sporthandlung« steht im Gegensatz zu »zweckgerichtete[n] Alltagshandlungen«.[35]

(3) Ein drittes wesentliches Charakteristikum des Sports ist seine körperliche Dimension. Der Sport ist »ein Spiel mit den Techniken des Körpers«,[36] eine »Kunst, sich des Körpers zu bedienen«,[37] es geht dabei um das »Messen psycho-physischer Kräfte«[38]. Nun kann man den Sport in seiner Bedeutung nicht in seiner Tiefe erfassen, wenn man den Körper als bloßes Instrument eines denkenden Ichs versteht.[39] Zu Recht betonen die französischen Phänomenologen Gabriel Marcel und Maurice Merleau-Ponty, dass der Mensch sich nicht als eine von seinem Körper getrennte Größe auffassen kann, die mit dem Körper in einer bestimmten Beziehung steht.[40] »Ich kann nicht ernsthaft sagen: Ich und mein Körper«[41]; denn »mein Leib steht nicht vor mir, sondern ich bin in meinem Leib, oder vielmehr ich bin mein Leib«[42]. Dies ist jedoch nicht im materialistischen Sinne der Annullierung des *Ich* zu verstehen, etwa durch den Satz: »Mein Körper, das bin ich, allein mein Körper existiert«. Vielmehr bedeutet es, »sich als Körper erscheinen, als dieser Körper hier«.[43] Das, was wir »Ich« nennen, ist das Erscheinen meines Körpers als des meinigen.[44] In dieser Weise hat Merleau-Ponty den Begriff des »Eigenleibs«[45] geprägt: Der je eigene Leib ist das unmittelbare Daseinsmedium eines Ichs: Im Erleben meines Leibes als des meinigen werde ich meines Selbstes allererst inne.

---

[35] MEINHART VOLKAMER, Zur Definition des Begriffs Sport, in: Sportwissenschaft 14 (1984), 195-203, 196.

[36] GUNTER GEBAUER/HANS LENK, Der erzählte Sport - homo ludens und auctor ludens, in: GUNTER GEBAUER (Hrsg.), Körper und Einbildungskraft. Inszenierung des Helden im Sport, Berlin 1988, 151.

[37] MARCEL MAUSS, Die Techniken des Körpers, in: DERS., Soziologie und Anthropologie Bd. 2, München/Wien 1975, 205.

[38] VOLKER GERHARDT, Die Moral des Sports, in: VOLKER CAYSA (Hrsg.), Sportphilosophie, Leipzig 1997, 172-202, 193.

[39] Vgl. hierzu: MICHAEL ROTH, Das Leibsein des Menschen als Schicksal und Aufgabe. Religionsphilosophische Erkundungen, in: DERS./JOCHEN SCHMIDT (Hrsg.), Gesundheit - humanwissenschaftliche, historische und theologische Aspekte, Theologie - Kultur - Hermeneutik 10, Leipzig 2008, 99-125.

[40] Vgl. GABRIEL MARCEL, Schöpferische Treue, München/Paderborn/Wien 1963, 24.

[41] GABRIEL MARCEL, Metaphysisches Tagebuch (1928-1933), in: DERS., Sein und Haben. Übersetzung und Nachwort v. ERNST BEHLER, Paderborn 1954, 9-164, 15.

[42] MAURICE MERLEAU-PONTY, Phänomenologie der Wahrnehmung. Aus dem Französischen übersetzt und eingeführt durch eine Vorrede von RUDOLF BOEHM, Berlin 1966, 180.

[43] MARCEL, Schöpferische Treue (s. Anm. 40), 25.

[44] MARCEL, Schöpferische Treue (s. Anm. 40), 24.

[45] MERLEAU-PONTY, Phänomenologie der Wahrnehmung (s. Anm. 42), 96 u.ö.

Gerade durch diese Ausarbeitung des Begriffs des Leibes, der die Einheit des körperlichen und geistigen Seins erfasst, kann der Sport in seiner Tiefe verstanden werden. Ist der Sport ein Spiel mit den Techniken des »Körpers«, dann lässt sich der Sport als der Raum begreifen, in dem der Mensch *sich selbst* zu erleben vermag. *Körpererleben ist Selbsterleben.* Dies erlaubt eine tiefere Sicht auf das Leistungserleben im Sport: Im Sport wird die Leistung erlebt als Leistung des Leibes und damit als *eigene* Leistung, als Leistung meiner selbst. Im Sport erlebt der Mensch seine »Selbstmächtigkeit«.[46] So ist dem Urvater der Sportphilosophie, Hans Lenk, zuzustimmen, wenn er formuliert: »Sportliches Handeln ist Eigenhandeln, unverwechselbar persönlich aktives und engagiertes Leben, bewertete Eigenleistung«.[47]

Die Bedeutung des Sports für das menschliche Dasein wird gerade dann deutlich, wenn man bedenkt, dass es gegenwärtig alles andere als selbstverständlich ist, seine eigene Leistung zu erleben. Zwar hat die dramatische eigene Aktivität besondere Bedeutung für die Persönlichkeitsentwicklung, doch Lenk macht zu Recht darauf aufmerksam, dass in der von passiven Informationen und stellvertretenden Erlebnissen überfluteten Konsumenten- und Mediengesellschaft gerade diese dramatische eigene Aktivität nivelliert zu werden drohen.[48] Der Mensch droht zum Passivist zu werden, der selbst nicht mehr erlebt, sondern nur noch die Erlebnisse der anderen konsumiert. Der Verlust des Erlebens des eigenen Handelns wird auch unter dem Aspekt der Technisierung der Welt deutlich: Die moderne Technik kann nicht nur nach eigenem autonomen Willen zur Naturbeherrschung eingesetzt werden, sondern ist auch in zunehmendem Maße nötig, um die Natur überhaupt auch wahrnehmen und kontrollieren zu können. So findet »eine Delegation autonomen Wollens in Technologie statt, die selbst wiederum nur durch Technologie gesteuert werden kann«.[49] Der Verlust der Erfahrung der Wirksamkeit des eigenen Handelns tritt gegenwärtig in einem immer stärker zu beobachtenden Misstrauen in die eigenen Fähigkeiten, die eigene Wahrnehmung und das eigene Empfinden zutage. So zeigt die Praktische Theologin Isolde Karle, dass

---

[46] VOLKER CAYSA, Körpertechnik als Grund der Selbstmächtigkeit im Sport, in: DERS., Sportphilosophie (s. Anm. 38), 257–274, 262.

[47] HANS LENK, Eigenleistung sportlich – athletisch, in: CAYSA, Sportphilosophie (s. Anm. 38), 147–171, 145.

[48] LENK, Eigenleistung sportlich – athletisch (s. Anm. 47), 142f.

[49] ELK FRANKE, Sportliche High-Tech-Leistungen und das Verantwortungsbewusstsein eines Steinewerfers, in: CAYSA, Sportphilosophie (s. Anm. 38), 203–224, 210. In diese technisierten Systeme ist der Mensch immer schon eingebunden: »Solche Systeme werden weder bloß genutzt, noch bloß bedient oder ausgelöst, sondern wir leben in diesen Systemen [...] (Systeme der Datenkommunikation, der Kulturindustrie [...], der Medizintechnik) [...]. Diese Systeme repräsentieren nicht nur Handlungsschemata, sondern stellen die Bedingungen der Möglichkeit selbst, den Entwurf und die Realisierung von Handlungsschemata bereit« (CHRISTOPH HUBIG, Technik- und Wissenschaftsethik, Berlin 1993, 57).

wir nicht nur in einer Risiko-, Erlebnis- und Informationsgesellschaft, sondern auch in einer Beratungsgesellschaft leben.[50]

> »Auf allen Ebenen des täglichen Lebens suchen Individuen heute nach professionellem Coaching, nach Expertise und Rat: in Erziehungsfragen, beim Zeitmanagement, auf der Suche nach Muße in der Beschleunigungsgesellschaft, bei Fragen der gesunden Ernährung, bezüglich Partnerschaft und Sexualität, der work-life-balance von Berufs- und Privatleben [...]. Offenbar verstehen sich viele Vollzüge des Alltags und der Lebensführung nicht mehr von selbst«.[51]

Die meisten Menschen verlassen sich nicht mehr auf ihre natürlichen Instinkte und Wahrnehmungen, die »Selbstverständlichkeit der Lebensführung«[52] droht verloren zu gehen, so dass sie von Ratgebern und Fachleuten übernommen werden muss: »Keiner weiß mehr, wer er ist, was er will, was er soll. Jemand muss es ihm sagen. [...] Der professionelle Identitätskonstrukteur muss dem Einzelnen sagen, wonach er sich sehnt und wozu er da ist«.[53]

Sowohl die technisierten Systeme, in die der Mensch eingebunden ist und die den Dispositionsspielraum des Menschen einschränken, als auch die Konsumenten- und Mediengesellschaft, die die eigenen Aktivitäten des Menschen durch stellvertretende Erlebnisse ersetzt, wecken das Bedürfnis nach eigener Aktivität; denn der Mensch

> »lebt nicht vom Informationskonsum allein. Er ist kein Passivist, kein bloßer Konsument, sondern letztlich ein handelndes Wesen, ein Aktivist. Er muß sich in seinen Handlungen erweisen, als Persönlichkeit dokumentieren und entwickeln«.[54]

Gerade insofern der Sport diese Handlungsspielräume und Anforderungen bietet, ist er in seiner Bedeutung für das menschliche Dasein kaum zu überschätzen. So kann der Sport als eines der wenigen »Reservate personalen Eigenhandelns in der verwalteten und verfilmten Welt«[55] aufgefasst werden. »Sport ist eine wirksame Schule der Eigenleistung«,[56] denn er lässt den Menschen nicht nur seine eigene Aktivität erleben, sondern erlaubt diese Eigenleistung genussvoll zu erleben, weil der Sport ein Raum ist, in dem der

---

[50] ISOLDE KARLE, Das Streben nach Glück. Die Auseinandersetzung mit der Beratungsgesellschaft, in: HEINRICH BEDFORD-STROHM (Hrsg.), Glück-Seligkeit. Theologische Rede vom Glück in einer bedrohten Welt, Neukirchen-Vluyn 2011, 51–68; vgl. auch PETER FUCHS, Die magische Welt der Beratung, in: RAINER SCHÜTZEICHEL/THOMAS BRÜSEMEISTER (Hrsg.), Die beratende Gesellschaft. Zur gesellschaftlichen Bedeutung von Beratung, Wiesbaden 2004, 239–257.

[51] KARLE, Das Streben nach Glück (s. Anm. 50), 51.

[52] KARLE, Das Streben nach Glück (s. Anm. 50), 52.

[53] MANFRED PRISCHING, Die Ratgeber-Gesellschaft, in: ThPQ 154 (2006), 115–126, 116.

[54] LENK, Eigenleistung sportlich – athletisch (s. Anm. 47), 142.

[55] LENK, Eigenleistung sportlich – athletisch (s. Anm. 47), 159.

[56] LENK, Eigenleistung sportlich – athletisch (s. Anm. 47), 159.

Mensch von dem Kampf um das Dasein und der Sorge um die Existenz befreit ist.

## 4. DER SPORT ALS GEGENSTAND DER ETHISCHEN REFLEXION

»Das Selbstverständnis beider Großkirchen in der Bundesrepublik« - so Friedrich-Wilhelm Graf - »ist von dem Anspruch geprägt, in besonderem Maße für die individuelle Sitte und individuelle Moral zuständig zu sein. Beide Kirchen verstehen sich als zentrale Institutionen für gesellschaftliche Wertbildung und Propagierung moralischer Normen« bzw. als »Institutionen, die Moral predigen«.[57] Dass auch der Sport Gegenstand kirchlich-theologischer Moralüberlegungen wird, kann angesichts des Selbstverständnisses der Kirchen nicht überraschen.[58] Eher problematisch scheint aber zu sein, wenn sich die moralischen Überlegungen von Kirche und Theologie als teils versteckte, teils offene Kritik am sportlichen Leistungsprinzip gestalten; denn bereits der flüchtige Blick, den wir auf die Grammatik des Sportgeschehens unternommen haben, zeigt, dass die Konkurrenz hinsichtlich der Leistungen zum Wesen des Sports gehört. Das gilt für Wettbewerbe in Einzeldisziplinen sowie für Sportspiele gleichermaßen. Ein weiterer - ebenfalls rasch in den Blick kommender - Punkt ist zu bedenken: die »Künstlichkeit der Aufgaben«.[59] Die sportliche Leistung ist konstruiert, d.h. die Herausforderungen und Hindernisse, die es im Sport zu bewältigen gilt, formulieren und erfinden die Beteiligten selbst.[60] Sport ist »Schein-Realität«.[61] Die Kontrahenten verabreden sich - freiwillig - zum Konflikt, für den kein realer Grund existiert. So entsteht eine »Als-Ob-Situation«[62] bzw. »Als-Ob-Handlungen«[63]. Im Sport findet ein

---

[57] FRIEDRICH-WILHELM GRAF, Der deutsche Protestantismus und der zweite Weltkrieg, in: VENANZ SCHUBERT/GERHARD GRIMM/HERMANN NEHLSEN (Hrsg.), Der zweite Weltkrieg und die Gesellschaft in Deutschland 50 Jahre danach, St. Ottilien 1992, 217-267, 217f.

[58] Zu der problematischen Tendenz des Moralisierens vgl. MICHAEL ROTH, Was ist ein Moralist? Überlegungen zum moralischen Bullshit und seiner Vermeidung, in: DERS./SCHMIDT, Gesundheit (s. Anm. 39), 195-224; MICHAEL ROTH, Lex semper accusat. Lutherische Moralkritik, in: HANS CHRISTIAN KNUTH (Hrsg.), Angeklagt und anerkannt. Luthers Rechtfertigungslehre in der Verantwortung, Veröffentlichungen der Luther-Akademie Sondershausen-Ratzeburg 6, Erlangen 2009, 109-132.

[59] HANS LENK, Die achte Kunst - Leistungssport - Breitensport, Osnabrück 1985, 11.

[60] So auch die Sportdefinition von MEINHART VOLKAMER: »Sport besteht in der Schaffung von willkürlichen Hindernissen, Problemen und Konflikten, die vorwiegend mit körperlichen Mitteln gelöst werden, wobei die Beteiligten sich darüber verständigen, welche Lösungswege erlaubt oder nicht erlaubt sein sollen. Die Handlung führt in ihrem Ergebnis nicht unmittelbar zu materiellen Veränderungen«. (DERS., Zur Definition des Begriffs Sport [s. Anm. 35], 196).

[61] HAAG, Sportphilosophie (s. Anm. 6), 64.

[62] HAAG, Sportphilosophie (s. Anm. 6), 64.

Konkurrenzkampf statt, aber: es ist nicht der Konkurrenzkampf des Alltags, vielmehr ist durch das sportliche Setting eine eigene – vom Alltag abgegrenzte – Welt geschaffen. Sven Güldenpfennig spricht treffend »von frei erfundenen Geschichten des Sports«. Sie handeln davon, dass »zwei sich streiten [...] ohne einen realen Grund«, somit von einem »mutwillig von beiden Seiten freiwillig ›vom Zaun gebrochene[n]‹, verabredete[n] Konflikt um ein künstliches Streitobjekt, das erst durch die Verabredung entsteht«.[64] Es geht beim Sporttreiben um »das Heraustreten des Sporttreibenden aus der Notwendigkeit und der realen Realität und ihr Eintreten in eine fiktive (Spiel-)Realität«.[65] Gerade diese fiktive Spielrealität erlaubt einen anderen Umgang mit Sieg und Niederlage. Daher betont Graf von Krockow zurecht, dass

> »der Kampf in der Arena, so sehr er mit höchstem Einsatz ausgetragen werden mag, zugleich doch als spezifisch ›neutralisiert‹ und folgenlos erscheint, daß der Sieger nicht zum real Herrschenden und der Unterlegene nicht zum Knecht wird: das ist die Voraussetzung jedes sportlichen Leistungsvergleichs«.[66]

Nach Lenk können die Sportler gerade aus dem Grund ihre Leistungen mit hoher Leidenschaft erbringen, weil es im Sport gerade nicht um den Ernstfall gehe, sondern »der Konflikt letztlich auf eine harmlose Ebene«[67] übertragen werde. Der Sport bietet einen Raum, in dem die eigene Leistung von jeder Zwecksetzung befreit ist und somit den Raum, seine dramatische eigene Aktivität zu erleben, sich nicht nur als Konsument passiv zu verhalten, sondern seine eigene Leistungsfähigkeit dokumentieren und entfalten zu können.

Deutlich ist, dass eine – wie auch immer näher zu verstehende – ethische Orientierung des Sports von »der Sinnstruktur sportlichen Handelns«[68] ausgehen muss. Wenn Güldenpfennig, immerhin einer der bekanntesten Sportphilosophen der Gegenwart, der kirchlichen und theologischen Sportethik eines Wolfgang Huber attestiert, dass diese »ihr Ziel [verfehlt]« und »in der sportlichen Praxis [...] nicht verarbeitet werden«[69] kann, weil Huber nicht die Grammatik des Sports ernst nehme, dann kann diesem Diktum Güldenpfennigs nur schwer widersprochen werden, umso schwerer, wenn man daran denkt, dass Huber dem »olympischen Modell« ein »jesuanisches Modell« meint entgegenhalten zu müssen. Ähnliches trifft natürlich auch auf Bedford-Strohm zu, wenn dieser allen Ernstes kritisiert, dass im sportlichen Geschehen die Sie-

---

[63] Ommo Grupe, Bewegung, Spiel und Leistung im Sport. Grundthemen der Sportanthropologie, Schorndorf 1982, 144.

[64] Sven Güldenpfennig, Philosophie der sportlichen Leistung, in: Herbert Haag (Hrsg.), Sportphilosophie. Ein Handbuch, Schorndorf 1996, 173–208, 177.

[65] Güldenpfennig, Philosophie der sportlichen Leistung (s. Anm. 64), 195.

[66] Christian Graf von Krockow, Sport. Eine Soziologie und Philosophie des Leistungsprinzips, Hamburg 1974, 104.

[67] Lenk, Die achte Kunst (s. Anm. 59), 20.

[68] Güldenpfennig, Kritik und Eigensinn (s. Anm. 25), 51.

[69] Güldenpfennig, Kritik und Eigensinn (s. Anm. 25), 217.

gesaspirationen im Vordergrund stehen, oder auf Daecke, wenn er dem Sport vorwirft, dass der sportliche Wettkampf die Teilnehmer in Gewinner und Verlierer spalte und damit statt des christlichen Miteinanders und Füreinanders ein Gegeneinander praktiziere. Die Kritik von Huber, Bedford-Strohm oder Daecke läuft letzten Endes darauf hinaus, Fußballspieler zu kritisieren, wenn sie den Spielern der gegnerischen Mannschaft den Ball abjagen, statt ihnen den Ball zuzuspielen (oder besser noch: den Ball in das eigene Tor zu befördern), um ein Miteinander und Füreinander zu praktizieren und damit dann dem »Glauben, der Liebe und Demut, Frieden und Versöhnung verkündet« (s.o.), zu entsprechen. Allerdings täuschen sich Ethiker wie Daecke, Huber und Bedford-Strohm über eine wichtige, aber eventuell doch sehr entscheidende Tatsache: Die Fußballspieler jagen nicht deshalb einem einzigen Ball nach und streiten sich um ihn, weil sich nicht jeder einen eigenen Fußball leisten könnte, sondern weil der Fußball ein künstlich verabredetes Streitobjekt ist, wobei sich die beteiligten Parteien darauf einigen, der anderen das Erreichen ihres Ziels so schwer wie möglich zu machen. So formuliert Hartmut Gabler:

> »Im Judo, Ringen, Tennis, Volleyball beispielsweise ist es zentraler sportlicher Sinn, Handlungsmöglichkeiten des Gegners einzuschränken. Es gehört also zur Idee des sportlichen Leistungsvergleichs, daß sich die ›Gegner‹ an der Erreichung ihrer jeweiligen sportlichen Ziele zu behindern versuchen, indem sie sich bemühen, ihre je eigenen Ziele zu verwirklichen. Nur auf diese Weise kann ein Wettkampf überhaupt zustande kommen. Vom Gegner wird gar nicht erwartet, dass er nicht behindert«.[70]

Im Gegenteil: Es gehört zu der sportlichen »Wette«, dass jeder und jede danach streben soll, das Beste zu leisten und zu gewinnen.[71] Zu Recht betont daher Hans Jürgen Heringer: »Jeder Spieler will mit ganzer Kraft gewinnen, alles andere wäre sogar unfair«.[72] Weil die sportliche Fairness »funktional auf den Spielcharakter des Sports in der Wettkampfsituation bezogen«[73] ist, wäre es – im Blick auf Bedford-Strohm, Daecke und Huber formuliert – geradezu als unfair zu bezeichnen, wenn jemand im Sportgeschehen nicht mit ganzer Kraft gewinnen will und die Siegesaspirationen nicht in den Vordergrund stellt oder das verabredete Gegeneinander bricht.

---

[70] HARTMUT GABLER, Fair geht vor – Sport zwischen Aggression und Fairness, in: OMMO GRUPE (HRSG.), Kulturgut oder Körperkult. Sport und Sportwissenschaft im Wandel, Tübingen 1990, 173–194, 178.

[71] So GRAF VON KROCKOW, Sport (s. Anm. 24), 43.

[72] HANS J. HERINGER, Regeln und Fairness. Woher bezieht der Sport seine Moral?, in: GRUPE, Kulturgut oder Körperkult (s. Anm. 70), 157–171, 158.

[73] JÜRGEN COURT, Art. Fairness, in: PROHL/RÖTHIG, Sportwissenschaftliches Lexikon (s. Anm. 18), 189–190, 189; vgl. ebenso GÜLDENPFENNIG, Kritik und Eigensinn (s. Anm. 25), 56; JOHNEN, Kritische Beurteilung (s. Anm. 17), 43f.

Deutlich ist, dass eine ethische Orientierung des Sports die »Sinnstruktur sportlichen Handelns«[74] nicht außer Acht lassen darf. Die primäre Aufgabe der ethischen Intervention kann nur sein, die Eigen-Welt, die der Sport darstellt, vor Angriffen von außen zu schützen und den Spielcharakter des Sports zu wahren.[75] Zu Recht betont Roger Caillois, dass jede Vermischung mit dem Alltag die Formen und die Freiheit des Spiels zerstört.[76] Eine Vermischung mit dem Alltag findet gerade dann statt, wenn das Sportspiel in die Zielgerichtetheit des Alltags eingespannt wird, mit anderen Worten: wenn aus dem Spiel Ernst wird.[77] Zu der – den Sport zerstörenden – Aufhebung zwischen Sportgeschehen und Außenwelt gehört auch das Hineintragen von der Grammatik des Sports widersprechenden moralischen, besser: moralisierenden Vorstellungen, wie dies bei Huber, Bedford-Strohm und Daecke zu beobachten ist. Unsere Überlegungen zur kirchlichen und theologischen Kritik am sportlichen Leistungsprinzip verdeutlichen damit zwei Dinge, die auf das engste miteinander zusammenhängen. *Erstens*: Wer den Anspruch erhebt, einen bestimmten gesellschaftlichen Bereich ethisch zu orientieren, bedarf der erforderlichen Sachkenntnisse über den jeweiligen Bereich. *Zweitens*: Damit wird deutlich, dass die primäre Aufgabe der Ethik nicht das Urteilen, sondern das Verstehen ist. Eine Ethik, die dem Verstehen den Primat einräumt, wird dann auch den Weg beschreiten können, den Sport nicht nur zum Gegenstand der moralischen Orientierung (im schlimmsten Fall: der moralisierenden Gängelei) zu machen, sondern sich durch den Sport herausfordern zu lassen, um auch mit Hilfe des Phänomens »Sport« neue Perspektiven auf das ethische Phänomen zu werfen.[78]

---

[74] Güldenpfennig, Kritik und Eigensinn (s. Anm. 25), 51.

[75] Dazu gehört auch, auf die Begrenzung der Konkurrenzsituation innerhalb des sportlichen Geschehens zu achten.

[76] Vgl. Roger Caillois, Die Spiele und der Mensch. Masken und Rausch, Frankfurt a.M./Berlin/Wien 1982, 52ff.

[77] Diese Gefahr – so verdeutlicht Helmuth Plessner – besteht in jedem Augenblick des Spiels (vgl. ders., Lachen und Weinen. Eine Untersuchung nach den Grenzen menschlichen Verhaltens, ³Bern 1961, 102).

[78] Vgl. hierzu Michael Roth, Narrative Ethik. Überlegungen zu einer lebensnahen Disziplin, in: Ulrich Volp/Friedrich W. Horn/Ruben Zimmermann (Hrsg.), Metapher – Narratio – Mimesis – Doxologie. Begründungsformen frühchristlicher und antiker Ethik, WUNT, Tübingen 2016, 123–139.

# Personenregister

# Sachregister

# Verzeichnis der Autorinnen und Autoren

**Brosow,** Frank, Dr. phil., Jahrgang 1977, Akademischer Mitarbeiter am Fach Philosophie des Instituts für Philosophie und Theologie der Pädagogischen Hochschule Ludwigsburg.

**Emrich,** Eike, Univ.-Prof. Dr. phil. habil., Jahrgang 1957, Lehrstuhl für Sportökonomie und Sportsoziologie der Fakultät für empirische Humanwissenschaften und Wirtschaftswissenschaft der Universität des Saarlandes.

**Frenschkowski,** Marco, Univ.-Prof. Dr. theol. habil., Jahrgang 1960, Lehrstuhl für Neues Testament unter besonderer Berücksichtigung der Religionsgeschichte der hellenistisch-römischen Welt an der Theologischen Fakultät der Universität Leipzig.

**Gassmann,** Freya, M.A., Jahrgang 1983, Wissenschaftliche Mitarbeiterin am Arbeitsbereich Sportökonomie und Sportsoziologie, Sportwissenschaftliches Institut der Fakultät für empirische Humanwissenschaften und Wirtschaftswissenschaft der Universität des Saarlandes.

**Nebelung,** Tim, Dr. sportwiss., Jahrgang 1976, Studienrat für Sport, Ev. Religionslehre und Philosophie am Emmericher Willibrord Gymnasium, Lehrbeauftragter an der Deutschen Sporthochschule Köln, außerdem seit 2003 Player Agent und Sportdirektor für die vom DFB lizenzierte Spielerberatungs- und Vermittlungsagentur BIGPOINT GmbH und Co. KG.

**Nisslmüller,** Thomas, Dr. theol. habil., Jahrgang 1964, Executive MBA Media and Communication (St. Gallen/UC Berkeley), ist Privatdozent für Praktische Theologie an der Evangelisch-Theologischen Fakultät der Johannes Gutenberg-Universität Mainz.

**Roth,** Michael, Dr. theol. habil., Jahrgang 1968, Universitätsprofessor für Systematische Theologie und Sozialethik an der Evangelisch-Theologischen Fakultät der Johannes Gutenberg-Universität Mainz.

**Verwold,** Esther, Dr. des. theol., Jahrgang 1982, wissenschaftliche Mitarbeiterin am Seminar für Kirchen- und Dogmengeschichte der Evangelisch-Theologischen Fakultät an der Johannes Gutenberg-Universität Mainz.

**Volp,** Ulrich, Dr. theol. habil., Jahrgang 1971, Universitätsprofessor für Kirchen- und Dogmengeschichte an der Evangelisch-Theologischen Fakultät der Johannes Gutenberg-Universität Mainz.

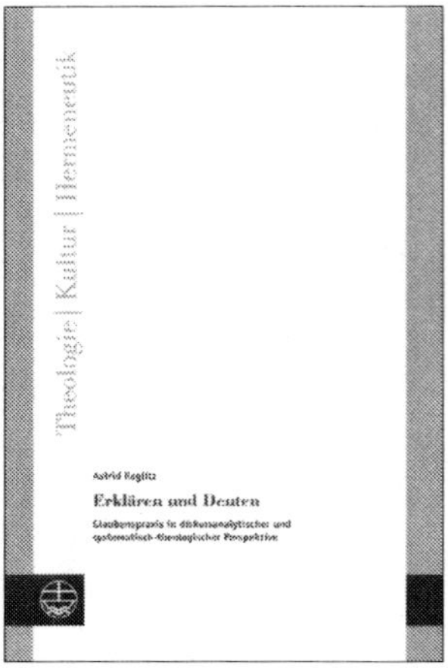


Astrid Reglitz (Hrsg.)

**Erklären und Deuten**

Glaubenspraxis in diskursanalytischer und systematisch-theologischer Perspektive

*Theologie – Kultur – Hermeneutik, Band 12*

416 Seiten, Paperback
ISBN 978-3-374-02860-3
EUR 38,00 [D]

Gelebte Religion, Spiritualität, Frömmigkeit – alte, neue oder zeitlose Begriffe für Glaubenspraxis. Wann und wie interessiert sich die Theologie für sie?

Die Arbeit untersucht exemplarische Debatten aus der religiösen Volkskunde und der zeitgenössischen Theologie mit einem diskursanalytischen Instrumentarium. Dabei entdeckt sie die »Säkularisierung« als »hidden agenda« der theologischen Beschäftigung mit Glaubenspraxis: Glaubenspraxis wird dann zum Thema, wenn sie im Alltag nicht mehr selbstverständlich erscheint.

Die Autorin zeichnet die kirchenleitenden und wissenschaftspolitischen Interessen sowie theologischen Stärken und Schwächen der verschiedenen Theorien zur Glaubenspraxis nach und skizziert in einem abschließenden Kapitel eine Theorie von Glaubenspraxis, welche die divergierenden Anliegen der einzelnen Diskurse theologisch integriert.

EVANGELISCHE VERLAGSANSTALT
Leipzig www.eva-leipzig.de

Tel +49 (0) 341/ 7 11 41 -16 vertrieb@eva-leipzig.de

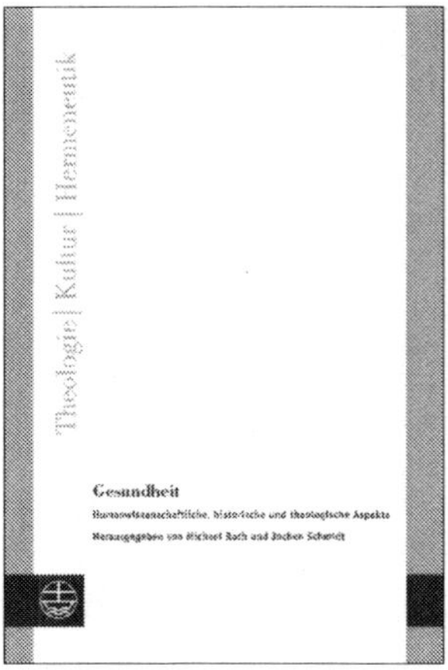
Theologie | Kultur | Hermeneutik
Gesundheit